을묘왜란 1555

불타는 달량성

을묘왜란 1555
불타는 달량성

초판 1쇄 인쇄 2025년 8월 14일
초판 1쇄 발행 2025년 8월 31일

지은이   김덕진
펴낸이   윤관백
펴낸곳   ┛선인
등 록   제5-77호(1998.11.4)
주 소   서울시 양천구 남부순환로 48길 1, 1층
전 화   02)718-6252/6257
팩 스   02)718-6253
이메일   suninbook@naver.com

ISBN   979-11-6068-033-1 94910
ISBN   979-11-6068-032-4(세트)
값   18,000원

왜란 이야기 1

350년 '왜구 시대'를 고발하다

한 편의 대하소설 같은 한일 관계사의 결정판

을묘왜란 1555
불타는 달량성

김덕진 지음

차례

1장. '왜구 시대'의 개막
1. 왜구가 온다 9
2. 게임 체인저 22
3. 정몽주 외교 33
4. 수군 창설 41

2장. 악순환
1. 대마도는 우리 땅? 51
2. 계해약조 62
3. 삼포왜란 71
4. 세견선 감축 85
5. 왜변의 연속 96

3장. 불타는 달량성
1. 약조 그대로 107
2. 을묘왜란 118
3. 철환의 등장 128
4. 달량성 함락 137
5. 진도 사람 피란 149

4장. 의병의 탄생
1. 치마 돌격대 161
2. 해남 수성송 170
3. 이남, 장렬한 순절 178
4. 남정군 187
5. 영암 승첩 195
6. 양달사, 광대와 함께 206
7. 경상도 지원병 212

5장. 뒤처리
1. 위무와 상벌 225
2. 문학으로 남은 전쟁 234
3. 통분으로 가한 보복 242
4. 다시 원점으로 248

저자 후기 257
을묘왜란 일지 258
참고문헌 259

1장
'왜구 시대'의 개막

1. 왜구가 온다

계절풍이 불면 왜구가 온다. 계절풍은 계절적으로 풍향을 달리하는 바람이다. 한국, 중국, 일본 3국은 계절풍의 영향을 함께 받으며 살아왔다. 여름이 되면 남동쪽에서 따뜻하고 습한 바람이 불어오고, 겨울에는 북서쪽에서 건조하고 차가운 바람이 불어온다. 남동풍은 보통 음력 3월부터 시작하여 8월까지 반년간 불고, 반면에 북서풍이 부는 기간은 9월부터 이듬해 2월까지 반년간이다. 동아시아 3국은 한 계절풍으로 사는 가족과 같은 관계이다.

　남동풍이 불면 그 바람으로 중국이나 일본 사람은 배의 돛을 올려 한국으로 들어왔다. 예를 들면 송나라 사신 서긍이 고려 개경을 가려고 중국 명주에서 1123년 5월(음력, 이하 동일) 출항했다. 1592년 4월 대규모 왜인 선단이 구주 명호옥에서 부산포에 이른 임진왜란 발발은 그 대표적인 사례이다. 그러므로 3~4월은 왜변이 염려되는 시기여서 그때 장수를 교체하지 않은 것이 조선의 인사 원칙이었다.

반대로 북서풍이 불면 북방 유목민들은 만주에서 배도 없이 얼어붙은 압록강 위를 그대로 말 타고 건너다녔다. 거란의 소손녕이 거느린 10만 대군이 고려를 침략한 때가 1018년 12월이고, 병자호란 때 청군의 선발대가 압록강을 건넌 시기가 1636년 12월 9일이다. 그러므로 겨울이 되면 북정(北征)간 남편의 무사를 애타게 바라는 아낙의 간절함이 문학작품에 자주 등장한다.

조선의 남쪽 바닷가 사람들은 "높새바람 불어오면 일제히 나갔다가, 마파람 세게 불면 그때가 올 때라네"였다. 동북풍인 높새바람 불면 바다로 나갔다가, 남풍인 마파람 불면 포구로 돌아온다는 말이다. 바다에 나갔던 강진 사람들은 일본 쪽 바다 한가운데서 강진으로 부는 남풍을 타고 집으로 돌아왔다. 정약용이 강진에서 유배 생활할 때 목격하고서 「탐진어가」란 시에 적어 놓은 구절이다. 하멜 일행이 현지 사람들의 자문을 받고 전라좌수영(현 전남 여수)에서 초승달이 질 무렵 초저녁에 일본 오도(五島)로 탈출한 날이 남동풍이 북서풍으로 막 바뀌는 시기였다. 북서풍은 조선 좌수영에서 오도로 부는 바람이기 때문에, 그 바람을 타고 하멜 일행은 일본으로 탈출했다.

한국은 남동풍이 불기 시작하면 풍화(風和)라 하여 남쪽에 대한 경계를 강화했고, 반대로 북서풍이 불면 풍고(風高)라 하여 북쪽에 대한 경계 강화를 서둘렀다. 고려시대는 자세한 기록이 없어 알 수 없다. 하지만 조선시대 수군진의 경우 상비군을 풍고기 때 1백을 둔다면 풍화기 때는 그 배인 2백을 두었다. 남동풍이 불면 일본인이 순풍을 타고 손쉽게 건너오기 때문에 남쪽 바다에 대한 경계를 한층 강화한 조치였던 것이다.

왜구들은 풍화기 남동풍이 불면 배를 몰고 바다를 건너서 한반도 해안을 침략했다. 왜구 침략의 본격화는 고려시대로 거슬러 올라간다. 고려 역사를 연대순으로 정리한 역사서가 『고려사절요』이다. 여기에 왜구가 후기에 빈번하게 침략한 사실이 발생한 순서대로 생생하게 기록되어 있다. 그들의 침략은 자신들의 부족한 식량을 노략질하여 확보하는 것이 주된 목적이었다. 이를 위해 세곡을 실어 나르는 조운선과 세곡을 모아 두는 조창을 주공격 목표로 삼았다.

4월이 되면 왜구가 왔다. 그들의 침략 시기는 2월부터 6월 사이에 집중되었다. 그 가운데 4월 빈도수가 가장 높았다. 예를 들면, 1350년 4월 왜구 선박 1백여 척이 순천을 노략질하고 남원·구례·영광·장흥의 조운선을 약탈했다. 1355년 4월에도 왜구가 전라도 조운선 2백여 척을 노략질했다. 조운선은 척당 적게는 2백 석을 많게는 1천 석을 적재했으니, 2백 척을 노략질했으면 고려 재정의 절반 가까이 되는 10만 석 내외의 엄청난 수량을 약탈했을 가능성이 있다. 1358년 4월 왜구가 현 군산에 있는 진성창을 습격했다. 1360년 윤5월 왜구가 강화도까지 올라가서 노략질하여 사람 3백 명을 죽이고 쌀 4만 석을 약탈했으니, 이들이 바다를 건너서 온 때는 4월 무렵이었을 것 같다. 그들은 이 무렵 동래와 울산에서 조운선을 약탈했고, 마산 석두창을 공략하여 조창 기능을 마비시켰다. 항해하는 조운선을 습격하여 그곳에 실려 있는 세곡과 전국의 바닷가 조창을 공격하여 그곳에 야적되어 있는 세곡을 약탈하는 것이 그들 침략의 목표였다. 약탈한 세곡을 자신들의 배에 운반하면서 땅에 흘린 것이 30센티미터 두께로 쌓인 적 있었다.

고려왕조는 조운제도에 의해 국가 재원이 조달되었다. 이를 위해 전국 바닷가 포구 11곳에 조창을 설치했다. 경상도에 2곳, 전라도에 6곳, 충청도에 1곳, 경기도에 1곳, 황해도에 1곳 있었다. 각 조창은 각기 관할 구역을 두었다. 각 군현은 자기 지역 세곡을 2월까지 가까운 조창에 운수하고, 조창은 가까운 곳은 4월까지 먼 곳은 5월까지 해로를 통해 선박으로 개경 경창에 수납해야 했다. 바로 이 조운 시기에 왜구들이 대거 출현

고려 조창과 왜구 침략

하여 조운선과 조창을 습격했다. 설령 그때 인근 지역을 습격해도 조운 작업 중이어서 부근의 군인이나 장정들이 즉각 무찔러 나갈 수도 없는 형편이었다. 그러므로 왜구 침략 시기가 4월에 집중되었던 것은 결코 우연의 일치가 아니었다. 의도된 행동이었고, 계절풍을 이용한 약탈의 야욕이었다.

　　왜구의 침략으로 세곡이 조창에 모이지 않고 조운선이 못 다녀 조운이 막힐 수밖에 없었다. 조창을 바닷가에서 육지로 옮기어 조전성(漕轉

城)이란 성을 쌓고 세곡 운송을 해로에서 육로로 바꾸어 보았지만 별다른 효과를 보지 못했다. 세곡이 개경으로 올라오지 않아 개경 창고는 텅 비게 되었다. 관리 월급을 줄 수 없을 정도로 정부 재정은 악화되었다. 겨우 도착한 쥐꼬리만한 세곡을 서로 차지하기 위해 다투다 살인을 한 사건마저 발생했다. 이는 국가 기능을 마비시켜 국가 존립 자체를 어렵게 하는 요인이 되지 않을 수 없었다. 결국 고려왕조는 지탱하지 못하고 멸망하고 말았다.

그러니 왜구의 기억은 한국인에게 아플 수밖에 없었다. 언제 또 닥칠지 모르는 불확실성 때문에 4월은 늘 음산하기 그지없었다. 토목공사를 일으키지 못하게 하고 대중을 징발하지 못하게 하는 4월이 오면 농민을 위로하고 백성들에게 농사를 권면해야 하는 일을 뒤로 한 채 그날의 왜구 잔혹사를 떠올리지 않을 수 없었다. 일본에 의한 수많은 침략 가운데 가장 위력적인 것이 대부분 4월에 단행되었던 점은 근대 화륜선이 등장할 때까지 한국이 가장 경계했던 사실이다.

왜구 잔혹사는 이런 정도에 그치지 않고 다방면으로 확대되었다. 그들은 일본내 자기 집단의 문화적 권위를 높이기 위해, 한국의 불교 문화유산을 약탈하여 자신의 사찰이나 신사에 안치하는 것도 그들의 침략 목적 가운데 하나였다. 그래서 고려 불교개혁 운동의 본산인 순천 송광사, 왕건의 후삼국 통일 위업이 서려 있는 논산 개태사 등 유서 깊은 사찰이 왜구 노략질을 당했다. 멀리 황해도 승천부 흥천사에 모셔져 있던 충선왕과 공주의 초상화를 왜구가 탈취해 갔고, 이때 오늘날 가장 아름다운 고려 불화로 평가받고 있는 「수월관음도」도 왜구가 흥천사에서 탈취해 갔는데 현재 일본 구주 당진의 한 신사에 소장되어 있다. 그러므로 너무 많아 더 이상의 사례를 들 것도 없이, 오늘날 일본 곳곳의 사찰·신사에 산재해 있는 통일신라나 고려·조선의 불상·동종·불경·불화가 이런 노략질로 불법 반출된 것이라고 보아도 크게 틀리지 않는다. 그 가운데 충남 서산의 한 사찰에 있다가 고려말 왜구에 의해 약탈 되어 대마도의 한 사찰로 옮겨진 고려 불상이 최근 절도범에 의해 다시 국내로 반입되어 소유권 소송에 휘말리는 비운을 맞았다.

그리고 그들은 한국 민족을 마구 붙잡아 가 자신들의 하인이나 침략 때 길 안내자로 삼는 행위도 일삼았고, 유구(현 오키나와) 같은 곳으로 팔아넘기기도 했다. 예를 들면, 유구국 통신관으로 파견되었던 이예가 1416년(태종 16) 돌아왔다. 우리나라 사람으로 왜구에게 잡혀가서 유구에 팔려 넘어간 사람 44명을 쇄환해 왔다. 그 가운데 경상도 함창(현 상주시) 사람으로 1395년 14세에 잡혀갔던 전창현이 들어 있었다. 돌아오니 부모는 이미 모두 돌아가셨다. 뒤늦게라도 부모상을 치렀다. 국왕이 불쌍히 여겨 옷과 옷감 및 식량을 하사했다.

한국인의 재물과 문화유산과 인명을 자신들의 자산으로 삼는 과정에서, 그들은 닥치는 대로 빼앗고, 불 지르고, 다치게 하고, 죽이고, 욕보이는 만행을 저질렀다. 심지어 납치한 어린 자녀를 베어 죽인 것이 산더미처럼 많이 쌓여서 피바다를 이룬 적도 있었다. 2·3세 계집아이를 사로잡아 머리를 깎고 배를 갈라 깨끗이 씻어서 쌀·술과 함께 하늘에 제사 지내는 제물로 쓴 적도 있었으니, 도저히 믿고 싶지 않은 반인륜적 인신 공양을 그들은 서슴없이 자행했다.

이제 왜구의 실체는 드러났다. "민가를 불태우고, 재화를 약탈하고, 사람을 살상"하는 행위는 어느덧 왜구의 전형적인 행동양식이 되었다. 계속되는 이 행태에 의해 한국의 소중한 문화유산이 대거 잿더미가 되었고 일본 땅 곳곳에 있게 되었다. 한국 사람은 일본인만 보면 '분략(焚掠)', 즉 불태우고 빼앗는 모습만 떠올릴 수밖에 없었다. 왜구의 잔혹함에 대한 공포나 증오가 한두 번의 보여주기식 행사로 그렇게 간단하게 사라질 수 없었기 때문이다. 마파람이 부는 날 낯선 배가 지나가면 남해안 마을에서는 뛰놀던 개·닭도 하던 동작 멈추고 눈 귀를 쫑긋 세웠고, 남해 도서 산에서는 소나무·동백나무도 흔들거림을 멈추고 이파리를 쭈뼛 세웠다. 하물며 사람인들 과민한 반응을 보이지 않을 수 없었다.

그러한 나머지 장사하러 왔거나 항해 중 표류하다가, 한국 사람들로부터 억울하게 왜구로 몰리어 인명을 살상당하고 재물을 빼앗긴 일본인도 있었다. 구원을 요청하는 왜인과 약탈자 왜인을 분리해서 대해야 하는데, 생계형 불법 체류자까지 도둑놈으로 몰리어 인권을 보호받지 못한 적도 있었다. 그런 일본인에게는 안타까운 일이다. 일본의 체제보다는 악마처럼 행동하는 일부 일본인에 대한 환멸에서 비롯된 일이었다. 그리고 멀쩡한 일본인을 붙잡아서 왜구라고 신고하여 포상을 받은 한국인도 없었던 것은 아니다. 그런 사람은 왜구에 대한 국민적 증오심을 사리사욕에 이용한 악덕 인간이다. 심지어 자신의 불만을 표출하기 위해 반란을 계획하고 부산 왜관에 "우리나라에서 군사를 일으키고자 하니 일본에서 구원병을 보내 달라"며 구원병을 요청한 사람도 있었다. 1836년 '동래 고변' 때 일이다.

왜구 우환의 직격탄을 맞은 이가 바로 바닷가 백성들이다. 그들은 괜찮아 보이기엔 너무 많이 침탈을 당했다. 도저히 편안히 지낼 수가 없었다. 선박이 다니는 것도 어려웠다. 그들의 선택지는 터전을 지키기 위해 그 자리에서 막아내느냐, 아니면 살기 위해 멀리 도망가느냐 뿐이었다. 바람이 잠들어 그 바다에 배 흔적이 끊기기 전까지 그들의 생존 게임은 이것이냐 저것이냐의 선택 기로에 설 수밖에 없었다.

저마다의 처지와 형편에 따라 대처 방안을 찾았다. 일단 맞부닥친 현장에서 무기를 들거나 맨주먹으로 싸웠다. 싸워 물리친 자에 대해서는 정부에서 후한 상을 주고, 도망가거나 태만한 자에 대해서는 엄한 벌을 내렸다. 그러나 역부족이어서 왜구에게 목숨만 잃고 말거나 붙잡혀 간 남성이 수를 헤아릴 수없이 많았다. 1371년 나주 호장 정침은 전라도 안렴사의 명령으로 제주도 산천에 제사 지내기 위해 배를 타고 제주도로 가는 도중 바다 한가운데서 왜구를 만났다. 배 안에 탄 사람들이 항복하자고 했지만, 정침만이 굽히지 않는 자세로 화살이 떨어질 때까지 싸우다가 스스로 바다에 떨어져 죽었다. 왜구에 홀로 맞서 싸우다 죽음을 맞이한 정침은 나주 지역의 상징적 인물이 되었다. 이 사실을 정도전이 「정침전」이란 글로 남겼고, 이 글은 그의 문집 외에 『동문선』에도 실려 있다. 정도전은 왜구의 걱정이 30년 가까이 되는 사이에, 많은 귀족의 남녀가 왜구에게 포로가 되면 죽음을 두려워하여 노예와 첩 노릇을 달갑게 여기고 사양하지 아니하며 심지어는 그들을 위해 첩자가 되어 길을 인도하기까지 했는데, 반대로 정침은 의를 중하게 여기고서 죽음을 가볍게 여긴 사람이라고 높게 평가했다. 정도전은 친원적인 외교정책을 비판하다 1375년 나주목의 속현인 회진현의 거평부곡에 있는 '소재동'이라는 마을에 유배당하여 2년 2개월을 보냈다. 그는 그곳에서 사는 동안 정침 이야기를 들었고, 왜구들의 침입과 그로 인한 군대 징발로 피폐 된 농촌 땅에서 순박하게 생업에 전념하고 있는 농민들을 목격했다. 그는 해배 후 이성계를 찾아가 그와 함께 개혁 정치를 펼치면서 조선 건국의 주역으로 떠올랐다.

　　욕보임에 저항하다 생명을 잃고 열녀가 된 여성도 적지 않다. 이 대목에서 침략한 왜구를 피해 어린 자녀 넷과 함께 산속으로 피신했다가 발각되어 해침을 당할 때 당당하게 꾸짖었던 열부 최씨 목소리를 한번 들어보자. 그녀는 전라도 영암의 귀족 최인우 딸이다. 멀리 경상도 진주의 호장 정만에게 시집갔다. 1379년 왜구가 기병 7백 명과 보병 2천여 명의 규모로 진주에 침입해 왔다. 고려군이 출동했지만, 진주 사람들 모두 달아나 숨었다. 이때 남편 정만은 일이 있어 개경에 갔는데, 마침 그때 왜구가 마을에 쳐들어왔다. 부인 최씨는 30여 세였다. 네 아들을 안고 산중에 숨었다. 왜구가 사방으로 나와서 노략질하다가 최씨를 발견하고서 칼을 들이대고 협박하며 더럽히려고 했다. 최씨는 나무를 안고 항거하며 소리 질러 꾸짖었다.

「죽음만 기다릴 뿐이다!」
「적에게 사로잡혀 몸을 더럽히고 사느니 차라리 의롭게 죽겠다!」

최씨를 죽이는 왜구, 『삼강행실도』

곧바로 왜구가 최씨를 나무 밑에서 죽였다. 첫째와 둘째 두 아들을 포로로 잡아갔다. 셋째 아들은 겨우 여섯 살이었는데 죽은 엄마 곁에서 울부짖고, 젖먹이 넷째 아이는 기어가서 죽은 엄마의 젖을 빨았으나 젖대신 피가 흥건하게 입으로 들어가 죽고 말았다. 이리하여 한 가정의 행복이 왜구의 창칼 앞에 무참히 짓밟히고 말았다. 최씨와 그녀의 어린 아들의 비참한 죽음은 메아리가 되어 전국에 오래도록 울려 퍼졌다. 10년 뒤 관찰사가 조정에 알려서 정려를 세웠고, 유일하게 살아남은 셋째 아들 정습은 향리 구실을 면해주고 풍수를 배워서 잡과에 응시하게 했다. 이 사실은 『삼강행실도』, 『동국여지승람』, 『조선왕조실록』 등에 수록되어 있다. 이 가운데 1434년(세종 16) 간행된 『삼강행실도』는 "중국에서 우리나라에 이르기까지 효자, 충신, 열녀를 뽑아 그림을 앞에 새겨 놓고 그 행적을 뒤에 적은" 것이다. 최씨 행적은 열녀편에 「최씨분매(崔氏奮罵)」란 제목으로 실려 있는데, 판화 그림을 보면 짤막한 칼을 들고 있는 한 왜구가 당당하게 버티고 있는 최씨와 울고 있고 기어가는 어린 두 아들을 위협하고, 긴 창을 들고 있는 여러 명의 왜구가 주위를 에워싸고 있는 모습이 묘사되어 있다.

아무튼 정침과 최씨같은 사람들의 행적은 충효열을 강조하는 유교 이데올로기 사회에서 국가의 포장(褒章) 대상이 되었고, 포장을 받은 사람들은 지역과 가문의 상징적 인물이 되었고, 미처 받지 못한 사람은 그의 가족에 의해 포장이 추진되었다. 이런 일이 지속되었기에 조선의 사람들은 외침 때마다 자신의 몸을 던져 막으려 했다.

또한 당시 사람들은 불교 신앙 의례에 기대어 왜구 격퇴를 기원하기 위해 향나무를 갯벌에 묻었다. 향나무를 매개로 미륵 부처와 연결되기를 기원하는 신앙 의례를 '매향신앙(埋香信仰)'이라 한다. 그들은 매향을 하고서 그것을 기억하기 위해 바닷가에 매향비란 비석을 세웠다. 영암 구림 지역의 경우 "구림, 서호, 석포에는 모두 입석이 있는데, 모년 모월에 매향했다"고 새겨져 있다. 작은 지역에 매향비를 세 군데에나 세웠으니 그만큼 왜구 침략이 심각했음을 알 수 있다. 이리하여 왜구의 발길이 스쳐 간 남해안과 서해안 곳곳에 매향비가 세워져 오늘날까지 적지 않게 남아 있어 귀중한 역사문화 연구자료로 활용되고 있다. 불교적 의례는 여기에 그치지 않았다. 왜구가 서쪽 변경을 노략질하자 해주 수미사란 사찰을 일본의 맥으로 여겨 문수도량을 열고 물리쳐주기를 기원했다.

간절한 기원에 산천의 초목과 동물도 부응해 주었다. 전라도와 경상도를 나누는 섬진강은 본래 모래가 많아 모래 '사'자를 붙여 다사강 또는 사천 등으로 불리었는데, 고려 말기 왜구 침입으로 인해 이름이 섬진강으로 바뀌었다. 1385년 왜구들이 다사강 하구로 쳐들어왔다. 그때 수십만 마리의 두꺼비 떼가 몰려나와 울부짖는 바람에 왜구들이 광양 쪽으로 달아났다는 전설이 있다. 이로 강 이름을 두꺼비 '섬'자를 붙여 섬강 또는 섬진강이라 했다고 한다. 이러한 유형의 이야기는 전국에 흩어져 있다. 역사문화 콘텐츠의 좋은 원천 자원이 된다.

  왜구에 위협을 느낀 사람들은 하는 수 없이 산속 깊숙한 곳으로 도망을 갈 수밖에 없었다. 강진, 보성, 장흥, 영암 사람들은 월출산 동쪽의 높이 솟은 넓고 평평한 바위로 처자를 데리고 사다리를 놓고 올라가 모두 죽음을 면했다. 뒤에 사람들은 그 바위 이름을 '사람을 살린 바위'란 뜻으로 양자암(養子巖)이라고 불렀다. 노략질을 피해 산속에 피란 온 사람들은 기존 산성을 찾거나 새로이 쌓아서 방어시설로 삼았다. 도망간다면 멀리 가는 것이 상책이다. 보성 사람 송인은 해적이 깊숙이 들어와 소란을 피우므로, 양친을 모시고 난을 피해 숲속을 헤매다가 화를 면하지 못할까 염려하고서 멀리 양광도 과주(현 경기 과천)로 이사했다가, 끝내 돌아오지 않고 그곳에서 살았다. 이 역시 조선 개국공신 정도전이 쓴 글에 나와 있다.

  바닷가 사람들은 마을과 치소를 아예 내륙 안쪽으로 옮기고 말았다. 군현 통치기관이 있는 치소(治所)가 여말 선초에 30여 곳이나 이동되었다. 이는 우리 역사상 가장 활발한 빈도수이다. 경상도와 전라도에서 가장 빈번하게 일어났다. 경상도의 경우 함양은 바닷가는 아니지만 청사가 왜구에게 소진되자 관아를 문필봉 밑으로 옮기고 흙을 쌓아서 성을 만들었다. 전라도의 경우 고흥, 낙안, 보성, 장흥, 진도, 영광, 무장 등지가 치소를 옮긴 것으로 파악되고 있다. 이 가운데 낙안은 벌교 가까운 바닷가에 있던 치소를 안으로 더 들어간 지금 자리로 옮기고서 현재의 낙안읍성을 쌓았다. 그때 상황을 사서는 다음과 같이 기록했다.

  전에 왜적이 침입하여 백성들이 모두 달아나자 기름진 땅이 쑥대밭이 되었다. 땅을 잃게 되고 왜적의 침입은 더욱 심하여 장차 회복하기에도 겨를이 없었거늘 어찌 공관(公館)이 있을 수 있었겠는가. 그 뒤 얼마 안 되어 비록 그 땅은 도로 찾았으나 백성은 아직도 모여들지 않았다.

이리하여 바닷가는 텅 비어 인구와 농지가 크게 줄었다. 왜구가 물러나고 한참 지나서야 사람이 모여들고 농지가 개간되었다.

무엇보다 청자를 만들던 강진·부안 등지의 바닷가 도공들도 주민들과 함께 내륙 깊숙한 곳으로 도망갔다. 그들은 새로 터 잡은 낯선 곳에서 고운 흙을 구하지 못해 거친 흙으로 그릇을 만드니 표면이 거칠 수밖에 없었다. 하는 수 없이 거친 표면에 백토를 분으로 삼아 화장하듯이 두텁게 바르고, 표현하고 싶은 무늬를 덤벙·인화 등의 기법으로 표면에 새겨 새로운 제품으로 탈바꿈시켰다. 이 신제품을 사람들은 청자라고 하지 않고 '분장회청사기', 줄여서 '분청사기'라고 불렀다. 왜구 침략으로 세계적인 문화유산 청자가 쇠퇴하고 새로운 특징의 분청사기가 등장하게 되었다.

정부는 '공도정책'이라 하여 섬사람들로 하여금 아예 섬을 비우고 육지로 옮겨가도록 유도했다. 왜구들이 바다 가운데 섬을 징검다리로 삼아서 침략의 발길을 이어가기 때문에 이런 정책을 폈다. 그 결과 만경현 바다 한가운데 있는 군산도가 옥구 포구로 옮겨가면서, 나중에 군산도는 고군산도가 되고 포구는 군산포가 되었다. 바로 이 군산포에 개항장이 들어서 오늘날 전북의 유력 도시 군산시가 된 것이다. 오늘날 '민속의 보고'로 알려진 진도의 사연은 매우 극적이다. 진도 사람들은 왜구 등쌀에 자신의 터전을 뒤로 하고서 1350년 육지로 나왔다. 남의 땅 영암에서 더부살이 신세로 여러 곳을 전전하던 중, 해남과 합병되어 해진군이 되어 독자적인 고을마저 잃는 수모를 겪게 되었다. 마침내 1437년에 해진군이 해남현과 진도군으로 분리되고 진도군은 독립된 고을로 회복되어 80년 이상의 유랑 생활에 종지부를 찍고 고향 진도 섬으로 돌아왔다. 돌아왔어도 흔적은 남는 법, 조선후기 『영암읍지』에 다음과 같이 적혀 있다.

> '고진도'란 곳은 읍 서쪽 30리에 있다. 고려 충정왕 때 진도현이 왜구로 인하여 땅을 잃고 이곳에 임시 거주하다가, 지금은 고향으로 돌아갔는데 치소 터가 지금도 남아 있다.

왜구가 침범하자 섬에서 나와 육지의 거창 경내에서 임시 생활하다가, 다시 섬으로 돌아온 경상도 거제도도 이와 별반 다르지 않다. 왜구가 경기도 교동도를 자주 침략하다가 교동을 함락시키자, 1376년에 교동의 주민을 가까운 곳으로 옮겨 왜구를 피하게 했다. 고려말 왜구는 지도를 바꾸고 민족문화를 변화시켰다.

2. 게임 체인저

왜구(倭寇)는 문자적 의미로 '왜 도적'이다. 국립국어원 표준국어대사전에 왜구는 "13세기부터 16세기까지 우리나라 연안을 무대로 약탈을 일삼던 일본 해적"이라고 정의되어 있다. 오늘날 의미로 본다면 '일본 해적'이다. 고려를 침략하여 약탈한 일본인을 '해적(海賊)'이라고 한 표현은 당대 자료에 차고 넘친다. 예를 들면 고려 정부가 일본에 보낸 외교문서에 "해적을 금해주기를 청한다"고, 일본의 외교 자료집『선린국보기』에 "해적이 다수"라고 적혀 있다. 그러므로 왜구는 노략질을 일삼는 도둑무리이다. 서로 사이좋게 지내는 통교자와는 다른 성격의 집단이다. 한 몸체의 겉과 속이지만, 싸잡아 볼 것이 아니라 서로 구분해서 대해야 할 대목이다.

일본인의 침략은 이전부터 있어 왔지만, 약탈을 일삼는 도적이라는 개념의 '왜구'는 1223년 경상도 김해 습격 때부터 시작되어 1592년 임진왜란 발발 때까지 이어졌다. 이를 역사서는 다음과 같이 적어 놓았다.

> 1223년(고종 10) 5월, 倭寇金州(왜구가 금주를 노략질하였다).
> 1592년(선조 25) 4월, 倭寇至(왜구가 침범해 왔다).

왜구 침략은 고려와 조선 두 왕조에 걸쳐 무려 350년 이상 지속되었다. 이 기간 동아시아 해역은 폭력과 기만을 일삼는 왜구로 가득 찼다. 이리하여 이 기간을 '왜구 시대'라고 한다. 이 말을 필자가 처음 사용하는 것이 아니라, 이미 일본 학자가 일찍이 자신의 저서에서 표현한 바 있다. 바로 이 장구한 왜구 시대의 흐름을 정리하고 그 특징을 찾아보고자 이 시리즈 책을 구상했다.

왜구 시대는 임진왜란 종전 후 1609년 상호조약(기유약조)을 맺고 부산에 왜관을 설치하고 통신사 파견을 재개하면서 완전히 끝나고, 선린우호를 바탕으로 한 문물교류가 활발하게 이루어졌다. 하지만 안타깝게도 1910년 일제가 힘을 무기로 조선을 식민지로 전락시키면서, 왜관과 통신사의 시대는 3백 년 만에 끝나고 다시 전쟁과 갈등의 '왜구 시대'가 재현되었다. 목포 출신의 인기 가수 이난영이 불러 히트 친 「목포의 눈물」에 나오는 "삼백년 원한 품은 노적봉 밑에" 속의 '삼백년'이 바로 임진왜란 후 찾아온 '평화 시대'를 말한 것이다.

이런 점 때문에 독립운동 문서에 '왜놈', '왜적(倭賊)', '왜로(倭虜)' 등의 표현이 자주 등장한다. 해방의 기쁨을 표현한 글에도 분노에 가득 찬 심정이 '왜노(倭奴)'로 표현되었다. 1945년 10월 재한 일본인 송환이 막 시작될 무렵, 서울 도심에는 '왜노 소탕 본부'라는 단체명의 전단이 나돌기 시작했다.

「일본인들은 빨리 집을 내놓고 이 땅에서 물러가라!」

'왜노 소탕'은 가혹한 식민 지배로 쌓일대로 쌓인 일본인에 대한 해묵은 감정을 격하게 토로한 상징적인 표현이다. 그리고 그 단체가 실제 존재했는지에 관해서는 증명할 수 없지만, 그들이 뿌린 전단지 안에는 당시 그동안 못살게 굴어온 일본인에 대한 증오로 가득 찬 한국인의 보편적 정서가 담겨 있다고 볼 수 있다.

만주사변이나 태평양전쟁 등 일본의 해외 침략이 활발하던 20세기 초 일본에서 왜구가 연구 주제로 주목을 받았다. 자신들 '해외 진출'의 선구자적 존재이자 역사적 당위성을 설명하는데 좋은 소재가 되어서였다. 그런데 왜구는 약탈이나 살인과 같은 폭력행위를 일삼는 해적이었던 점은 부정할 수 없는 사실이어서 자신들 조상을 선양하는 데에 장애 요소가 될 수밖에 없었다. 그 장애물을 제거하기 위한 '음모'가 일본 내에서 싹뜨기 시작했다.

「고려왕조의 말기에 왜구가 흥행하여 백성들이 살 수 없게 되었습니다.」

「본국의 백성들이 거짓으로 왜인의 의복을 입고서 무리를 만들어 난을 일으켰습니다.」

왜구 속에 한국인 외에 중국인이나 포르투갈인 등 비일본인이 들어 있는 극소수 경우를 가지고 왜구 활동을 긍정적으로 평가해야 한다거나, 왜구가 곧 일본인 해적이라는 개념을 수정해야 한다는 일본 학자가 나왔다. 특히 고려·조선의 천민 집단인 화척·양수척·재인이나 일반 농민이 왜구에 동참하여 '한일 연합 왜구'가 활동했다거나, 전라도 황산전투에서 이성계에게 패한 왜장 아지발도가 제주도 출신일지도 모른다는 터무니없는 주장까지 나타났다. 왜구 약탈이 전적으로 왜인 소행이 아니라는 변명으로 들린다. 특별한 사례만 꼭 집거나 유리한 사례만 선별하는 행위는 학자답지 않은 연구법이다.

그러면서 그들은 왜구 시대를 잘게 쪼개어 '전기 왜구'니 '후기 왜구'니, 또는 '겸창(鎌倉) 왜구'니 '실정(室町) 왜구'니 등으로 세분하는 작업도 시도했다. 이는 학문적 심화로 포장되었지만, 나무만 보고 숲을 보지 않으려는 술책이고, 하나는 해적이지만 다른 하나는 그렇지 않다는 논점 흐리기 식의 기만이다. 동아시아의 역사 발전을 견인한 '착한 왜구'도 있었다고 강변하는 것이다. '친절한 학자'의 '불편한 진실' 감추기 게임에, 자기 조상들의 비인륜적 처사를 희석시키려는 물타기에 불과한 이 논리에 말려 들어간 한국 학자도 있는 것 같다. 이 연장선에 '식민지 근대화론'도 있다고 보면 된다. 민족적 편견에 사로잡힌 국수주의 시선이 아니라, 경계해야 할 대목이고 극복해야 할 점이다.

멀리 떨어져 있으면 평화 관계를 맺고, 가까이 붙어 있으면 싸우는 모습을 세계 역사를 통해 하나의 법칙처럼 쉽게 확인할 수 있다. 이 '법칙'은 한일간에서도 예외가 아니다. 한국을 침략한 왜구의 기원은 천황과 막부의 권력 다툼에 있다고 한다. 정치적 혼란을 틈타 일본 열도의 경계를 이탈한 왜인이 고려를 침략하면서 비롯되었다는 것이다. 그들의 근거지는 한반도와 가장 가까운 구주(九州)의 도서와 연안이다. 그 가운데 대마도(對馬島), 일기도(壹岐島), 평호도(平戶島), 오도(五島) 등의 도서, 그리고 박다(博多), 송포(松浦) 등의 연안 출신이 가장 많다. 이 가운데 '3도왜구'라고 하여 대마도, 일기도, 송포 세 지역이 왜구의 중심지였다.

왜구의 구성은 북구주의 무사단, 재지 세력인 송포당, 그리고 곤궁한 영세민으로 이루어졌다. 왜구의 인적구성이 하층민에서부터 중앙권력과 연계된 지역 세력가에 이르기까지 다양하다는 점에 방점을 둘 필요가 있다. 이 가운데 영세민들은 혼란한 중앙정치의 틈을 타고서 식량용 쌀을 확보하기 위해 침략했다. '생계형' 왜구인 것이다. 대마도 등의 섬 지역은 농지가 적어 식량 자급이 어려운 곳이고, 기근이 들면 상황은 악화되기 일쑤였다.

하지만 무사단이나 제지 세력은 침략 목적이 다른 데 있었다. 당시 일본은 천황 측의 남조와 막부 측의 북조로 갈리어 서로 항쟁을 벌이는 '남북조 시대'였다. 왜구가 가장 대규모로 출몰하던 우왕 무렵에는 북조가 우세였다. 수세에 몰린 남조는 국면 타개를 위해 상대에 공세를 퍼부어야 했다. 그러려면 군량미나 인력이 필요했다. 남조는 그것을 확보하고자 고려를 빈번하게 인정사정없이 침략했고, 국면을 역전시키고 싶은 남조에게 고려 침략은 북조와의 항쟁에서 우위에 설 수 있는 최후의 기회가 되었다. 그러므로 적어도 우왕대는 지방 영주의 무사 또는 남조의 군대가 동원되어 사람과 식량을 무기화하기 위해 고려 침략이 조직적으로 감행되었다. 이때 왜구는 '일본 군대'가 주체를 이룬 집단이었다고 아니할 수 없다.

무엇보다 당시 왜구는 노략질을 일삼는 단순한 해적의 수준을 넘어 고려 정규군과 대적할 수 있는 전력을 보유하고 있는 무장 집단이었다.

작전을 총괄하는 한 명의 총대장이 있고 그 아래에 여러 명의 중간 지휘관이 있는 지휘체계를 갖추었다. 경상도 합포 병영이나 전라도 군영을 공격한 것으로 보아 상당한 작전 능력을 지니고 있었다. 실제 그들은 배에 병력과 군마를 싣고 와서 바다 포구나 강 나루에 상륙한 후, 거기에서 말을 이용하여 이동·공격하다가 고려군이 나타나면 재빨리 철수하는 기동력을 발휘했다. 이 외에 서쪽을 공격하는 척하다가 동쪽으로 향하고, 첩자를 미리 파견하여 동정을 살핀 후 전면전을 펼치는 전술도 구사했다.

그리고 당시 대마도 도주는 고려에 사자를 파견해 토산물을 바치고, 고려 정부는 그가 왜구 통치자라고 여기고서 그에게 사신을 파견했다. 실제 대마도주는 고려로 향하는 선박을 통제·조정할 수 있는 실력을 지닌 인물이었다. 한마디로 그는 '준정부 수반' 격이었다. 그러므로 이들의 침략은 '왜란(倭亂)'인 것이다. 바로 '전쟁'이다. 국가 간뿐만 아니라 이에 준하는 집단 간에 수행되는 투쟁도 전쟁이라는 주장은 '전쟁론'의 일반적 지식이 된 지 오래되었다.

왜구는 1223년부터 침략을 시작했지만 그땐 경상도 연안에 한정되었다. 그런데 1350년 충정왕 대부터 본격화되면서 전라도 동부 연안까지 확산되었다. 이를 두고 사서에는 '경인년 이래 왜구'로 기록되어 있다. 계속되는 왜구 침탈과 홍건적의 침입은 뒤이은 공민왕의 개혁정치 동력을 위축시켰고 그 여파로 공민왕은 반동 세력에 의해 피살되고 말았다. 이어 1374년 우왕이 즉위하면서부터 왜구는 극성을 이루어 침략 횟수가 최대치에 올랐다. 파악된 숫자상 공민왕 대 74회가 우왕 대 378회로 늘어났다. 우왕 즉위 3년째 되는 해에는 무려 54회였으니, 당시 사람들은 6~7일마다 왜구 침략을 겪었던 셈이다. 이제 침략 지역도 바닷가에서 내륙 깊숙한 곳까지 확대되었다. 보병 외에 기병을 수백 명이나 수천 명 거느릴 정도로 전력도 강해졌고, 금강 하구 진포에 정박한 왜선이 5백 척이나 되었으니 건너오는 배가 바다를 뒤덮을 정도의 대규모 침략도 한두 번이 아니었다. 무엇보다 전례를 찾기 어려울 정도로 부녀와 어린아이를 남김없이 도륙하는 잔혹하고 야만스러운 행위까지 그들은 서슴없이 저질렀다.

문제는 이러한 왜구의 만행이 후대로 갈수록 심해지는 것이었다. 그러면서 왜구들은 도서와 연안을 거쳐서 내륙의 주요 도시와 군영까지 쳐들어가서 유린했다. 개경 바로 앞의 강화도·교동도·인천·옹진 등지를 여러 차례 침략했다. 강화도의 경우 선원사·용장사 두 사찰에 들어가서 사람 3백여 명을 죽이고 쌀 4만 석을 약탈한 적이 있었다. 또 한번은 강화부사와 만호가 주민들을 거느리고 마니산으로 도망쳤지만, 왜구들은 만호의 부인을 사로잡아 갔고, 강화부 아전의 처녀 3명은 왜구를 만나 더럽혀지지 않으려고 서로를 붙잡고 강에 뛰어들어 죽었다. 왜구는 심지어 개경의 관문인 예성강 입구와 승천부까지 출몰했다.

왜구가 장차 수도를 침범할 것이라는 헛소문이 돌아, 한밤중에 군사를 내어서 성을 지키게 했다. 또한 적의 장수가 송도의 진산 송악산에 올랐다는 말을 듣고, 승려를 징발하여 군인으로 삼은 뒤 요해처를 나누어 지키게 했다. 불안을 잠재우기 어렵자 도성에 계엄령을 내려 사람 출입을 통제하기도 했다. 바닷가에 인접한 개경에 왜구가 언제 닥칠지 예측할 수 없는 상황이어서, 아예 수도를 내지로 옮기려는 계획까지 세웠다. 천도 여부를 결정할 때 '동(動)'과 '지(止)' 두 글자를 써놓고 가부를 의논하도록 했다. 많은 사람들은 비록 기꺼워하지 않았으나, 이후 만약에 변이 생기면 화가 자신에게 미칠까 두려워 모두 '동' 즉 천도 찬성에 점을 찍고 서명했다. 오직 최영만이 불가하다고 버티었다. 최영은 태조 왕건의 진전(眞殿)에 이르러 '동'과 '지'를 점쳐서 '지' 즉 천도 반대를 얻었다. 이에 대해 우왕이 "도적이 매우 가까이에 있는데, 점을 따를 수 있겠는가"라고 반문한 뒤, 사람을 보내어 강원도 철원에 터를 살펴보도록 지시했다. 천도까지 거론되었던 것은 기존 정치를 뒤흔들 게임 체인저의 등장이 멀지 않음을 예고한다.

왜구의 출몰은 고려 정부가 가장 시급하게 해결해야 할 과제를 떠안아 주었다. 이제 누군가가 나서야 할 때가 왔다. 전면전에 나설 수밖에 없었다. 가장 먼저 나선 이가 최영이다. 금강 유역에 침입하여 갖가지 횡포를 자행하고 있는 왜구를 최영이 가서 공격하겠다고 하자, 임금이 허락하지 않았다. 이듬해 1376년 왜구가 부여·공주 일대를 휩쓸며 지역 사령관을 살해하고 국가 주요 사찰인 개태사마저 도륙했다. 도성이 술렁이고 있을 때 최영이 왜구를 치겠다고 나섰다. 우왕이 나이가 들었다는 이유로 그만두라고 청했다. 여러 장수들의 만류에도 불구하고 단호하게 거절하며 최영은 말했다.

「하찮은 저 왜적들이 방자하고 포악하게 구는 것이 이와 같으니, 지금의 때를 잃고 제어하지 않는다면 이후에는 도모하기 어려울 것입니다. 지금 만약 다른 사람으로 장수를 삼는다면 반드시 제어하여 승리할 것이라고 할 수 없습니다. 그리고 군사들이 평소에 훈련되지 않아 또한 쓸 수도 없습니다. 신은 몸은 비록 늙었으나 뜻은 쇠하지 않았습니다.」

「단지 사직을 편안하게 하고 경성을 지키고자 할 따름이니, 청하건대 휘하의 군사를 거느리고 빨리 가서 그들을 치기를 바랍니다.」

최영은 두세 번 더 허락해 주라고 청했다. 하는 수 없이 우왕이 토벌을 허락했다. 최영은 잠도 자지 않은 채 떠났다. 충청도 홍산의 험하고 좁은 곳에 웅거하고 있는 적을 만나 병졸들보다 앞서 날카로운 기세로 돌진하여 거의 모두를 사로잡아 목을 베는 대첩을 거두었다. 이 대첩은 금강 유역에서 왜구들의 기세를 꺾는데, 그리고 흔들리던 조야 분위기를 진정시키는데 기여했다. 그가 개경에 돌아오자 우왕은 성대한 개선식을 열어주며 후한 선물을 내리고 철원부원군으로 삼아 우대했다. 이후 왜구들은 최영에 대한 두려움을 갖게 되었다. "지난날 홍산의 싸움에서 최영이 오자 휘하 사졸이 앞을 다투어 말을 달려서 우리를 짓밟았으니 매우 두렵다"는 왜구의 말이 전한다.

이듬해 1377년에는 이성계도 지리산에서 왜구와 맞닥뜨렸다. 서로 간의 거리가 2백여 걸음 되었다. 한 명의 적이 등을 보이고 서서 몸을 구부리고는 손으로 그 엉덩이를 두드리며 두려울 것 없다는 모습을 보였다. 이성계에게 모욕을 주는 행동이다. 그를 이성계가 작은 화살로 쏘아 한 방에 쓰러뜨렸다. 이에 적이 놀라고 두려워 하는 기색을 보이자 곧 그들을 크게 쳐부수었다. 적의 무리가 낭패하여 산에 올라갔다가 절벽에 임했는데, 칼날을 드러내고 창을 세운 것이 고슴도치의 가시와 같아서 관군이 올라가지 못했다. 이때 이성계는 휘하의 군사들에게 타이르며 말했다.

「내 말이 먼저 오르면 너희들은 마땅히 그 뒤를 따라야 할 것이다.」

그리고 곧바로 말을 채찍질하여 이리저리 달려서 그 지세를 살펴보고 곧 검을 꺼내어 칼등으로 말을 때렸다. 당시 해가 하늘 한가운데에 있어 검의 빛이 번개와 같았다. 말이 한번 뛰어오른 후 올라가자, 군사들이 혹은 밀어주고 혹은 붙잡으며 그를 따랐다. 이에 기운을 떨쳐 그들을 공격하니, 벼랑에서 떨어져 죽은 적이 절반을 넘었다. 마침내 남은 적을 공격하여 섬멸했다. 이로부터 이성계는 정예병을 이끌고 싸우면 이기지 못하는 일이 없었고, 백성들로부터 인심을 얻어 바라보기를 마치 구름과 무지개 보듯 했다. 왜구 격퇴로 한 스타가 탄생하는 순간이다.

이성계의 진가는 3년 뒤 1380년 황산대첩에서 발휘되었다. 진포에서 최무선에게 대패한 후 내륙으로 들어와서 약탈을 자행하던 왜구 일파가 운봉 인월에 주둔하면서 말을 배불리 먹인 후 장차 북상하겠다고 호언장담하여 조정을 놀라게 했다. 이에 조정에서는 이성계를 최고 지휘관으로 보내어 격퇴하게 했다. 이성계는 운봉 황산으로 달려가서 날랜 군사들을 보내어 적을 앞뒤에서 공격하여 자신의 군대보다 10배가 넘는 적을 채 하루도 걸리지 않고 모두 물리쳤다.

「사방으로 공격하여 드디어 크게 깨뜨렸다. 냇물이 온통 붉어져 6~7일간이나 빛이 변하지 않아 사람들이 마시지 못하였다.」

「노획한 말이 1천 6백필이었으며 무기는 셀 수 없이 많았다. 처음에는 적이 우리의 10배였는데, 겨우 70여 명이 지리산으로 달아났다.」

이때 이성계는 견고한 갑옷으로 몸을 감싸고 구리 가면을 써서 화살이 들어갈 틈 없이 무장한 대장 아지발도를 활로 쏴서 맞추어 죽였다. 대장 사후 왜구 진영이 무너지자, 이성계 군대는 총공세를 퍼부어 말 1천 6백 필과 많은 병장기를 노획하는 대승을 거두었다. 왜구 규모는 노획한 말의 숫자로 미루어 기병 2천여 명과 보병 수천에 이르는 대군이었는데, 그 가운데 70명 외에는 대부분 죽은 것 같다.

황산대첩과 관련하여 재미있는 지명유래 설화가 전한다. 세 편을 소개하면 다음과 같다. 하나는 15·16세 나이의 왜장 아지발도가 죽으면서 흘린 피로 붉게 물들여진 바위를 '피바위'라고 한다. 피바위는 남원시 운봉면 소재지에서 인월면 소재지로 가는 길의 오른편 냇가 가운데에 있다. 또 하나는 이성계는 황산에서 캄캄한 그믐밤에 왜구와 싸우게 되었는데, 이성계가 밝은 달을 솟게 해달라고 하늘에 빌자 보름달이 떴고 그 도움을 입어 대승을 거두었다고 한다. 그래서 나중에 이곳을 끌 '인[引]'과 달 '월[月]'을 써서 '인월(引月)'이라고 불렀다는 이야기이다. 마지막으로 남원에서 운봉으로 넘어가는 고개를 '여원치'라고 한다. 이성계가 왜구를 토벌하기 위해 가다가 여원치 고개에 올랐다. 그때 길 가운데에 한 여인이 나타났다가 홀연히 사라지고 말았다. 그 길로 왜구를 공격하여 대첩을 거두었다. 이 대첩은 산신이 도와준 것이 분명하다고 사람들은 믿고 있었다. 이 말은 여원치의 마애여래좌상에 새겨져 있다.

이 대첩 이후부터 왜구 침입은 진정 국면에 접어들게 되었다. 그래서 황산대첩은 민족사에 큰 영향을 미쳤고, 이를 이끈 이성계는 더더욱 주목을 받지 않을 수 없었다. 이성계는 황산에서 대첩을 거두고 돌아가면서 자신의 성씨 전주이씨 종친이 살고 있는 전주를 거쳐 수도 개경으로 향했다. 전주에 들어갔을 때 경기전 인근의 오목대에서 승전을 자축하는 연회를 종친들을 불러서 베풀었다. 그 자리에 이성계의 종사관 정몽주가 있었고, 그때 이성계는 중국의 한고조 유방이 불렀다는 「대풍가」를 부르면서 역성혁명을 통한 천하제패의 흉중을 드러냈다고 한다. 그리고 이성계가 상경하자 당시 최고 실력자 최영이 나와서 맞이하며 승리를 축하해 주었고 우왕은 상금으로 금을 내려주었다. 이후 이성계는 최영과 친밀한 관계를 유지하게 되었고 중앙정계에서 입지를 넓히게 되었다. 또한 이성계는 1년 뒤에 황산을 다시 찾아와서 현재의 대첩비 왼쪽 바위에 자신의 이름과 전투에 함께 참여했던 장수들의 이름을 새겼다. 승전을 스스로 기념하면서 모종의 결단이 임박해 왔음을 예고했다고 보아도 크게 틀리지 않을 장면이다.

세월이 한참 흐른 뒤, 황산대첩을 기념하기 위해 운봉현감이던 박광옥이 1577년에 대첩 자리에 「황산대첩비」를 세웠다. 박광옥은 광주 출신으로 뒷날 임진왜란 때 의병 활동을 한 인물이다. 그런데 국권 강탈 후 민족말살정책을 펴던 일제는 이 비석의 글자를 정으로 쪼아 버리고 비신을 폭파하여 두 동강이 낸 후 땅 속에 묻어버리는 만행을 저질렀다. 깨어진 비석을 발견한 한국 정부는 1977년에 「파비각」이라는 건물을 지어 그 안에 동강 난 비석을 전시해 놓고 있다. 광기는 여기에 그치지 않고 도처에서 벌어졌는데, 임진왜란 의병장 조헌의 순절을 기록한 금산의 「중봉조헌선생일군순의비」(1603년 건립)를 일제 때 일본인 경찰서장이 폭파한 바 있다. 이런 광기의 역사는 '평화의 시대'가 펼쳐지면 꼬리를 감추었다가, '왜구의 시대'가 나타나면 어김없이 재현되는 것도 한일관계의 특징 가운데 하나이다.

이후 최영과 이성계는 곳곳에서 왜구를 격퇴하여 국민적 신망을 듬뿍 받게 되었다. 권력은 나누어가질 수 없는 것인가? 양자 대결은 피하기 어려운 상황으로 치닫고 있었다. 게임 체임저의 등장이 다가오는 순간이었다. 기회는 명나라가 고려의 철령 이북을 명에 복속시키려 할 때 찾아왔다. 우왕과 최영은 명의 조치에 맞서 1388년 요동 정벌을 결정했다. 최영은 8도 도통사로서 평양에 지휘부를 두고 10만 대군을 모집했다. 우군도통사 이성계는 4불가론을 피력하며 반대했다. 세 번째 불가론이 "온 나라를 들어 멀리 정벌하면 왜구가 그 빈틈을 타고 들어올 것임이 세 번째 불가한 점"이다. 거국적으로 원정을 하면 왜구가 그 허점을 노린다는 것이다. 왜구에 의해 스타 반열에 오르고서 왜구를 회심의 반전 카드로 삼았다. 마침내 이성계는 원정 도중에 좌군도통사 조민수를 설득하여 위화도에서 회군했다. 개경에 돌아온 회군 세력은 우왕을 폐위시키고, 최영을 그의 고향으로 유배 보냈다가 끝내 참수시켰다. 그리고 그들은 신진사대부와 손을 잡고 정치적·경제적·군사적 개혁을 추진하고서, 1392년 이성계를 새로운 왕조의 군주로 추대했다. 이처럼 왜구 침략은 두터운 국민적 신망을 받는 이성계란 정치 지도자를 등장하게 하고, 그에 의해 고려왕조를 몰락시키고 조선왕조를 등장하게 한 가장 큰 외적 요인이 되었다.

3. 정몽주 외교

고려는 왜구 침략을 중단시키는 것이 급선무였다. 이를 위해 정부는 온건책과 강경책을 동시에 펼쳤다. 그것을 외교 활동, 방비책 강화, 소탕과 정벌 등으로 나눌 수 있다.

고려 정부는 왜구 금단을 요청하기 위해 경도(京都)의 실정 막부, 구주의 태재부, 대마도 등지에 '금왜사절'이라는 사신을 여러 차례 파견했다. 그에 대한 답례로 일본 측에서도 사신을 보내왔다. 고려에서 사신을 구주 태재부에 파견하여 왜구 약탈을 금지해 줄 것을 요청하자, 태재부에서 고려 사신이 보는 앞에서 왜구 90명을 처형한 성과를 낸 적이 있지만, 외교적 교섭은 일본 국내 정치의 불안한 정세와 서쪽 지역 영주들의 소극적인 반응으로 실질적인 효과가 없는 편이었다. 단지 구주 세력가인 금천요준(今川了俊)과 대내의홍(大內義弘)이 왜구 진압에 약간 노력을 기울이고 납치자를 송환하는 등 성의를 표하는 정도였다.

왜구 침략이 가장 심한 우왕대에 고려 정부도 금왜사절을 그 어느 때보다 더 많이 보냈다. 그 가운데 1375년(우왕 1) 나흥유가 막부에 파견되었다. 그의 사신 명칭은 대일 외교에서 최초로 등장한 통신사였다. 그는 구주 박다(博多)에서 첩자로 몰려 체포되었다가, 일본에 귀환한 고려인 승려의 도움으로 풀려나는 고초를 겪었다. 그는 경도로 들어가서 왜구 근절을 요구했다. "백성을 다스리고 도적을 막는 것은 국가가 취하여야 할 당연한 도리"이니, "막부가 금지하고자 하면 불가능할 리가 없다"는 논리를 댔다. 이듬해 일본 승려와 함께 돌아왔다. 그때 일본 승려가 막부의 서신을 가지고 왔다.

「지금 우리나라 서해도 일대에 구주난신(九州亂臣)이 할거하면서 세금을 바치지 않은 지 20여 년입니다. 서변해도의 완민이 이 틈을 노려 귀국을 침공하는 것이지 우리가 하는 것이 아닙니다.」

「조정에서 토벌하도록 장수를 보내어 그 지방 깊숙이 들어가 두 진영이 맞붙어 날마다 싸우고 있습니다. 구주만 평정하면 하늘에 맹세하건데 해구(海寇) 금지를 약속합니다.」

그들의 왜구 금지 약속은 지켜지지 않았다. "도망친 무리로서 명령을 따르지 않아 금하기가 용이하지 않다"는 변명만 되풀이했다. 왜구의 악랄함은 쏙 빼버리고 자신들이 시키지 않았다거나 자신들의 말을 듣지 않는다는 점만 꼭 짚어서 되뇔 뿐이었다. 고려는 실망하고 분개했다. 왜구에 대한 토벌 전쟁을 펼칠 수밖에 없었다.

외교 사신 가운데 가장 주목되는 인물이 바로 대학자 정몽주이다. 친원정책을 주장하는 권문세족들은 친명정책을 주장하는 정몽주를 미워하여 다른 신진 사대부와 함께 유배형에 처했다. 그들은 2년 유배 생활을 끝내고 개경으로 돌아온 정몽주에게 구주에 가서 왜구 단속을 요청하라는 책무를 주었다. 정몽주는 두려워하는 기색 없이 1377년 박다를 거쳐서 태재부로 들어가서 9개월 동안 구주 지역 통치자인 구주탐제(九州探題)를 만나며 맡은 임무를 완수하고 잡혀갔던 고려 백성 수백 명을 귀국시켰다. 머무는 동안 매일매일 와서 시를 구하는 일본 승려들에게 즉석에서 시를 지어 주었다. 지역 유지들은 술이나 음식을 보내어 정몽주를 예우했다. 이를 정몽주는 다음과 같이 읊었다.

바다 섬에 천년토록 군읍이 열렸으니
뗏목 타고 여기 와서 오래도록 머무네.
산승은 번번이 시를 구하러 찾아오고
고을 원은 때때로 술을 보내오기도 하네.

왜인들은 정몽주를 오랫동안 사모하여 후에 정몽주가 죽었다는 말을 듣고 애석해하지 않는 이가 없었고, 심지어 제사를 지내며 그의 명복을 비는 자도 있었다고 한다.

금왜사절의 임무는 왜구 금단 요청 외에 납치자 송환도 겸했다. 우왕대 14년간 9회의 납치자 송환이 이루어졌다. 그 첫 번째 송환을 정몽주가 행했다. 그는 왜구가 우리의 양가(良家) 자제들을 노예로 부리고 있는 것을 안타깝게 여기고서, 속전(贖錢)을 주고서라도 돌아오게 하고자 여러 재상들을 극력 설득하여 각자 사재 약간씩을 내게 했다. 그 돈으로 일본에 들어가서 포로가 되었던 윤명·안우세 등 수백 인을 쇄환했다. 또한 글을 써서 윤명 편에 주어 보내니, 적의 우두머리가 글의 간절하고 슬픈 말을 보고 포로 1백여 명을 돌려보내 주었다. 이로부터 매번 윤명이 가면 반드시 포로를 데리고 돌아왔다. 이후 우왕대에 송환된 인원이 확인된 것만 1천 29명이 넘은 것으로 파악된다. 이후 정몽주는 이성계와 함께 왜구를 격퇴했고, 신진사대부와 함께 성리학 보급에 앞장섰다. 그런데 조준·정도준 등이 이성계를 새 왕조의 군주로 추대하려고 하자 이를 반대하다가 이방원에 의해 살해되고 말았다. 정몽주의 제거는 고려를 무너트리는 데에 있어서 마지막 장애물이었던 것이다.

외교적인 노력과 함께 고려 정부는 대마도 측에게 쌀을 지급하는 등 왜구를 진무하는 방책도 썼다. 대마도 도주가 사자를 파견하여 입조하자 무려 1천 석의 쌀을 하사한 바 있다. 그리고 왜인들이 일본과 가까운 거제도와 남해도에 거주하기를 원하면서 영원히 화친을 맺겠다고 하자 믿고 허락했다. 그런데 얼마 지나지 않아 배신하고 자기 나라로 돌아가고 말았다. 본격적인 회유책은 막아서 쫓아내는데 급급한 고려왕조보다는 조선왕조에 의해 시행될 수밖에 없었다.

왜구 노략질 방지를 위한 외교 정책이나 회유 노력이 별 실효를 거두지 못하자 고려는 적극적인 방어 대책에 주력했다. 전함을 건조하고 수군을 창설하여 해전에 대비했다. 그리고 화약을 제조하여 화포(火砲)와 화전(火箭)을 제작하는 등 신무기를 개발하여 군사력 증강에 나섰다.

당시 왜구들의 주무기는 창, 활, 칼이었다. 고려군은 주무기인 궁시(弓矢)로 맞섰다. 한민족은 본디부터 활 잘 쏘기로 이름이 나 있다. 왜구가 긴 창과 단도로 쳐들어왔을 때 고려군은 수천 보 밖에서 궁시로 그들을 제압했고, 성을 지킬 때에도 궁시로 저항하면 왜구는 대적할 수 없었다. 그렇지만 왜구의 긴 창은 고려군에 상당히 위협적이었다. 그들이 개성을 향하여 진격할 때 보병과 기마군으로 구성된 고려군은 별 힘을 쓰지 못한 적이 있다.

「긴 창과 예리한 칼을 가지고 예봉을 꺾는 왜구를 만나면 손쓸 사이도 없이 많이 죽거나 도망하게 됩니다.」

왜구의 긴 창과 날카로운 칼은 고려군에게 큰 위협이 되는 무기였다. 『왜구도권』이란 그림을 보면, 선두에 선 이는 긴 창으로 상대를 공격하고, 그 뒤에 있는 이는 활을 겨누고, 이어 두 손에 쌍칼을 들고 있는 이는 백병전을 펼치기 위해 적선으로 뛰어 들어갈 준비를 하고 있다. 그들이 가지고 있는 창은 길이가 101센치이던 것이 133~200센치까지 늘어났다. 이를 가지고 공격하면 고려 수군은 넋을 잃고 멍하니 바라만 보다가 바다에 뛰어들곤 했다. 겁만 먹고 허겁지겁하고 있을 때 왜구들은 고려 배에 뛰어들어 육박전으로 고려군을 제압했던 것이다. 고려군도 장창(長槍)을 제작하여 왜구에 맞섰다. 자세한 사정은 알 수 없지만, 이성계가 왜구를 칠 때 장창으로 진을 짰다고 한다. 장창은 일본의 명품 가운데 하나였다. 그래서 일본 세력가가 조선 정부에 예물을 바칠 때 장창도 그 속에 들어 있다.

위협적인 장창에 대응할 수 있는 방법은 긴 창보다 먼저 공격을 가할 수 있는 화약을 활용한 화기 사용밖에는 없었다. 화기로 화포와 화전이 있다. 화포는 총통에 총알을 넣고 화약의 폭발력으로 총알을 멀리 보내는 것이고, 화전은 그냥 화살이나 불이 붙은 화살을 총통에 넣고 화약의 추진력으로 멀리 날려 보내는 것이다. 이 계기는 왜구가 1366년(공민왕 15) 수도 개경의 코앞인 경기도 양천현에 들어와서 조운선을 약탈한 사건에 있었다. 위협을 느낀 공민왕은 화전을 개발하게 하고, 야외에서 묵으며 직접 발사 시험을 감독했다. 화약 무기 개발로 진을 겹치게 짜는 첩진법(疊陣法)이 모색되었다. 첩진법이란 진을 짤 때 방패를 앞에 두고, 다음에 장창을 두고, 다음에 총통을 두는 것을 말한다.

신무기 개발에 중심이 된 인물이 바로 최무선이다. 그는 화약이 왜구 격퇴의 밑돌이 되리라고 믿고서 되뇌었다.

「왜구를 제어함에는 화약만 한 것이 없다.」

이를 실현하기 위해 이웃집에 살고는 원나라 염초장(焰硝匠)에게 화약 제조법을 물어보았다. 알아낸 기술을 자신의 노비 몇 사람으로 하여금 시험하게 한 뒤 마침내 성공에 이르렀다고 한다. 중국 강남 상인으로부터 기술을 배워 화약 제조에 성공했다는 말도 있다. 화약 제조에 성공하자, 최무선은 1377년(우왕 3) 화통도감을 건의하여 설치에 이르게 된다. 이제 화약으로 총알이나 화살을 날려 보내는 무기 개발이 왜구 격퇴의 뼈대가 될 수밖에 없다. 그리하여 그는 대장군포, 이장군포, 삼장군포, 육화석포, 화포, 신포, 화통, 화전, 철령전, 피령전, 질려포, 철탄자, 천산오룡전, 유화, 주화, 촉천화 등의 각종 신무기를 개발했다. 이 무기를 싣고 가서 전라도 진포에 정박해 있는 왜선을 향해 발사하여 거의 다 태워버렸다. 총통으로 불화살을 난사하여 순식간에 적함을 불태우는 위력을 과시했다. 신무기 경쟁은 왜구가 고려 땅 곳곳을 침략하여 국가 존립을 위태롭게 하면서 점화되었다.

그리고 산성을 보수·신축하여 지역방위 체제를 보강했다. 이를 '산성 입보책'이라 한다. 산성에 들어가서 버티는 이 전략은 몽골 침입 때부터 써온 것이지만, 왜구 침략이 빈번해지자 위구르 출신으로 원나라에서 귀환한 설장수가 공민왕에게 상소를 올려 산성 축조를 주장했다.

「사방 30리 혹은 50리 범위 안에 기름지고 경작할 수 있는 땅 가운데 지형이 평탄하고 땔나무와 물이 있는 곳을 선택하여 그 호수의 많고 적음을 헤아려 성보(城堡)를 쌓게 하십시오.」

「성을 높게 쌓고 참호를 깊이 파되 성 위에는 망루를 설치하고 문에는 다리를 설치하며 그 나머지 방어 도구들도 적절하게 배치해 놓도록 할 것입니다. 성곽과 참호 사이에 품(品)자 모양의 작은 구덩이를 파고 녹각책(鹿角柵, 사슴뿔 모양의 목책)을 세워 왕래를 막을 것입니다.」

긴급한 왜구 방비책으로, 설장수는 산성의 축조와 함께 성내 방어 시설 구축을 건의했다. 하지만 당시의 최고 정무기관인 도당(都堂)에서는 의논만 한 채 끝내 실행하지 않았다.

뒤이은 우왕은 전국에 관리를 보내 빨리 산성을 쌓도록 독려했다. 부실 공사와 농사철 동원 등이 문제로 제기되자 지방관으로 하여금 자율적으로 진행하도록 정책 노선을 수정했다. 왜구가 김해를 함락한 뒤, 박위가 김해부사로 나갔다. 그는 함락당할 때 남편은 아내를 위하여 곡하고 자식은 부모를 위하여 곡하여 통곡 소리가 온 천지를 진동했음을 알았다. "험준한 시설을 마련하지 않으면 대처할 수 없을 것이다"며, 명령을 내려 옛 산성을 수리하여 확장하되 돌을 쌓아 견고하게 하고 산을 의지하여 높게 만들었다. 공사가 끝나고 아래에서 바라보니 성벽이 천 길이나 우뚝 서 있어 한 사람이 성문을 맡더라도 만 사람이 열 수 없게 되었다. 김해 사람이 좀 떨어진 언양에서 유배 생활하고 있는 정몽주에게 편지를 보내서 산성 유래 글을 청했다. 정몽주는 성능 좋은 무기와 함께 훌륭한 방책이라면서 흔쾌히 수락했다.

「김해의 백성들로 하여금 평상시에 일이 없을 때면 산에서 내려와서 밭을 갈고 바다에 들어가서 고기를 잡다가, 봉화가 타오르는 것을 보고는 처자식을 거두어 성으로 들어가게 한다면 베개를 높이 베고서 편안히 누울 수 있을 것이다.」

이리하여 전국 곳곳에 산성이 축조되었다. 돌로 쌓아졌고 둘레가 3천 18척에 이르고 안에 샘이 세 개 있는 충청도 단양 가은암산성은 "고려 말에 제천·청풍 및 단양 군민이 이곳에서 왜를 피한" 곳이 되었다. 절반 가까이가 절벽 위에 7자 높이로 축조된 경상도 선산 금오산성에 대해 지역민들은 말했다.

「고려 말 선산부 및 인동·개령·성주의 백성들이 왜구를 피하여 여기에 들어와 산 사람이 매우 많았는데, 군사를 징발해서 지키었다. 조선 초에도 군창(軍倉)이 있었는데 지금은 없다.」

전라도 강진 수인산성은 고려 말에 도강·탐진·보성·장흥·영암의 백성들이 모두 들어와서 화를 피한 곳이다. 이처럼 왜구의 침략을 피해 몸을 숨겼던 곳이 깊은 산 속에 축조된 산성이었다. 그런데 이들 산성도 왜구 침략이 느슨해지고 평화가 지속된 15세기 중엽 성종 대 이후에는 대거 퇴락하게 된다.

산성과 함께 읍성의 개축·신축도 왜구 대비책으로 활발하게 진행되었다. 읍성이란 군현의 수장과 통치기관이 들어서 있는 곳인데, 축성 대상은 왜구가 진입할 수 있는 연해 군현에 집중되었다. 방어력을 높이기 위해 토축보다는 석축이 널리 행해졌고, 성벽 밖에 해자(垓子)를 새로이 건설한 곳도 있었다. 축성을 하고서 흩어진 백성을 불러 모았다. 이외에 왜구가 지날 요충지에 목책을 세우거나 잔도를 만들어 지키는 곳으로 삼는 곳도 있었다. 결국 잦은 왜구 침략은 관방 시설에 대한 관심을 고조시킬 수밖에 없었다.

또한 고려 정부는 지방관이 파견되지 않은 속현에 감무라는 일종의 '임시 지방관'을 파견하여 지방사회를 안정시키고 통치체제를 강화했다. 특히 공민왕 즉위 이후부터 감무 파견이 급증하는 경향을 보이고, 감무 파견 지역이 왜구 피해를 많이 입은 남부 지방에 집중되는 추세도 파악된다. 그 가운데 감무로 임명되었다가 왜구 침입에 제대로 대응하지 못하였다고 문책을 받은 이가 있고, 왜구에 대한 방어와 함께 조운의 안전을 확보하는 것이 중요한 임무의 하나인 만호에게 감무의 역할을 겸임하게 한 경우도 있다. 왜구로 관청이 불타고 주민이 모두 도망하여 군현의 기능을 잃었다가 감무를 파견하면서 비로소 군현의 기능을 회복한 곳도 있다. 이는 무엇을 의미할까? 감무 파견이 왜구의 피해를 입은 군현의 경제력을 회복시키고 지방 사회를 안정시켜 국가 재정을 충실하게 하려는 데에 그 목표가 있었다. 그런데 이로 고려 지방제도의 특징 가운데 하나인 속현 제도가 무너져가고 있었다. 이래저래 왜구는 고려 사회를 붕괴시키고 있었다.

4. 수군 창설

여기에서 가장 획기적 사실은 우리 역사상 최초로 수군이 창설되었다는 것이다. 왕건이 송악에서 수군을 거느리고 내려와 영산강 하구에서 후백제 견훤 군대를 물리치고 고려 건국의 기반을 마련했지만, 그때 수군은 독립된 조직이 아니라 육군에 편제된 군대로 바다에서 싸우는 부대에 불과한 것이었다. 그러나 왜구를 바다에서 제어하지 않고서는 그들의 침략을 막아낼 수가 없어, 고려말 대학자 이색과 우현보가 독립된 병종으로 수군의 필요성을 역설했지만 받아들여지지 않았다. 남쪽의 왜구도 중요하지만 북쪽의 홍건적도 방어해야 하기 때문에 군사력을 한쪽에만 배치할 수 없어서였다.

왜구의 발호가 갈수록 심해지자, 고려 정부는 이전과 달리 바닷가 포구에 수군 기지로 수소(戍所)를 설치하고 그곳에 전함과 기선군을 배치하여 연해 방비를 맡겼다. 첫 수소는 공민왕 때인 1372년 전라도에 18개소 설치되었다. 이를 수군 재건으로 말하는 이도 있지만, 수군 창설의 기점으로 삼아야 온당할 것이다. 한국 역사상 기념비적인 일이다.

곧바로 전국 연안 지대에 약 50개소에 이를 정도로 수소는 늘어나게 되었다. 그러면서 수소는 만호(萬戶)로 개편되었다. 중앙은 해도도통사-해도원수로 이어지고, 지방은 처치사-만호로 이어지는 수군 지휘 체계가 구축되었다. 수군은 바다 곳곳에서 승리를 거두었고, 이는 육지에서 최영·이성계의 승리와 함께 왜구 격퇴에 큰 힘이 되었다. 그리하여 뒷날 조선 건국 이후 식자들은 "고려 말년에 왜적이 침략하여 경기까지 이르렀으나 전함을 둔 후에야 국가가 편안하였고 백성이 안도하였다"고 회고했다. 왜구가 자행한 약탈을 고려는 수군으로 반격을 가한 것이었다.

수군이 창설되자, 곳곳에서 왜구를 격퇴한 수군 장수들이 대거 등장했다. 그들은 전과를 토대로 전통 귀족을 제치고 관직에 진출했다. 그들의 관직 진출은 신왕조가 들어서면서 더 두드러져 고위직에까지 이르렀다. 그 후광으로 가문을 빛내어 오늘날 문중의 중시조(中始祖)로 추앙받고 있는 이가 한둘이 아니다.

그 가운데 수군 창설을 입안했을 뿐만 아니라 수군을 이끌고 대승을 거둔 인물로 정지가 손꼽힌다. 그는 공민왕에게 상소를 올렸다.

「바다 섬에서 나고 자랐거나, 해전에 참여하기를 원하는 자를 등록시켜 저희들로 하여금 그들을 지휘하게 하면 5년 안에 바닷길을 깨끗이 할 수 있을 것입니다.」

왜구 격퇴를 위한 독립 수군의 창설을 주장했다. 이 주장에 의해 수군진의 원조격인 수소가 연해에 설치되었다. 조선 『성종실록』에 "수군의 창설이 정지에게서 비롯"되었다고 적혀 있다.

그는 남해도 관음포에 집결해 있는 왜적을 격퇴하기 위해 그곳으로 나갔다. 가서 보니 적들의 깃발은 하늘을 가리고 창과 칼은 바다에 번쩍였다. 적들은 사면에서 정지를 에워쌌다. 마침 비가 내려 공격을 개시할 수 없었다. 정지는 지리산 산신령에게 기원했다.

「나라의 흥망이 이 한 번의 전투에 달려 있으니, 바라건대 부디 나를 도와 신(神)의 부끄러움이 없도록 하소서.」

기원을 마치자마자 비가 갰다. 정지는 곧바로 총공세를 퍼부었다. 총공세는 다음과 같이 진행되었다.

그때 적은 큰 배 20척으로 선봉을 삼고 배마다 강병 140명씩을 실었다. 정지는 진공하여 우선 이것을 격파하니 시체가 바다를 덮었다. 계속 남은 적을 쏘니 화살 소리와 함께 쓰러졌다. 이리하여 적을 크게 격파하였다. 또 화포를 발사해 적선 17척을 불살랐다.

처음에는 화살을 쏴서 적을 쓰러트렸고, 나중에는 화포를 발사하여 적선을 불태웠다. 왜선 17척을 격파했고 왜인 2천여 명을 죽이는 전과를 올렸다. 죽은 시체는 바다를 뒤덮을 정도였다. 이 전과를 스스로 "내가 일찍이 말을 타고 왜적들을 많이 깨뜨렸지만 오늘처럼 통쾌한 적이 없다"고 평가했다. '관음포 대첩'은 세계 해전사에서 함포로 해상에서 적을 물리친 최초의 전투라는 평가를 받는다.

그리고 정지는 근원적인 방왜책으로 동정(東征)을 자청했다. 동정이란 동쪽(일본)을 정벌한다는 말이다.

「왜는 온 나라가 도적인 것이 아니라, 그 나라에서 반란을 일으킨 민들이 대마도와 일기도 두 섬에 나누어 근거하여 합포에 이웃해 있으면서 수시로 침입하여 노략질하는 것입니다.」

「만약 죄를 성토하고 군사를 크게 일으켜 그 소굴을 뒤엎는다면 변방의 근심은 영원히 제거될 것입니다.」

「순풍을 타고 가면 두 섬은 한 번에 섬멸할 수 있을 것입니다.」

왜구 소굴은 대마도와 일기도이고, 이 두 섬을 정벌하지 않고서는 변방의 근심을 제거할 수 없고, 순풍을 타고 가면 한 번에 두 섬을 섬멸할 수 있다는 것이다. 오랜 수군 경험에서 나온 자신만만한 제안이었다.

또한 정지는 최무선이 개발한 화포를 병선에 처음으로 장착한 인물이기도 하다. 배에 화포를 장착하려면 배의 갑판을 튼튼하게 하여 포 받침틀을 설치해야 하고, 포 사격 때 진동으로 배가 부서지거나 뒤집히지 않도록 배를 개량해야 했다. 이 개량된 병선은 한국형 전함인 판옥선의 원조격이라고 평가할 수 있다. 그래서 판옥선을 정지가 처음으로 만들었다는 기록도 남아 있다. 화포가 장착된 병선은 판옥선으로 진화하여 조선 수군의 주력함으로 임진왜란 승리에 기여했다. 그의 공로를 인정한 대한민국 정부는 최신에 잠수함이 건조되자 그 이름을 '정지함'이라고 명

명했다.

고려 정부는 왜구에 대한 방어 대책의 수립과 함께 적극적인 토벌도 단행했다. 들어와서 노략질을 하고 있는 왜구를 소탕하는 일에 많은 장수들이 참전하여 큰 성과를 거뒀다. 왜구 소탕의 대표적인 전투로는 1376년 최영의 홍산대첩, 1380년 최무선의 진포대첩과 이성계의 황산대첩, 그리고 1383년 정지의 관음포대첩 등을 들 수 있다.

여기에 명나라에서 귀화해 온 사람도 가세했다. 대표적인 인물로 선윤지가 있다. 그는 신설 왕조 명나라의 학사 출신으로 고려 말기 사명을 띠고 고려에 왔다가 귀화했다. 그때 왜구 침략으로 보성 사람들은 사방으로 흩어져 있었고 치소마저 내륙으로 옮겨진 상태였다. 그러던 1382년 선윤지는 전라도 안렴사로 내려와서 보성군을 점령하고 있던 왜구를 쫓아낸 후 흩어진 백성들을 불러 모으고 민생을 안집시켰다. 고려 정부에서 고위 관직을 역임한 후 보성으로 내려와서 정주하니 보성이 관향이 되었다. 보성에서 살면서 불교를 배척하고 유학을 장려하는 삶을 살며 궁벽한 남쪽에 선진적 사상을 보급한 인물이기도 하다. 이와 같은 각계각층의 군사적 대응이 성공함으로써 왜구의 대규모 침구는 점차 줄어들게 되었다.

고려 정부는 후환을 제거하기 위해 왜구 소굴의 정벌에 나섰다. 왜구 근거지는 여러 곳이지만 가장 대표적인 곳은 대마도이고, 구주에서 나오는 왜구들이 대마도를 거치기도 했다.

「왜적이 대마도로부터 바다를 덮고 오는데 돛과 돛대가 서로 바라보고 있을 정도이다.」

대마도는 위협적인 존재여서 대마도가 정벌 표적이 될 수밖에 없었다. 대규모 군대를 동원해서 대마도를 공격하여 그들의 소굴을 없애자는 정지의 주장은 우왕의 역점 사업인 요동 정벌 문제로 보류되었다. 과거

여원 연합군의 일본정벌 실패를 기억하고 있는 일부 장수들이 정벌에 나서는 것을 주저한 점도 작용했다. 다행히 이듬해 위화도 회군이 단행되어 명나라와의 관계가 개선되자 장애물은 자연스럽게 제거되었다. 마침내 위화도 회군 이듬해

시기		내용
1376년(우왕 2)	최영,	홍산대첩
1380년(우왕 6)	최무선, 이성계,	진포대첩 황산대첩
1383년(우왕 9)	정지,	관음포대첩
1389년(창왕 1)	박위,	대마도 정벌

고려 말 왜구 격퇴

1389년 박위에 의해 대마도 정벌이 이루어졌다. 그는 병선 1백 척을 거느리고 대마도를 쳐서 왜구 선박 3백 척과 민가를 불살라 거의 없애버렸고, 사로잡혀갔던 백성 1백여 명을 찾아 돌아오는 전과를 올렸다. 정지 주장 2년 뒤의 쾌거였다. 이제 왜구 섬멸 의지가 적극적인 공세로 전환되었다.

신왕조 조선의 당면 최대 과제는 왜구 문제였다. 이성계는 건국 직후 왜구에 의한 아군 피해를 접하고서 탄식했다.

「국가에서 근심하는 바가 왜적보다 심한 것이 없다.」

이성계는 고려말 왜구 진압에 성공한 것을 계기로 권력을 잡아 조선왕조를 건국한 인물이었던 만큼, 당시 일본의 상황과 왜구 문제에 관해 누구보다 더 잘 알고 있는 제일의 전문가라고 할 수 있다. 그는 고려 말기의 정책을 계승하고, 거기에 새로운 정치·경제·군사적인 측면을 배합하여 새로운 왜구 대책을 수립했다.

태조 이성계는 우선 해양방어를 강화했다. 그는 전 왕조 때 창설된 수군을 보다 더 정비하고 병선을 개량했으며, 연해 요처에 성을 쌓고 봉화대를 설치하게 하여 침입해 오는 왜구를 토벌하도록 했다. 그 결과 "근년 이래 병선을 만들어 연변을 수비하고 막으매, 도적이 감히 가까이 오

지 못하고 거민들도 토착하여 산다"는 보고가 올라올 정도가 되었다. 왜구 침략으로 황폐해진 바닷가가 신왕조의 적극적인 대응으로 안정을 되찾고 있다는 말이다. 수군 강화책은 태종 대에 이르러서 더욱 진전되어 한 때 병선 6백 13척, 수군 병력 5만 5천 명에 달하게 되었다. 수군 역량이 당시를 기준으로 단군 이래 최대치에 이르렀다는 평가를 내리기에 충분한 성과이다.

화약 무기를 이용한 전술도 태조에 의해 개발되었다. 왜적이 한곳에 집결해 있으면, 그곳을 화포와 화전을 잘 쏘는 병사로 하여금 사방에서 에워싸서 번갈아 쏘게 했다. 그러면 물건이 모두 타고 불빛이 낮처럼 밝아 적이 놀라서 어찌할 바를 모를 지경에 이르게 된다. 바로 그때 매복해 있던 병사가 일시에 나타나서 화살을 쏘고 칼을 휘둘러 적을 제압하도록 하는 전략이 전군에 하달되었다. 이와 같은 군사적 방비책에 의해 왜구의 침략은 기세가 꺾이게 되었다.

이어 태조는 외교적 노력도 기울였다. 태조는 즉위 초 막부에 사신을 보내 왜구 금지를 요청했다. 예를 들면, 막부에 승려를 보내어 왜구 금압과 피로인 쇄환을 요구함과 동시에 서로 사이좋게 지낼 것을 요청하자, 막부에서 사신을 보내어 피로인 1백 명을 송환하면서 조선의 요구를 적극 수용하겠다는 의사를 밝혔다. 그리고 태조는 대마도·일기도의 도주와 왜구에게 영향력을 가지고 있는 구주의 호족들에게도 사신을 보내어 왜구 진압을 요구했다. 태조 대 7년간 9회의 조선 사신과 24회의 일본 사신이 왕래한 것으로 집계되어 있다. 그 결과 막부와 호족들은 왜구 진압에 노력하고 피로인의 송환에 적극적으로 호응했다. 그리하여 옛날 왜구의 10중 8~9가 감소했으며 납치자의 절반이 송환되었다는 구주 측 보고가 오기도 했다. 다소 과장된 표현이겠으나 외교적 교섭이 상당한 효과를 거두었음을 알 수 있다. 납치자 송환 때 가증스러운 일은 잡혀간 사람들이 다투어 나오려고 해도 그 주인이 목이나 발에 쇠사슬을 씌우고 가두어서 뜻을 이루지 못한 경우이다. 침략하여 백성들을 잡아가 노비로 삼고, 혹은 먼 나라에 되팔아 영영 돌아오지 못하게 하고, 인도적 송환을 겁박하여 방해하는 행위는 임진왜란 납치자 송환 때까지 지속된 '왜구 시대'의 전형적 수법이자 왜구의 민낯이다.

그리고 태조는 회유책도 구사했다. 그와 관련하여 투화해 오는 왜인을 수용하는 정책을 폈다. 예를 들면, 원해(原海)라는 일본 승려가 처자를 거느리고 투화해 오자, 평(平)이란 성을 내려주었다. 의술에 정통한 점을 고려하여 그에게 의약을 관장하는 전의박사란 관직을 내려주고 대궐에 나와서 병을 고치게 했다. 임금이 되기 전부터 치료를 받아온 태종은 감사의 표시로 그에게 선물과 노비를 주었다.

태조는 회유책의 일환으로 왜구 진압과 피로인 송환에 적극적인 호족들에 대해서는 통교상의 특혜를 주고, 조선의 관직을 하사하는 수직 제도를 활용했다. 수직 제도는 고려 때 여진인에 대한 회유책으로 행해졌던 것인데, 이를 일본인에게도 적용하여 일본에 거주하고 있는 세력가, 피로인 송환에 적극 호응한 공로자, 항복한 일본인 중에서 왜구 우두머리나 왜구 진압에 공로를 세운 자에게 조선의 명예직 무인 관직을 주어 우대한 제도이다. 이에 따라 태조는 60여 척의 배와 수백 명의 왜인을 이끌고 와 투항한 왜구 우두머리에게 선략장군이라는 직함을 내려주어 왜구 방지에 주력하도록 했다. 조선에서는 이들을 '수직왜인(受職倭人)'이라고 불렀다. 이 가운데 일본에 거주하면서 조선으로부터 관직을 받은 이도 있었다. 그들은 변경을 지키는 관원이라는 의미로 일 년에 한 번씩 하사받은 관복을 입고 사령장을 지참하여 입조하도록 했으며, 입조하면 조선 정부로부터 그에 상응하는 접대를 받고 교역을 할 수 있었다. 수직왜인이 성종 대에 지어진 『해동제국기』에 26인이 수록되어 있다. 그리고

1510년까지 모두 90명이고, 그중 대마도인이 52명이나 되어 가장 많았다.

  이러한 태조의 대일정책은 남쪽 변방의 평화를 확보하는 것이 급선무라는 인식에서 비롯되었다. 건국 정통성이나 요동 정벌 및 조공 요구 등으로 대명관계가 안정되지 않았고, 북방 여진에 대한 경략도 필요하였기 때문이다. 여러 방책 가운데서도 태조는 외교책과 회유책을 중시했다. 그러한 대일 외교 기조는 그의 아들 정종과 태종에게도 계승되었다.

2장

악순환

1. 대마도는 우리 땅?

태종은 군사력 증강에도 남다른 관심을 보였다. 우선 시급한 것이 수전에 능한 왜구에 대응할 병선의 증액과 개량 및 선군의 배정이었다. 삼남 지역에 병선 건조를 명하여, 병선이 이전보다 절반 정도가 늘어나 무려 6백척 이상에 이르게 되었다. 병선은 규모에 따라 대선·중선·소선으로 구분되었고, 용도에 따라서도 이름이 달랐는데 전투함을 맹선(猛船)이라고 했다. 새로 건조한 병선을 한강에서 테스트하고 일본선·중국선과 비교하여 성능을 개선하는 일도 추진했고, 그때 태종이 현장에 나와서 직접 참관한 적도 있었다.

    이 무렵 거북선[龜船]이 건조되어 왜선과 모의 전투하는 상황이 연출되었고, 강을 건너던 태종이 그 장면을 목격했다. 2년 뒤 탁신이란 관리가 국방 대책을 건의하면서 마지막 여섯 번째로 말했다.

    「거북선의 법은 많은 적과 충돌하여도 적이 능히 해하지 못하니 가위 결승의 좋은 계책이라고 하겠습니다. 다시 견고하고 교묘하게 만들게 하여 전승의 도구를 갖추게 하소서.」

적선과 충돌하여 승리를 가져올 수 있으니 거북선을 널리 배치하자는 제안이다. 이후 향방은 알 수 없으나, 을묘왜란 때 이와 비슷한 몽충선(蒙衝船)이 전라좌수영에서 등장한다.

그리고 왜구의 창칼을 제압할 무기 개발도 태종에게는 시급한 과제였다. 그는 늘 되뇌었다.

「화포는 군국(軍國)의 중한 일이다!」

태종이 말한 화포는 화살을 불로 멀리 강하게 날려 보내는 화전(火箭)을 말한다. 총통으로 화살을 쏘기 때문에 총통전(銃筒箭)이라고도 했다. 불화살은 쏘면 날아가는 화살의 힘이 맹렬하여서, 만일 여러 군사 속으로 쏘면 화살 하나가 3~4인을 죽일 수 있는 높은 살상력을 지녔다. 적군이 가장 무서워하는 무기여서 공격하는 싸움에 유리하기가 천하에 화전과 같은 것이 없다고 할 정도였다. 그래서 태종은 자주 도성 문밖에 거동하여 화전 쏘는 것을 구경했다. 지자(地字)와 현자(玄字) 화포는 화약만 많이 들고 화살은 5백 보를 넘지 못하고 한 번에 화살 여러 개를 쏠 수도 없었다. 이를 개량하여 지자·현자보다 화약은 적게 들고 화살은 멀리 나가는 황자포(黃字砲)가 개발되었다. 이 외에 쌍전화포, 사전화포, 가자화포, 세화포 등도 만들어졌다. 이러한 화전 개발에 있어서 적은 화약으로 많은 화살을 목표로 한 지점에 날려 보내는 것이 관건이었고, 그것은 남쪽 왜구와 북쪽 야인에 대한 대비책 가운데 핵심적 요소였다.

그러나 여러 화전의 개발에도 불구하고 그 실효성 측면에서 여전히 의문이 가시지 않았다. 화전은 한 사람이 가지는 것이 열 개에 지나지 않았다. 그리고 한 번 쏘고 나면 맞붙어 싸우는 백병전 때는 다시 쏠 수가 없었다. 또한 다시 쏘려면 먼저 화약을 재이고, 다음에 방아쇠를 걸고, 그 다음에 받침목을 넣고, 마지막으로 화살을 꽂아야 쏠 수가 있어서, 그것을 사용하기가 쉽지 않았다.

　　반면에 편전(片箭)은 누구나 쉽게 쏠 수 있고, 두꺼운 갑옷까지 뚫을 수 있고, 최대 3백 보까지 화살이 날아갈 수 있고, 말 탄 군사가 달리면서 위에서 아래로 내리쏘기를 비 퍼붓듯이 하면 활의 이용 가치가 극에 달할 수 있었다. 화전의 약점을 보완하기에 적격이었다. 편전은 활짱의 길이가 짧은 단궁(短弓)으로서, 그 쏘기는 한민족의 장기 가운데 하나이다. 편전의 위력은 이미 중국에까지 알려졌고, 여진족이 두려워하는 무기이기도 하다. 이에 조선 정부는 편전의 제작과 배치 및 시험에 치중했다. 편전 쏘기를 무과의 시험으로 채택하여 초장에 '서서 쏘기'를 중장에 '말타고 쏘기'를 배치했고, 전국에 편전 쏘기를 연습하라고 명하기도 했다. 각 진의 군관, 각 고을의 수성군, 각 포의 기선사관(騎船射官) 모두 편전 10매와 화살통을 보유하게 했다. 이리하여 당시 조선군의 주력 병기는 화전과 편전이 되어 크고 작은 전투에서 성과를 냈다.

　　고려와 조선에서는 왜구의 본거지를 대마도, 일기도, 송포 등 세 섬으로 파악했다. 그리하여 고려말 정지가 대마도·일기도 정벌을 주장했고, 박위에 의한 대마도 정벌이 단행되었다. 태국을 다녀오던 사절단이 나주 근해에서 왜구에게 습격을 받고 동래~울진이 왜선 1백 20척에 의해 노략질을 당하자, 태조는 1396년 대마도·일기도 정벌을 계획했다. 이 두 섬을 치기 위해 김사형을 대장으로 삼고 5도의 병선을 모아서 출정식을 가졌고, 태조가 남대문을 거쳐 한강까지 나가서 전송까지 했으나 실행에 옮겨지지 않았다. 조선후기에 편찬된 『춘관지』에 "이듬해 군사가 돌아왔다"고 적혀 있고, 간혹 실행된 것처럼 말하는 연구자가 있지만, 실행되지 않은 게 분명하고 그 이유는 자세히 드러나 있지 않다.

　　마침내 1419년(세종 1) 조선은 또다시 대마도 정벌에 나섰다(제2차 대마도 정벌). 이 정벌은 조선에서는 당해 연도가 기해년이어서 '기해동정'

으로, 일본에서는 응영이란 연호기여서 '응영의 외구'로 불린다. 조선 초기 한일 관계의 한 획을 긋는 사건이며, 한국 역사상 마지막 대마도 정벌이다. 왜구가 도발하니까 조선은 정벌로 맞서고 그 결과 한일 관계는 파국을 맞이했다. 파국은 일본의 경제적 어려움을 가져와 일본은 그 위기를 돌파하기 위해 침략을 감행하고 그 결과 조선은 대일 창구를 폐쇄하는 조치를 내렸다. 한일 양국은 지루한 줄다리기 끝에 약조를 맺고 통교를 재개하기에 이른다. 도발과 정벌, 침략과 폐쇄, 약조 체결과 통교 재개로 이어지는 악순환의 한일 관계사에서 대마도 정벌은 그 신호탄이었다는 점에서 주의 깊게 살펴볼 필요가 있다.

    대마도 정벌의 직접적인 동기는 대마도 왜구들의 침략에 있다. 당시 왜구 출몰이 뜸해진 점을 들어 왜구 침략보다는, 명나라의 일본정벌 계획이 감행될 경우 조선이 감당해야 할 부담이 너무 크기 때문에 그것을 사전 차단하기 위한 포석이라는 견해도 있다. 제7대 도주 종정무(宗貞茂)가 죽고 아들이 어린 나이에 도주 자리를 계승하자 내분이 일어났다. 행정 통제가 허물어지고 생활이 어려워진 대마도 사람들은 다시 왜구로 변하여 조선 연안을 침입했다. 마침내 왜구가 이 해 5월 선박 50여 척을 이끌고 충청도 비인현에 침입하여 병선을 불태우고 현성을 포위하여 민가를 약탈하니 개와 닭의 씨가 말랐다고 한다. 이때 한 귀화 왜인이 몰래 대마도주와 내통하여 "근래 조선에서 너희를 대우하는 것이 점점 박해지니, 만약 다시 변방 고을을 침략하여 위협을 주면 반드시 처음같이 대우할 것이다"고 말해주자, 대마도주는 얼마 안 가서 이 만행을 저지르고서 바로 이어 황해도 해주를 침입하여 군량미를 빼앗은 후 중국 요동 반도로 진출했다고 한다.

    당시 태종은 마음에 들지 않은 맏아들 양녕을 세자에서 전격적으로 폐위시키고, 왕위를 셋째 아들 충녕에게 물려주고 상왕으로 남아 있었다. 상왕은 왜구 침략 소식을 듣고 세종과 함께 3정승과 예조·병조판서를 불러 대마도 정벌에 대한 가부를 물었다. 모두들 말했다.

「마땅히 적이 돌아가는 때를 기다려 공격해야 합니다.」

그러나 병조판서는 달리 말했다.

「허를 찔러 공격해야 합니다.」

상왕은 병조판서의 제안을 따라 곧바로 대마도 정벌을 명했다. 잠깐 잊고 있는 대마도 정벌의 기억을 되살리고, 꾹 참고 있는 강대강 응징 욕구를 다시 불타오르게 한 것은 후한 대접을 망각하고 변방을 침략하여 약탈을 자행한 왜구였다. 왕위에 오른 지 일 년도 되지 않은 세종은 아버지의 명을 받들 수밖에 없었다. 상왕의 명을 담은 교서는 강렬했다.

「내가 항상 널리 포용하여 더러움을 참고 교통하지 않았는가? 그들의 기근을 구제하였고 통상을 허락하였으며, 온갖 구함과 찾는 것을 응해주지 아니한 것이 없고, 다 같이 살기를 기약했었다.」

「은혜를 잊고 의리를 배반하며, 하늘의 떳떳한 도리를 어지럽게 함이 너무 심하지 아니한가.」

국초 이래 우리 정부의 후의를 저버리고 국토를 침입하여 약탈을 자행한 행위는 배은망덕의 극치이니 그 근거지를 토벌하여 우환의 뿌리를 뽑겠다는 의지가 교서에 나타나 있다. 못된 습성을 이번에는 절대 가만두지 않겠다는 것이 상왕의 심상이다.

「왜구가 탐독한 행동을 제멋대로 하여, 뭇 백성을 학살하여 천벌을 자청하여도 오히려 용납하고 참아서 토벌하지 못한다면, 어찌 나라에 사람이 있다고 하랴.」

마침내 조선은 대마도 정벌에 나섰다. 이 정벌은 한창 농사짓는 달에 명령이 떨어진 지 한 달간 속전속결로 준비되어 단행되었다. 그만큼 절박한 상황이 있었고 강력한 의지가 작용했다. 삼군도체찰사 이종무가 아홉 명의 절제사를 휘하에 두고 병력 1만 7천여 명을 거느렸다. 이는 왕실 호위군, 중앙군, 영진군, 모집군, 잡색군, 기병군 등의 육군과 수군으로 구성되었다. 이종무는 4도에서 모은 병선 2백 27척을 거제 견내량에 집결시켜 놓고, 1만 7천여 명의 병력을 병선에 나눠 태우고 그들이 먹을 65일분의 식량도 실었다. 당시 전국 함선이 6백여 척이었으니, 절반이 동원된 셈이다. 정부는 비인·해주를 침략했던 왜구를 붙잡아 대마도에 보내어 항복할 것을 요구했으나, 여러 날을 기다려도 회답을 받지 못하자 드디어 진격을 결정했다. 그리고 외교 분쟁을 차단하기 위해 구주 태재부 탐제(探題)에게 이번 원정은 구주를 치기 위한 것이 아니고 왜구 소굴 대마도를 소탕하려는 것이라고 알렸다. 또 웅천 제포에 와 있는 왜인을 기습 공격하여 5백 91명을 붙잡아 내지에 나누어 안치하고, 이 과정에서 피살되거나 물에 빠져 죽은 자가 1백 36명이고, 포로가 된 중국인도 6명이나 되었다.

이종무는 거제도를 떠나 바다 가운데 나갔다가 바람이 거꾸로 불어 돌아왔다. 이틀 후 6월 19일, 남쪽 주원방포를 오전 10시 무렵에 다시 출발했다. 원정군은 대마도 두지포(豆知浦)에 무사히 도착했다. 10여 척이 먼저 이르자 자기 섬 사람들이 중국에서 돌아온 줄 알고 술과 안주를 가지고 나와 환영하는 해프닝이 벌어졌다. 원정군은 투항한 왜인을 앞세워 곳곳을 수색하여 왜선을 나포하고 불살랐고, 왜인 민가도 태워버렸다. 이종무는 도주에게 조선 국왕의 명령서를 보냈으나 답서가 없자 병력을 좌우 양군으로 나누어 보내 각지를 토벌하게 했다. 그런데 일기도와 송포의 원병과 함께 매복한 대마도 군대에게 박실이 이끈 좌군이 패배하여 백수십 명이 전사하는 불상사가 발생했다. 이후 이종무가 장기전 태세에 들어가려고 하자, 대마도주는 문서를 올려 수호를 빌면서 철군을 간청했다. 이를 본 이종무는 태풍에 대한 우려도 고려하여 제재를 중단하고 7월

3일 거제도로 귀환했다. 총 전과는 왜인의 주택 2천 7호를 불태우고, 나포한 선박 가운데 1백 44척을 불태우고, 인명 1백 53명을 처단했다. 그리고 잡혀 와 있던 조선인 8명과 중국인 1백 46명을 구출하여 데리고 왔다. 조선의 희생은 1백 수십 명에 그쳤다. 대승을 거둔 원정이었다.

기해동정은 비록 짧은 기간이었지만 쌍방간에 3천 8백여 명의 사망자를 낸 격렬한 전투였다. 조선 측은 이를 통해 왜구의 본거지에 큰 타격을 가하는 한편 많은 피로인을 쇄환하는 전과를 얻었다. 그러나 왜구의 주력부대가 섬 안에 없었던 만큼 왜구의 섬멸이라는 당초 목표를 완전히 달성하지는 못했다. 그래서 다시 정벌하자는 논의도 나왔다. 태풍에 대한 우려로 찬반 논의가 조정에서 진행되는 가운데, 요동에서 돌아오던 왜구를 김해에서 격파했다는 소식이 들어오자 다시 정벌하려는 논의는 중단되고 말았다.

재정벌의 논의가 수그러지면서 조선 정부는 7월 17일 병조판서 조말생의 명의로 대마도주에게 타이르는 문서를 보내 항복을 하든지 아니면 일본 본주로 돌아가든지 둘 중 하나를 선택하라는 강경한 입장을 전달했다.

「대마도라는 섬은 경상도의 경주에 예속했으니, 본디 우리나라 땅이란 것이 문적에 실려 있어 분명히 상고할 수가 있다.」

본래 조선 땅이었다는 말에 도주는 9월 25일 항복을 청함과 동시에 인신(印信)을 내어줄 것을 요청했다. 이는 대마도를 완전히 비우라는 조선 정부의 요구에는 미치지 못하는 것이었다. 이후 반년에 걸친 교섭이 진행되었다.

마침내 이듬해 1420년 정월 ①대마도는 조선의 속주로서 경상도의 관할하에 두며 경상관찰사를 통해 서계(書契)를 올릴 것, ②요청한 인신을 하사하되, ③앞으로 대마도로부터 오는 사절은 반드시 도주의 서계를 지참할 것 등으로 결말지어졌다. 이로써 대마도주는 통교 증명인 인신을 소유한 수도서인(受圖書人)이 되었고 서계를 발급하는 당사자가 되었다. 서계는 입국을 증명한다는 공적 문서이고, 인신은 서계 위조를 막기 위해 서계에 찍는 도장이다. 따라서 인신이 찍힌 서계는 오늘날의 여권과 같은 것인데, 대마도와 그 인근 지역에 대한 서계 발급 권한을 이때부터 도주가 가지게 되었다. 참고로 조선 정부는 일본 측에게 신분에 따라 도장을 만들어 주었다. 각지 세력가에는 실명을 새긴 구리 도장을 만들어 주었고, 이 도장은 실무문서인 서계에 찍는 도장이다. 반면에 막부 장군에게는 상아로 만든 도장을 반으로 쪼개서 주었고, 이 도장은 장군이 보내는 사신인 국왕사가 가지고 온 외교문서인 국서에 찍는 것이었다.

조선	외교 관계			일본
국왕	통신사 ‖ <선위사>	← 국서 →	국왕사 ‖ <선위사>	막부
예조 부산	문위행 ‖ <차왜>	← 서계 →	차왜 ‖ <접위관>	대마도 수직인

조선과 일본의 외교 관계

그런데 대마도의 경상도 속주화 문제는 조선과 일본 간에 외교 문제로 비화되고 말았다. 제8대 도주 종정성(宗貞盛)의 사자라고 칭한 이가 와서 대마도는 토지가 척박하여 생활이 아주 곤란하다고 호소하면서 속주화를 제안했다.

「만일 우리 섬으로 하여금 귀국 영토 안의 주군(州郡)의 예에 의하여,

주(州)의 명칭을 정하여 주고 인신을 주신다면 마땅히 신하의 도리를 지키어 시키시는 대로 따르겠습니다.」

이를 받아들여 조선은 송희경을 파견하여 대마도를 경상도 소속으로 하고, 왜인이 조선 조정에 보고할 때는 반드시 경상도 관찰사를 통할 것을 명하며, 대마도 도주에게 「宗氏都都熊瓦」라는 글자가 새겨진 도장을 만들어 보냈다.

이로써 사태는 일단락되는 듯했다. 그러나 일 년이 지난 시점에 도주 종정성이 보낸 서계에 "대마도가 경상도에 예속되었다"는 점에 대해 다른 말이 적혀 있었다.

「역사 서적을 조사하여 보고 노인들에게 물어보아도 근거할 만한 것이 없습니다.」

서계를 가지고 온 이도 예조에서 묻자, 본도가 경상도에 소속되었다 함은 자기도 알 수 없다고 답했다. 그러면서 한술 더 떴다.

「대마도는 일본의 변경이므로, 대마도를 공격하는 것은 곧 본국을 공격하는 것입니다.」

「소이전(小二殿)에서 귀국과 교통할까 말까를 어소(御所)에 아뢰었더니, 마음대로 하라고 답하였습니다.」

구주 소이전에서 막부에 조선과 외교를 단절할지 말지를 여쭈었더니 마음대로 하라고 답했다는 말이다. 막부의 '마음대로 하라'는 말은 대마도 영유권을 계속 주장하면 통교를 단절해도 좋다는 취지이다. 대마도의 '변심'으로 조선 정부와 일본 막부간에 긴장 상태가 초래될 수밖에 없는 상황이었다. 대마도 정벌 소식은 막부에도 전해졌고, 막부는 조선과 명이 연합하여 일본을 침공한다는 유언비어에 잔뜩 긴장하며 조선 측의 진정한 의도가 무엇인지에 대해 의심했다. 대마도와의 사이에 전후처리 교섭이 진행되던 중 막부에서 보낸 승려와 관리가 조선에 들어와서 서울에 이르렀다. 표면적으로는 대장경을 요청하는 것이었지만, 대마도 정벌의 진상과 조선의 정세를 탐지하려는 목적에서 파견된 사절이었다. 이에 세종은 막부가 요청한 7천 축의 대장경을 내려줌과 동시에 송희경을 회례사로 보냈다. 송희경은 부산포에서 출발하여 경도(京都)까지 가서 막부장군에게 대마도 정벌이 왜구 금압을 위한 것이었을 뿐 일본 본토를 침략할 의도가 아니었음을 밝히었다. 그리고 긴장의 핵심이었던 대마도의 경상도 예속 문제도 고집하지 않고 원점으로 회귀하고서 10개월 만에 제포(현 진해 웅천)로 돌아왔다. 대마도가 조선의 영토로 될 뻔한 순간이었다. 송희경은 그간의 체험과 견문을 정리하여『일본행록』이란 이름의 사행록에 남겼다. 이는 후손 송순이 보관해 오다가 정유재란 때 분실되었다가, 정유재란 당시 피란 중 왜군에 포로로 붙잡혀 사국(四國)의 덕도(德島)로 끌려갔던 함평 사람 정경득이 일본군이 약탈해 간 것을 얻어 필사해 가지고 돌아왔다. 일본 사행록의 전범으로 꼽히고 있으며, 이를 분석한 연구는 신진 사대부의 일본인식과 일본사행에 관한 전말을 알 수 있다고 의미를 부여했다.

기해동정의 의의로 잠시나마 왜구 근절의 계기가 되었다는 점을 들 수 있다. 비록 이 정벌로 왜구를 완전히 토벌하지는 못했지만 왜구의 본거지이자 경유지였던 대마도에 대한 직접적인 무력행사의 의지를 과시함으로써 왜구에게 결정적인 타격을 주었다. 이 사건 이후로 "기해동정 이후 왜구가 복속하였다"는 인식이 일반화되었고 실제 왜구가 상당히 사라졌다.

이와 동시에 대마도가 조선의 요구에 순응해 옴으로써 대일 통교체제가 수립되고 조선이 외교적 주도권을 확립하는 계기가 되었다. 이제 대마도는 조선과 일본 양국 사이에서 '양속 관계'라는 일종의 중립화 정책을 취했다. 대마도는 조일교역의 중계기지로서 무역 이익을 취하면서 양국 외교의 안전판 역할을 했다. 이리하여 조선에는 대마도가 조선의 속주나 마찬가지라는 인식이 생기게 되었다. 그 결과 "이종무의 정벌 이후 (대마도를) 우리 영토로 사용해 왔다"는 기록이 나오고, 조선의 고지도에 대마도가 빠짐없이 그려지게 되었다.

기해동정의 의의로 하나 더 들 수 있는 것은 남방의 진정을 통해 북방 개척을 도모할 수 있는 여유를 갖게 되었다는 점이다. 세종은 사민정책을 통해 남방 주민을 북방으로 이주시키고, 북방에 국방력을 집중하여 여진을 추방하고 4군과 6진을 설치하여 압록강~두만강을 경계선으로 하는 오늘날의 국경선을 확정했다. 고려 말 홍건적과 왜구의 침략 사례에 나타났듯이, 한민족이 남방과 북방에서 동시에 효과적인 군사작전을 수행할 수 있느냐를 판가름한 시금석이 바로 대마도 정벌이었다.

2. 계해약조

국초 이래의 외교 교섭과 군사적 대응으로 왜구들의 해적행위는 다소 줄어들게 되었다. 하지만 지속적인 회유책으로 도항해 오는 왜인이 증가하는 결과를 낳고 말았다. 도항 왜인은 통상외교를 수행하는 사자로 오는 '사송왜인', 소금이나 어물을 팔기 위해 오는 '흥리왜인', 투항하러 오는 '향화왜인' 등 여러 유형으로 구성되었다. 그런데 문제가 속출했다.

「장사하러 나온 왜선이 각 포구에 흩어져 정박하여 우리 병선의 허실을 엿보고 있습니다.」

경상도 병마절제사의 말처럼, 왜인들이 여기저기 수군진 포구에 있다 보니 군사 비밀이 누설될 소지가 있었다. 자기들끼리 연계하여 폭동을 일으킬 염려도 있었다. 이에 정부는 이들을 '포소(浦所)'라는 포구 내 지정된 장소에서만 집단으로 거주하게 했다. 포소가 처음 지정된 때는 1407년(태종 7)이고, 지정된 곳은 부산포와 제포에 한정했다. 부산포와 제포는 조선 수군의 경상좌도 도만호와 경상우도 도만호가 각각 주둔하고 있는 곳이다. 왜인을 통제하는 데 무력이 필요하여 수군 기지에 포소를 두었다. 이로부터 11년 뒤 염포와 가배량에도 각각 왜관을 설치하여 왜인을 나누어 거주하게 했다. 조선 정부는 이들에게 집과 토지 등을 제공했고, 갖가지 생업에 종사할 수 있도록 했다. 포소에 거주하는 왜인을 '항거왜인(恒居倭人)'이라 칭했다.

그런데 1419년(세종 1) 대마도 정벌로 대마도와의 왕래를 단절하고 포소마저 폐쇄하는 조치가 내려지고 말았다. 혹은 사명을 띠고 혹은 무역에 종사한 자들로, 대마도 정벌 당시 조선 경내에 있었던 왜인들도 구류되었다. 이에 대마도 도주는 여러 차례에 걸쳐 왜구 금압을 서약하면서 통교를 간청했다.

군사적 제압과 함께 평화적 포용도 중요한 외교 전략이기에, 세종은 처음에는 동래의 부산포와 웅천의 제포만을 개항했다가, 3년 뒤 1426년(세종 8) 울산의 염포를 추가하여 세 포구를 다시 개항하여 그곳에서만 왜인들의 거주를 허용했다. 이는 비록 세 항구로 제한하는 조치이지만 왜구를 약탈자에서 통교자로 전환시키기 위한 조선 정부의 고육지책이었다.

이제 대마도 사람을 포함한 일본인들은 자기 가족을 데리고 3포에 와서 바닷가에 마을을 이루어 상주하면서 무역과 어업에 종사하게 되었다. 3포 개항 당시 대마도 남녀 14명이 제포에 와서 스스로 호소했다.

「본토에서 의지할 만한 친척이 아무도 없어 생활하기가 곤란하여 귀국 해변에 살면서 고기도 잡고 술도 팔아 생활해 가기를 원합니다.」

이 사실을 경상감사가 중앙의 예조에 보고하고, 예조는 세종에게 그들의 요청을 들어주자고 아뢰니, 세종은 그대로 따랐다. 이리하여 먹을 것이 없어 건너온 사람, 죄짓고 도망쳐 와 불법 체류한 사람, 공무로 나왔다가 주저앉은 사람, 조선 여자와 결혼한 사람, 어린이에서 늙은이까지 가족을 몽땅 이끌고 온 사람 등 다양한 사람들이 건너와서 3포에 들어왔다. 이리하여 이른바 '3포 시대'가 열리게 되었다. 3포 시대는 한일 관계 역사상 보기 드문 선린우호를 바탕으로 한 평화의 시대였다.

3포는 사실상 왜인의 거류지가 되었다. 이 '재팬 타운'은 크게 두 개의 공간으로 구성되었다. 하나는 왜인이 집단을 이루어 거주하는 마을인 왜리(倭里)가 있다. 또 하나는 왜인 집단을 관리하는 기관인 왜관(倭館)이 있다. 왜인 거주 마을에서 약간 떨어진 곳에 건립된 왜관은 통교 왜인의 숙박과 연향 접대의 장소로서, 교역의 장소로서, 외교 교섭의 장소로서, 왜인의 출입을 통제하고 관리 감독하는 장소로서의 역할을 수행했다. 운영 직제도 갖추어졌고, 관리자는 대마도에서 파견된 대관(代官)이 맡았다.

따라서 왜관과 대관은 조선과 대마도 사이의 창구 역할을 한 기관이고 직책이었던 것이다. 왜리·왜관과 조선 마을·진성 사이에는 이중 장벽이 쳐져 있었다. 장벽의 두 곳에 문을 만들고 초소를 두어 상주하는 문지기에게 왜인의 출입을 감시하게 했다.

세종의 대일 외교정책에서 3포 개항에 이어 남은 문제가 하나 더 있다. 왜구에 의해 납치되어 가족과 떨어져 일본에 가 있는 자국민의 송환이 그것이다. 국가의 최우선 임무는 국민의 신체·생명·재산을 지키는 것이어서, 납일자(拉日者) 송환은 시급했다. 송환 문제를 해결하기 위해 1428년 박서생이 일본 통신사에 임명되어, 이듬해 일본에 도착했다. 표면적인 임무는 막부의 새 장군 취임을 축하하는 것이었지만, 일본 정세를 관찰하고 포로가 되어 일본으로 끌려간 조선 민중의 송환도 중요한 임무였다. 통신사 일행은 세종이 보낸 외교문서를 가지고 갔다.

「성균대사성 박서생과 대호군 이예 등에게 변변치 못한 토산물을 선물로 보내어 축하하여 삼가 바치니, 이는 오직 귀국과 아국이 세세에 구호(舊好)를 닦아 어그러짐이 없게 하고자 함입니다. 이제 신의를 더욱 돈독히 하여 영원히 지속하면 양국의 다행한 일이 아니겠습니까?」

장군에게 준 선물은 안자 1면, 흑세마포 24필, 백세저포 24필, 백세면주 24필, 인삼 20근, 호피 10령, 표피 10령, 난초방석 10장, 만화침석 10장, 잣 500근, 청밀 20두 등이었다. 이 외에 호송에 참여한 대마도주를 포함한 각 지역 세력가들에게 줄 서계와 선물도 지참했다. 외교 선물은 예물(禮物)이나 예단(禮單)으로 표현되었고, 그것으로 조선은 최고 특산품과 양질의 직물을 갖추어 보냈다. 박서생은 대마도-박다-병고를 거쳐 경도에 이르러 임무를 마치고 돌아왔다. 그는 돌아와서 일본 국왕[막부]의 답서를 세종에게 바쳤다. 그리고 시행할 만한 일 15가지를 갖추어 아뢰었다. 그 가운데 마지막 열다섯 번째에 다음이 들어 있다.

> 왜적들이 일찍이 우리나라를 침략하여 우리 인민을 붙잡아다가 노비로 삼고는, 혹 먼 나라에 되팔기도 하여 영원히 돌아오지 못하도록 하니, 그 부형과 자제들이 원통하여 이를 갈면서도 복수하지 못하는 자가 몇이겠습니까? 신 등의 사행 길에 정박하는 곳마다 잡혀간 사람들이 다투어 도망해 오려고 해도, 그 주인이 목이나 발에 쇠사슬을 채워 굳게 가두어서 뜻을 이루지 못하고 있으니, 진실로 민망한 일입니다. 일본에는 사람은 많고 먹을 것이 적어서, 흔히 노비를 팔아 먹고 있어 혹 남의 자제들을 훔쳐다 팔기도 하는데, 이는 허다하게 볼 수 있는 일입니다. 일기도(一岐島)는 지금 병란으로 인하여 양곡이 다하여 먹을 것이 떨어졌는데, 내년 봄에 더욱 기아가 심하게 되면, 만약 도둑질을 하지 않을 것 같으면 사람을 팔아서 생활을 영위하는 자가 더욱 많을 것입니다. 근래 우리나라의 금지로 인하여 연변에 와서 파는 자가 없어졌습니다. 그윽이 생각하면 값에 따라 원수를 갚는 것은 고금의 공통된 이치인 것입니다. 저자들이 이미 잡아다가 부렸으니, 우리는 마땅히 저들을 사다가 천한 노동을 시켜야 할 것입니다. 원하건대 이제부터 남자 10세, 여자 20세 이하는 모두 와서 팔도록 허용하고, 또 일본에 가는 자로 하여금 모두 사다가 영구히 노비로 삼아서, 백성을 위하여 원수를 갚는 의리를 보이도록 하고, 만약 '연변에 모여 살면 후환이 될 염려가 있다'고 말한다면, 깊고 먼 곳으로 되팔도록 허용하여 해변에 살지 말도록 하소서.

당시 일본 사회에서 납치와 인신매매가 횡행하고 있었고, 왜구의 활동도 그 일부를 이루고 있었다. 항구마다 노예로 사역당하는 조선인 포로가 있었고, 포로 중에는 먼 나라로 팔려나가 돌아오지 못한 자도 있었다는 점을 알 수 있다. 왜구의 약탈물로 미곡과 함께 중요한 것이 바로 사람이었다. 곡물과 인신은 '상품'으로 일본 내에서 광범위하게 '유통'되고 있었다. 이게 바로 왜구의 민낯이고, 막장 행동이다.

도항 왜인의 급증은 기본적으로 조선의 사회적 불안과 재정적 부담을 가중시킬 수밖에 없었다. 그러므로 정부는 새로이 도항해 오는 자를 제한하고 이미 도항해 있는 자를 관리하기 위해 갖가지 대책을 수립했다. 여러 통제책은 최종적으로 대마도주에게 위탁하는 형식으로 시행되었고, 도주가 보내는 세견선의 수를 정하여 제재하는 방식에 의해 실질적으로 발효되었다. 조선의 공식적인 대일 외교통상 파트너는 대마도의 최고 책임자인 도주(島主)였다. 당시 도주는 종(宗)씨가 맡고서 세습하고 있었다.

조선이 도주의 목을 쥐고 있는 것은 세견선(歲遣船)이다. 세견선이란 해마다 정례로 도항해 오는 선박이다. 여기에는 도주가 보내는 사자(使者)가 타 있어 사송선(使送船)이라 한다. 교역품이 실려 있어 세견선은 사실상 무역선이다. 대마도의 최대 돈줄이었다. 그래서 대마도는 임진왜란 발발 때까지 죽기 살기로 조선으로 건너가는 세견선의 척수에 집착했다.

대마도 정벌 4년 후, 1443년 세종의 명에 의해 대마도에서 조선 사신과 8대 도주 종정성(宗貞盛) 사이에 약조가 체결되었다. 이 해가 계해년이어서 이 약조를 '계해약조'라고 한다. 이는 조선과 일본 간에 체결된 최초의 성문 약조이다.

① 세견선은 50척으로 한다.
② 3포에 머무르는 자의 체류 기간은 20일로 하고, 상경한 자의 배를 지키는 자는 50일로 하며, 이들에게 식량을 지급한다.
③ 세사미두 200석으로 한다.
④ 특별한 사정이 있을 때 특송선을 보낼 수 있다.
⑤ 고초도에서 고기잡이하는 자는 지세포만호의 문인을 받고 와서 어세를 내야 한다.

계해약조 체결로 대마도 정벌 이후 잠시 단절되었던 대마도와의 교역이 재개되었다. 이는 단절과 복원의 첫 케이스이다. 여기에서 가장 중요한 사항이 도주 세견선 50척이다. 25척은 제포와 염포에 정박하고 25척은 부산포에 정박하도록 했다. 정박하면 각 선박 단위로 진상, 공무역,

사무역 세 가지 형태의 무역이 이루어졌다. 진상은 헌상품을 진헌하는 것이고, 그에 대하여 조선에서는 '회사'라고 하여 답례품을 보내 주었다. 공무역은 일본의 구리, 주석, 소목, 후추, 물소뿔을 조선의 질 좋은 목면으로 사주는 것이다. 이로 막대한 조선 목면이 일본으로 유출되었다. 사무역은 문자 그대로 사적으로 이것저것을 매매하는 것이다.

그리고 세견선이 정박하면 승선원에게 식량이 지급되고 연회가 베풀어졌다. 승선원은 대선 40명, 중선 30명, 소선 20명으로 한정되었고, 그들의 머무는 일수, 그들에게 지급되는 식량의 수량, 접대 향응의 규모가 정해졌다. 결국 세견선이 들어오면 교역비, 접대비, 체류비가 소요되었다. 대일 외교통상의 교본으로 평가받고 있는 신숙주 편찬의 『해동제국기』를 토대로 도주 세견선 50척에 대한 연간 비용이 2천 3백 20석에 이른다고 한다. 이 외에 국왕사, 거추사, 특송사, 기타 세견선까지 합치면 왜인에게 나가는 비용은 상상을 초월한 수준이었다. 이렇게 나가는 비용은 왜인에게는 전적으로 그들의 수입이 되었기에 도항자가 쇄도하는 것은 당연한 결과였다. 하지만 조선에게는 고스란히 재정 부담이 되었는데, 경상하도(현 경상남도 규모)의 세금이 죄다 왜인에게 들어간다고 했다. 평화를 돈으로 사기에는 너무나 큰 출혈이었다.

일단 약조를 맺었으면 규정대로 엄격하게 집행해야 함에도 불구하고, 세조~성종 대를 거치면서 왜구 재발에 대한 의구심과 상국으로서의 대의명분·관용이 복합되어 조선 정부는 미봉책과 회유책으로 일관했다. 곧이어 도주 외의 왜인들에게도 세견선이 정해졌다. 그러다 보니 도주와 그 외 세력가가 보내는 세견선 수가 증가하여 세조~성종 대에 이르면 2백여 척까지에 이르렀고, 선척마다의 정원 규정을 어기고 1백 명까지 승선하는 경우도 있었다. 칼 한자루 바치고 사자라 칭하는 자까지 있었고, 필요도 없는 물품까지 가지고 와서 사주라고 우긴 적도 있었다. 그로 인해 왜료(倭料)가 크게 증가할 수밖에 없었고, 이는 계해약조는 대일 통교 체제를 확립한 기본적인 조약이라는 후한 평가를 무색하게 하기에 충분했다.

연산군의 실정에 의해 재정 상태가 악화되자 통교 왜인에 대한 접대가 부실해졌고, 이와 함께 변방을 지키는 관리들의 횡포와 접대 위반 사례가 빈발하자 왜인들의 불만이 높아졌다. 이에 따라 연산군대 이미 저항의 표시로 왜선의 해적행위와 3포 항거왜인에 의한 방화 사건이 일어나고 있었다. 도항자의 쇄도는 국가재정 악화로 이어지기 때문에, 통교 제한이 필요할 수밖에 없었지만, 통교 제한은 그들을 통교자에서 왜구로 되돌리게 할 위험을 안고 있었다.

반정으로 연산군이 폐위되고 중종이 즉위했다. 반정 정권은 국정개혁을 하면서 통교와 접대를 계해약조 원안대로 환원하는 조치를 취했다. 그러자 1508년(중종 3) 부산포와 제포 사이에 있는 가덕도(현 부산)에서 조선인 9명이 일본인에게 피살당하는 사태가 벌어졌다. 이를 '가덕도 왜변'이라고 한다. 범인은 제포 왜인을 주축으로 한 무장 밀무역 상단으로 추정된다. 이 왜변으로 가덕도의 군사적 중요성을 다시 한번 확인한 정부는 그곳에 진과 보를 설치했지만, 이후에도 가덕도에서 왜변이 일어났다.

호조판서가 경상도에서 지급하는 한 해 왜인 접대비용이 2만 2천석에 이르러 힘들다고 하자 긴축정책은 더욱 강화되었다. 조선측의 엄격한 통제에 따라 통교 왜인들의 저항도 거세어졌다. 조선 정부의 대일정책이 일관성과 엄격성을 결여하여, 왜구 금지를 위해 통교자들에게 하사품을 후하게 주다가 긴축과 통제 정책을 실시한 것이 화근이 되어 일본 측 통교자들의 불만만 산 것이다. 조정에서는 왜인들의 법규 위반과 침략 행위를 규제하자는 논의도 있었으나, 손쓸 단계를 지나버려 미봉책으로 대응할 수밖에 없는 국면에 봉착하고 말았다.

문제는 왜인들로 인한 갈등이 이 외에 곳곳에서 누적되고 있다는 점이 상황을 더욱 어렵게 만들고 있었다. 3포 왜인의 증가가 그것이다. 세종대 3포를 개항할 때 그곳 항거왜인을 모두 60호로 한정했다. 그러나 세종대 당대부터 도항자가 증가하기 시작했다. 개항 10년 뒤 제포에 상주하는 왜인의 수가 6백여 명에 달하고, 부산포도 비슷한 상황이었다. 그 다음 해 경상감사는 제포에 사는 왜인이 날마다 오고 달마다 와서 수년 동안 거의 수백 호에 이른다고 하면서, 정부를 향해 쏘아붙였다.

「이것은 뱀을 방안에 기르는 것과 같습니다. 아마 반드시 독을 마구 뿜을 날이 있을 것입니다.」

위험하니 그들을 빨리 본토로 돌려보내어 후환을 없애야 한다는 것이다. 이렇게 된 데에는 투화를 권유하고 투화자에게 상을 내리는 조선의 유화 정책이 한몫했다. 예를 들면 투화한 왜인에게 의복과 식량 외에 술, 소금, 간장, 어육 등을 지급하고 조세와 요역을 10년 동안 면제해 주어 정착 생활이 안정되도록 배려했다.

자연히 도항자는 급속도로 증가하여 3포 왜인이 성종대 525호에 이르렀고, 연산대에는 1만여 호가 된다고 했다. 그들 가운데 서로 뭉쳐 다니며 도적질을 일삼고 지정된 구역을 벗어나서 제멋대로 싸다니는 자가 적지 않아 나라의 큰 우환이 되었다. 이에 정부는 여러 번 대마도에 정원 외 왜인을 데려가라고 요구했다. 가끔 송환해 간 적도 있었지만, 대부분 '예예' 하기만 하고 즉시 거행하지 않고서 차일피일 미루기만 했다.

3포마다 그곳을 총괄하는 이로 대관(代官)이 있었다. 항거왜인은 각 포소에 조성된 '왜리(倭里)'라는 일본인 마을에 거주했다. 이들은 조선 정부로부터는 면세 혜택을 받았다. 왜리에는 '항거왜추(恒居倭酋)'라는 리더 격의 추장이 몇 명씩 있었다. 그들은 항거왜인으로부터 면포 1~2필씩의 세금을 징수하여 대마도로 보냈다. 이 면포는 공무역이나 사무역의 대가로 받은 것과 함께 당시 목화가 생산되지 않은 일본에서 매우 중요한 의복 재료가 되었다. 군복과 무기 등의 군수용으로도 널리 사용되었고, 볏짚 대신 면포 돛의 사용으로 적재량과 항속의 개량을 가져와 교통의 발달에도 결정적인 기여를 했다.

  항거왜인-항거왜추-대관-대마도주는 밀접한 관계를 유지하고 있었다. 그러므로 대마도의 조종이 내려지면 3포 항거왜인들의 조직력과 기동성이 언제든지 발휘될 수 있는 상황이었다. 이러한 상황에서 3포 왜인들도 대마도 왜인들처럼 약조를 어기는 행태를 자주 보였다. 그들은 "3포의 금표(禁標) 밖으로는 왜인이 함부로 들어갈 수 없다"는 약속을 어기고 포소 경계를 넘어 조선 땅 곳곳을 다니며 장사와 어로를 했다. 법을 충실하게 지켜 출입을 엄금하려는 변장(邊將)을 모함하고 능욕까지 자행했다. 이들의 술책에 빠져 조정에서 변장을 조사하여 경질하는 일도 벌어졌다. "금하는 법이 허술하여 왜인의 출입에 방비가 없다"면서 강력한 법규를 제정하자는 신료들의 의견도 이런저런 이유로 좌절되었다.

  통교자와 왜구는 동전의 양면과 같은 존재여서, 통교를 최소한으로 억제하고자 하는 조선과 최대한으로 확대하고자 하는 대마도 사이의 갈등이 어디까지 갈 것인가의 귀추가 주목되지 않을 수 없었다.

3. 삼포왜란

대마도의 제12대 도주 종의성(宗義盛)이 4월에 연례송사(年例送使)를 보냈다. 매년 연례로 오는 연례송사는 도주 서계를 가지고 왔다. 그런데 새로 부임한 부산첨사 이우증이 매년 배마다 정원을 초과하는 일을 들어, 그 서계를 보려 하지 않고 발로 차서 돌려보내 버렸다. 그리고 일본의 역관이 무역하러 서울로 올라가는 것을 못하게 하고 포구에 그냥 머물게 했다. 대마도 사람들이 식량을 받고 무역할 기회가 막혀 버렸다. 이를 도주는 부끄럽고 한스럽게 여겼다.

부산포 거주 왜인들도 이우증에게 학대를 받았다. 이우증의 악행은 여러 형태의 이야기로 편집되어 이리저리 전파되었다. 항거왜인을 기와를 굽고, 숯을 만들고, 김매기와 밭갈이를 하는 일에 강제로 부려 먹고, 조금만 지체하면 때렸다는 내용이 있다. 그리고 왜인들이 노역 대가를 달라고 하자 노끈으로 왜인의 머리털을 나무 끝에 매달아 놓고 활을 당겨 그 노끈을 쏘았다는 내용도 전한다. 이에 왜인들이 모두 속으로는 독을 품고 있었지만, 겉으로는 겁내는 척했다. 대마도 도주와 3포 왜인이 합심할 기회가 왔다.

이듬해 1510년(중종 5), 3포 거주 왜인들이 폭동을 일으켰다. 이들과 부산왜관 대관과 대마도주 아들이 거느리고 온 대마도 군대가 합세했다. 그들은 3포와 그 인근을 대대적으로 공격했다. 이는 완전 무장하고서 조직적으로 일으킨 도발이었다. 때가 경오년이어서 '경오왜변'으로 불리었다. 그런데 단순 폭동이 아니라 계획적인 전면전이어서 '삼포왜란(三浦倭亂)'으로 불리고 있다.

그들은 어김없이 4월에 건너와서 침탈했다. 하루 전날 왜인의 많은 배가 침범해 오자, 3포의 조선 사람들이 정탐하고 와서 이우증에게 보고했다. 그런데 이우증은 꾸짖어 보내고, 방비하지 않았다. 수백 척 왜선은

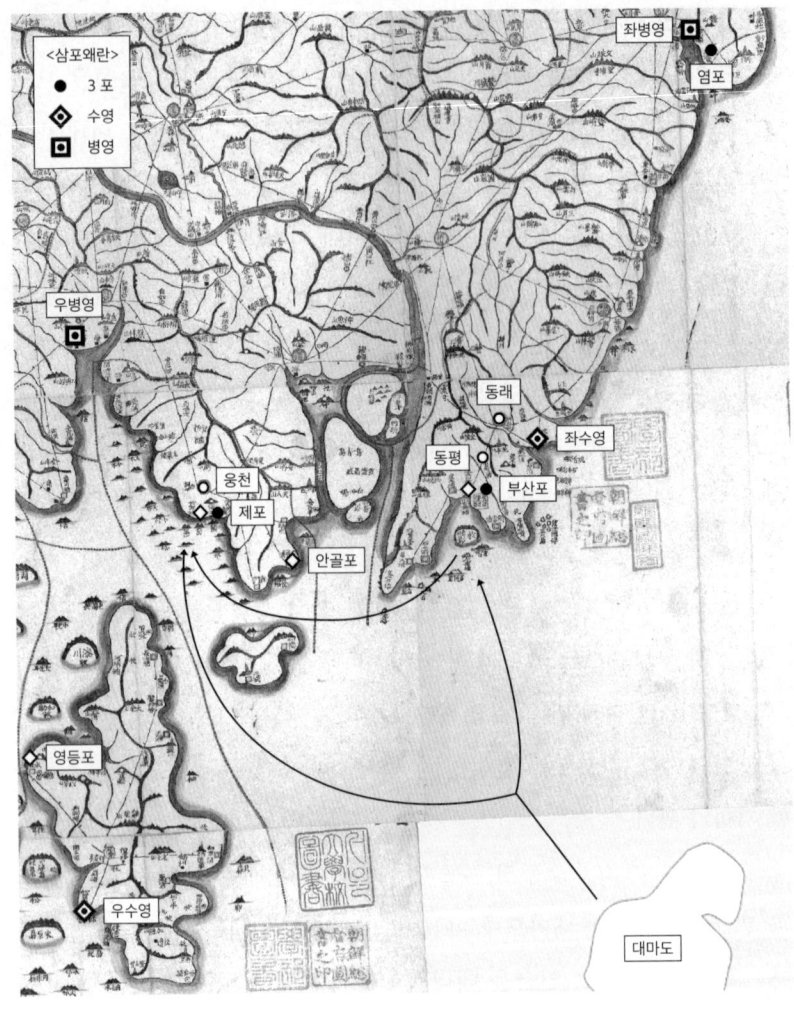

삼포왜란

세 길로 나누어 제포, 부산포, 영등포를 일시에 공격하여 함락시켰다.

　가장 먼저 제포를 대대적으로 공격했다. 초4일 날이 밝기 전 새벽 닭이 울 무렵, 제포에 살고 있는 항거왜추 여러 명이 왜인 4~5천 명을 거느리고 제포진성을 공격했다. 제포는 부산포보다 항거왜인이 몇배 더 많고 3포 가운데 가장 번성한 곳이었다. 제포가 왜인에게 많이 이용된 이유는 제포-거제도-대마도 코스가 가장 짧은 거리여서 가장 빠르게 이를 수 있고 조류가 안전하기 때문이었다.

　제포를 침략한 왜군은 3포 거주 왜인과 대마도주가 보낸 수백 척 병선에 분승한 대마도 왜인으로 이루어졌다. 새벽이어서 대마도 선박의 도항을 봉화로 알 수 없었다. 대마도에서 제포까지는 달 없는 밤 어둠을 틈타서 배를 띄우면 새벽에 도착할 수 있는 곳이다. 왜선은 대·중·소로 나뉘어져 있는데, 대선의 경우 높고도 커서 2백여 인을 태울 수 있었다. 대마도 왜인 속에는 그동안 무역선을 타고 3포를 왕래한 자도 적지 않게 들어 있었다. 왜군은 갑옷을 입고 활·창·칼·방패로 무장했다. 보기 드문 완전 무장한 '군인'이었다.

　제포는 군사적 요충지여서 고려 말에 그곳에 수군진이 설치되었다. 제포진은 조선시대에 들어와서 경상우수군의 8개 만호진을 거느리는 첨절제사영(첨사진)이 되었다. 돌로 축조된 진성은 둘레가 4천 3백 척이나 되어 꽤 큰 성이다. 진성 남문 밖에 왜관이 있고, 왜관 앞 바닷가에 왜인이 사는데 5백 호가 넘는 마을을 이루고 있었다. 왜군은 진성을 포위하면서, 성 밑 인가를 모조리 불 지르니 연기와 불꽃이 하늘을 뒤덮었다. 끝내 제포진성이 함락되었다. 그들은 제포진 병선을 모조리 불태웠고, 성 안의 온갖 재물을 약탈해 갔다. 첨사 김세균은 기어서 성을 넘다가 적에게 잡혀 끌려갔다. 적중에 있으면서 자살을 시도했지만 실패로 끝난 후 그곳 사정을 경상우병사 김석철의 하인에게 글로 알려주었다. 수소문 중에 한 늙은 무당이 김석철을 적이 배에 싣고 대마도로 데리고 갔다고 전해주었다. 경상우병사가 김세균을 보내주면 잡혀 있는 왜인을 돌려보내겠다고 제안했다. 왜군 지휘부도 화해를 하면 김세균을 풀어주겠다고 거래를 시도했지만 조선측의 반대로 실패하고 말았다. 나중에 대마도에서 제포로 돌아온 사람의 말에 의하면, 김세균은 끝내 돌아오지 못하고 이듬해 4월 그곳에서 병사했다고 한다.

왜군은 한 날에 제포진성과 함께 부산포의 부산진성도 공격했다. 한 날에 공격한 것은 그들의 침략이 사전에 치밀하게 계획되었음을 증명한다. 부산진 역시 경상좌수군의 첨절제사영이다. 중종대 편찬된 『신증동국여지승람』에 진성은 그리 크지 않은 1천 6백 척 규모였다. 왜관 관리자인 대관(代官)을 총대장으로 하는 왜군은 부산진 성문을 부수고 돌입하여 점령했다. 한 군관은 밧줄을 타고 겨우 성을 넘어 도망쳐 나왔다. 가까운 곳에 있는 경상좌수사 김현손이 직접 부산진에 가서 형편을 살폈다.

「성 안팎 각처에 죽은 사람이 합계 91명인데 모두 옷을 벗겨 갔고, 남문 밖 한 사람은 머리를 베어 갔고, 성 안의 죽은 사람은 거의가 타 죽었고, 청사·민가·선박의 불탄 수는 이루 계산할 수 없고, 첨사 이우증의 아들 이택과 우증의 첩은 모두 화살을 맞고 도망가서 동래현 민가에 들어가서 죽음을 면하였습니다.」

여러 곳이 불에 탔다. 많은 사람이 처참하게 죽었지만, 첨사 이우증과 그의 가족은 비록 화살을 맞았지만 탈출에 성공하여 죽음을 면하였다는 것이다. 그런데 이우증의 최후에 대해 여러 설이 난무했다. 자기 몸을 풀과 나뭇잎으로 싸고 방 안에 숨어 있던 이우증을 왜적이 찾아내어 목을 베고 살점을 갈기갈기 찢어 놓았고, 그 아들의 목도 베어 부자의 목을 부산진성 문 앞에 달아매는 잔학함을 보였고, 첨사의 목을 웅천성으로 가지고 가서 겁을 주기 위해 조선군에게 내보이고 곧바로 대마도로 가지고 갔다는 설이 있다. 이우증이 변란이 있을 것 같다는 첩의 제보를 듣고 속옷만 입고 성을 넘어 달아났는데, 그의 아우는 얼굴이 형과 비슷하므로 왜적은 그를 형 이우증으로 알고 팔다리를 난도질하였고, 살아난 이우증은 머리를 깎고 산으로 들어가 중이 되었다는 설도 있다.

부산진을 무너트린 왜군은 2백 명을 네 패로 나누었다. 두 패는 조선 군대와 싸우고, 한 패는 서면으로 향하고 한 패는 남면으로 향하면서 민가에 들어가 불을 질렀다. 이들은 곧 합세하여 동평을 거쳐 동래읍성에 이르러 성 동문으로 돌입했다. 안에서는 현령 윤인복이 저항하고, 밖에서는 좌수사·양산군수가 출동하여 구원했다. 그 결과 대여섯 명을 사살하고 방패·장검을 빼앗자 일몰 무렵 왜군은 도주했다. 이 부산·동래에서 이루 헤아릴 수 없는 수의 관아, 민가, 선박이 소실되었다. 군사와 백성 모두 1백여 명이 죽었고, 동평현 민가 12호와 동래현(1547년 동평현을 흡수하여 부로 승격) 민가 1백 98호도 소실되었다는 피해 집계가 나왔다.

제포를 함락시킨 왜인들은 다음날 5일, 북쪽 5리 떨어진 웅천읍성을 포위하면서 성 아래 민가를 분탕질했다. 총대장은 지난해 특송사(特送使)로 왔던 도주 아들이다. 특송사란 특별히 보내는 무역선이다. 그는 웅천현감 한륜 및 조선역관 신자강과 서로 아는 사이다. 역관이 침략한 연유를 그에게 묻자, 쭉 늘어놓더니 현감이 나와서 항복하면 그만이지만 그렇지 않으면 승부를 결정짓고 말겠다고 장담했다. 허풍이 아니라는 점을 증명이라도 하려는 듯, 곧바로 공성용 무기인 사다리를 타고 성벽을 오르고 노목으로 남문 옹성에 충격을 가하여 성머리 일부를 무너트렸다. 크게 놀란 성 안 군인들이 북문 밖으로 도망치자, 웅천현감이 흩어진 군사를 모아 성을 겨우 지켜냈다. 우병사·고성현령·김해부사 등이 군사 수백 명을 거느리고 잇달아 왔지만, 고성현령 윤효빙과 김해부사 성수재만 입성을 하고 우병사 김석철은 현성 북쪽의 웅신산 아래에 웅거했다. 중과부적이었지만 새벽부터 해 질 무렵까지 치열한 공방전을 펼친 결과였다.

이튿날 6일 밤중에 왜군이 산허리에서 은밀히 내려와서 일시에 고함을 치며 달려들고 그 가운데 조선 사람의 옷을 입은 자까지 있었다. 수성군이 열세에 몰리자, 외곽에 있던 우병사 김석철은 퇴각하고 말았다. 고성현령 윤효빙은 밤중에 북문 자물쇠를 부수고 문을 열고서 달아나자 그를 따라 사졸들도 담을 넘어 성 밖으로 도망쳤다. 고립되어 수세에 몰린 웅천현감 한륜도 성을 버리고 거제 가배량 우수영으로 도망가 버렸다. 한륜의 도망에 대해 야사에 다음이 나온다. 그에게 사랑하는 첩이 있었다. 첩은 적이 잠깐 물러난 틈을 타고서 성문을 열고 한륜을 성 밖으로 내보냈다. 곧바로 성 안이 동요했다. 모두 "주장이 도망갔다!"고 외쳤다. 한륜은 체포되어 우병영으로 압송되었다. 국왕은 우병사에게 한륜을 빨리 군법으로 처형하여 좌도·우도 연변 여러 진의 많은 군사들에게 목을 돌려 보이라고 명했다. 살아남은 김석철과 윤효빙은 두고두고 전쟁에 임하여 도망갔다는 시비가 뒤 따라다녔다. 한륜 도망 직후 왜군이 들이닥쳐 성이 함락되었다. 성에 들어온 왜군은 왜인 접대 때문에 다른 고을의 몇 배나 되는 재력을 보유하고 있는 웅천 창고의 베, 곡식, 동철 등 온갖 재물을 약탈하여 실어 갔다. 그들은 약탈한 재물을 가덕도·절영도 등지에 옮겨 두었고, 그리고 일부를 배 위에 옮겨다 두고 날마다 술을 먹고 노는데 탕진했다.

　8일 적선 1백여 척은 거제도 북단 영등포를 공격했다. 만호 양지손이 도망가자, 왜군은 진성을 정복했다. 이어서 그들은 제포로 이동하여 그곳에 주둔하고 있는 자국군과 합세했다. 부산포에 있는 왜인들도 처자와 가재를 싣고서 제포로 모여들었다. 대마도 왜선도 연속으로 제포로 나오고 있었다. 그리하여 제포에 있는 왜인 무리가 매우 많아졌고, 그들의 성세도 크게 올랐다. 이에 경상도 현지 군대도 제포를 탈환하기 위해 수륙 양공 작전을 구상했고, 적이 웅거하고 있는 험준한 곳을 접근하기 어려우니 오직 화포나 신기전만이 필요하다면서 조정에 지원을 요청했다. 문제는 왜군의 다음 목표가 우수영 본영을 치는 것이었다. 상황이 이쯤 되자 전라도까지 공격하려 할지 모른다는 우려도 터져 나왔다. 제주도까지 위험 지역으로 거론되었다.

왜군은 경상도 남해 연안의 각지를 멋대로 드나들며 약탈하고, 약탈한 곡식·옷감을 배에 가득 실어 대마도로 날랐다. 그들의 공격 목표는 동래읍성과 웅천읍성 외에 제포, 부산포, 영등포, 안골포 그리고 염포, 다대포, 조라포 등의 포구를 점령하는 것이었다. 이들 포구는 모두 수군진이 설치되어 있는 곳이었다. 그들은 이들 수군진에 정박해 있는 병선을 보이는 족족 모두 불 질렀다. 조선 수군의 전력을 약화시키기 위해서였다. 자신들을 가장 괴롭혔다고 한 우수영과 부산포만 침공하면 기타 침공당하지 않은 각진의 군사가 혹시 우수영과 부산포로 와서 합세할까를 염려하여 저지른 작전이었다. 이리하여 경상수군의 주력 기지인 제포, 부산포, 영등포가 모두 함몰된 일은 개국 이래 없던 일이라는 평가가 나왔다. 전란의 성격에 대해 영의정은 "왜인이 이미 거국적으로 침입했다"고 말했다.

경상도의 우도병마사 김석철과 관찰사 윤금손의 치보(馳報)가 올라왔다. 왜란 발발 사흘 뒤 8일이다. 중종은 즉각 세 정승, 좌찬성, 병조판서, 좌참찬, 병조참판, 병조참의, 병조참지, 지변사재상으로 하여금 대책을 논의하도록 명했다. 서울 동평관에 머물고 있는 왜인(일본국왜 5명, 대마도왜 5명)과 부산에서 서울로 올라오고 있는 왜인이 변란을 일으킬 것을 우려하여 왜란 소식이 이들에게 전파되지 않도록 감금하는 조치도 취했다. 북방 야인도 걱정이었다. 전라도 감사·병사·수사에게도 경상도 왜란을 알리어 대비하게 했다.

도순찰사 안윤덕의 지휘하에 황형을 좌방어사로 삼고, 유담년을 우방어사로 삼았다. 유담년이 황형과 같이 가기를 청했다. 탐혹하다고 하여 직을 잃고 집에 있던 황형은 이 말을 듣고 좋아서 팔뚝을 흔들며 큰 소리로 외쳤다.

「조정에서는 나를 나막신으로 여기는 게지. 비가 오니 비로소 쓰는구려!」

두 방어사는 각기 종사관 2인과 군관 30인을 이끌고 내려가서 군사 1천 명과 1천 9백 명을 각각 통솔했다. 남쪽을 정벌할 남정군(南征軍)이 신속하게 조직되었다. 뜻하지 않은 왜란으로 도성 안이 소란하므로 시급하게 전란을 평정해야 할 상황이어서 왕실을 지키는 4백 명의 금군까지 내려보냈고, 마침 말이 없자 금군으로 하여금 남의 것이라도 빼앗아 타고 가게 했다. 경기·충청·강원도 관찰사에게 군사를 일으켜 왜적을 치라는 교지를 내리어, 경기 군사는 4월 18일까지 충주에 이르고, 충청 군사는 4월 29일까지 부산에 이르며, 강원 군사는 5월 1일까지 안동에 도착하라고 했다. 기복인·효용군·한산인 모두 종군하도록 했고, 연좌된 자와 부처된 자까지 종군을 허락했다. 총동원령이 내려져 상중에 있는 사람이나 죄지은 사람 가릴 것 없이 모두 군대를 따라 전쟁터로 나가게 했다.

그런데 서울 관료들이 사직서를 내고 내려가거나 혹은 몰래 가서 가족을 데리고 서울로 올라오고, 지방 수령들은 스스로 동요하여 부모와 처자를 이끌고 올라오고, 남방의 백성들이 왜구 말만 듣고 산골짜기로 도망친다는 말이 나돌았다. 그리고 현지군이 무너지고 장수가 도망갔다는 소식도 속속 들어왔다. 그와 함께 공갈을 치고 화친을 주장하는 왜인의 서계가 쇄도했다. 조정이 동요하자 중종은 정토(征討)와 화친(和親) 두 가지 계책을 가지고 의논하게 했다. 화해를 하여 싸움을 늦추자는 자가 있었지만, 대부분 신료들은 화친의 의논을 정지하고 급히 왜적을 칠 것을 아뢰면서 "이미 군사를 일으켰으니 마땅히 맹렬하게 나가서 적을 소탕하여 100년의 고질을 없애야 할 것입니다"고 했다. 도원수가 내려가야만 남방 군사와 전국 인민의 마음을 진압할 수 있을 것이라는 제안에 대해, 중종은 좌의정 유순정을 도원수로, 안윤덕과 박영문을 부원수로 삼았다.

좌우 방어사는 내려와서 현지의 경상우병사 김석철이 거느린 2천명과 함께 적이 웅거하고 있는 제포진성을 육지에서 에워쌌다. 그리고 김석철의 주장에 의해 경상우수사 이종의와 새로 임명된 부산첨사 이보는 수군을 지휘하여 해안을 봉쇄하고서 바다에서 협공하게 했다. 수륙 협공은 처음 있는 일이어서 조정도 난색을 표한 바 있다.

정벌군이 제포진성 동문 밖에 다다르니, 왜군은 정벌군 군사가 보고 두려움을 갖도록 하기 위해 많은 시체를 길옆에 죽 늘어놓았다. 정벌군은 동문이 닫혀 있어서 성안에 들어가지 못하고, 남문을 통해서 들어가자 성은 이미 텅 비어 있었다. 지탱할 수 없다는 것을 안 적들이 동문을 통해 성 밖으로 빠져나왔기 때문이다. 그들은 동문 밖의 동봉, 서봉, 남봉 등 세 봉우리에 진을 쳤다. 3봉은 높이 솟아 있어 올라가면 대마도가 눈에 들어오고 그 밖은 무변대양이어서, 임진왜란 때 이곳에 왜군이 석성을 쌓았다. 그들은 봉우리에 천막을 치고, 천막 밖에 방패와 창을 열 지어 세워놓고 긴 창과 큰 칼을 햇빛에 번쩍이며 조선군을 굽어보고 있었다.

정벌군은 세 봉우리를 하나씩 차례로 공략했다. 먼저 좌방어사 황형 부대는 깃발을 휘두르면서 용감하게 동봉의 적 진지에 대한 공격을 개시했다. 선봉대가 삼지창처럼 생긴 사슴뿔 모양의 나무[鹿角木]로 접근하니 적이 나오지 못하고 주춤했다. 그때 우방어사 유담년은 머뭇거리며 나가지 않자, 황형이 유담년의 군졸을 잡아다가 군법으로 목을 베어 장대 끝에 달아매니 유담년이 비로소 북을 울리면서 진군했다. 그는 부대를 거느리고 동봉 앞산에 도착하여 좌방어사 부대와 합세하여 적에게 섬멸적 타격을 안기자 적은 더 견디어낼 수 없어 산산이 흩어져 도망치고 말았다.

정벌군은 이어서 서봉의 적 진지에 대한 공격전을 연이어 벌렸다. 정벌군의 강한 타격에 겁을 먹은 서봉의 적들은 변변히 대항도 못하고 도망치고 말았다. 이 광경을 바라보고 질겁한 남봉의 적들도 정벌군이 이르기도 전에 진지를 버리고 도망쳤다.

안동과 김해 사람들이 정월 대보름이나 5월 단오 때 유희로 해오던 석전(石戰)에 착안하여, 두 방어사는 돌을 잘 던지는 투석군을 이 두 지역에서 모집하여 앞세웠다. 고려 시대부터 시작된 석전은 장정들이 모두 모여 좌우로 편을 가른 다음 돌을 던져 승부를 겨루다가 죽거나 중상을 입어도 후회하지 않을 정도로 용맹을 뽐내는 격렬한 민속놀이다. 선봉에 선 투석군이 돌을 던지니 적의 방패가 모조리 부서졌다. 당시 왜적은 방패를 많이 가지고 왔다. 목적은 조선의 강한 화살을 막기 위해서였다. 그런데 그들의 방패는 판자가 매우 얇아서 화살이나 돌이 닿기만 하면 쉽게 부서지는 수준이었다. 이 사실은 『신증동국여지승람』 안동과 김해의 풍속조에 소개되어 있다.

정벌군은 주력 무기인 활과 포를 쏘아댔다. 방패가 부쉬져 화살을 막을 수 없었다. 특히 방포(放炮)는 왜인을 제압하는데 가장 강력한 공격이었다. 궁지에 몰린 적들은 배를 타고 탈출하기 위해 바닷가 쪽으로 몰려갔다. 정벌군은 육지에서 바다로 도망가는 적을 향해 총공세를 퍼부었고, 바다에서는 수군이 퇴로를 막고서 불화살을 집중적으로 날렸다. 협공에 퇴로가 막힌 적선은 꼼짝없이 갇히어 불길에 휩싸였다. 적의 진영은 살아보려고 이리뛰고 저리뛰다가 제 편의 칼에 맞아 죽는 자, 불에 타 죽는 자, 물에 빠져 죽는 자들로 대혼란이었다. "제포 앞 물이 다 붉게 되었다"고 할 정도로, 화살에 맞아 바다에 빠져 죽은 자가 부지기수였다.

붉은 투구를 쓰고 금 갑옷에 홍색치마를 입은 우두머리 5인이 사로잡혔다. 투톱 가운데 대관은 살아남아 나중 조선에 심부름꾼을 보냈다. 하지만 아들은 죽었고 그래서 도주의 셋째 아들 성장(盛長)이 세자가 되어 1520년 제13대 도주로 취임했다.

19일 왜인들이 물러났다. 4월 4일 발발한 삼포왜란은 15일 만에 종결되었다. 황형은 이번 진공을 틈타 대마도를 쳐부수려 했으나 뜻을 이루지 못했다. 조선의 피해는 전망자는 확인되지 않지만, 피살자 2백 72명과 소실 민가 7백 96호였다. 이에 대해 중종은 전망자는 5년을 한하여 복호(復戶)하도록 했다. 그리고 피살자는 양지바르고 깨끗한 곳에 묻고 제사를 지내어 위로하도록 하고, 가옥이 소실된 자는 2년을 한하여 복호하고 아울러 수년간의 조세를 감면하게 했다. 이와는 별도로 도승지에게 자금단·석우황 등의 의약과 비 올 때 쓰는 입모(笠帽)를 주어 내려보내서 남정 장군·병사를 위로하게 했고, 남정군이 서울로 돌아오자 역시 장졸에게 음식을 주어 위로했다.

반면에 왜인 피해는 선박 5척과 인명 3백 명을 잃었으며, 그들이 버리고 간 선박이 1백 척에 이르고 빼앗긴 병장기도 적지 않았다. 전투가 끝나자 왜적의 시체가 즐비했는데, 그 시신을 묻고 무덤을 크게 하여 뒤에 오는 왜인으로 하여금 경각심을 갖도록 하자는 말이 나왔다. 혹 명이 끊어지지 않은 자도 있었는데, 한륜의 뒤를 이어 웅천현감이 된 소기파는 차고 있는 칼을 빼어 아직 숨을 쉬고 있는 왜적의 가슴을 찔렀다. 미처 도망가지 못하고 조선군에 붙잡힌 왜인은 멀리 떨어진 군현의 노비로 보내졌다. 전쟁은 왜인 쪽의 완패로 끝나고 말았다. 그럼에도 불구하고 일부 왜인은 "청병하여 꼭 다시 오겠다!"고 소리소리 지르며 도망쳤다.

3포 침략자들은 왜구의 전형적인 행동양식을 구사하여 살상과 약탈을 극대화하는 행위를 저질렀다. 그러면 누가 이렇게 잔인하게 목을 베고, 물건을 빼앗고, 불을 지르며 조선을 치라고 했을까? 피차간에 다 아는 사이에 말이다. 이렇게 친절한 배신자가 이 세상 어디에 또 있다는 말인가? 통사(通事)란 조선 통역관이 과거 대마도 도주의 사자로 왔던 사람으로서 왜란에 참여한 사람에게 침략 연유를 물었다.

「도주가 우리들에게 명하여 부산포, 제포, 거제 등지를 치라 했으므로 부득이 여기에 온 것입니다.」

또 다른 통역관이 이번에는 제포 항거왜추에게 물었다.

「도주가 병선 수백 척을 나누어 보내어 이곳과 부산포 등의 변장과 서로 싸우는 것이다.」

「본도 왜 직영(職永) 등 10명의 장수를 보내어 제포·부산포 등처를 나누어 침노케 하였다.」

조선에 나온 왜장들 모두 도주가 분한하여 군사를 일으켰다고 전해 주었다. 도주가 분통함을 이기지 못하고 치라고 명하여 자신들이 행했다는 것이다. 중앙 최고 권력자인 막부가 도주를 사주했다는 설도 있지만, 이번 왜란은 도주가 기획한 전쟁임에 분명하다. 도주는 출정군을 대관(代官) 종성친(宗盛親)과 자신의 아들 종성홍(宗盛弘) 등 2인 체제로 조직하여 운용했다. 이들 두 대장은 늘 내왕하며 자주 서계를 올려서 조선 사정을 훤히 알고 있는 자들로, 자신 아래에 10여 명의 장수를 두었다.

도주는 왜 조선을 치라고 했을까? 그 이유는 대마도 쪽에서 동래현감, 예조, 우병사에게 보낸 문서에 잘 나와 있다. 우선 대관 종성친이 동래현감에게 보낸 서계에 침략 이유가 나열되어 있다.

「부산첨사가 세견선에 탑승한 인원을 죄다 헤아려 기록하고, 왜역관을 서울로 올라가지 못하게 하고서 포구에 머물게 하고, 한 해 식량을 다 주지 않고서 수년 분을 압류하였다.」

「웅천현감은 왜인이 장사하는 것을 일체 금하며 왜료(倭料)를 제때

주지 않았다.」

「제포첨사는 바다에서 채취할 때에 사관(射官)을 주지 않았다.」

「수사는 바다에서 채취하는 왜인을 죽였다.」

그는 침략 이유로 부산첨사, 웅천현감, 제포첨사, 경상우수사가 3포 왜인을 핍박했다는 점을 열거했다. 이 주장은 설령 그랬다고 하더라도 구실에 불과하다. 대마도 전체에 대한 조선의 대우가 전례에 못 미치고 있다는 점이 본질적인 이유였다. 10년 이래 매사 변하여 축소 되어버린 무역권을 복구하는 것이 대마도의 급선무였기 때문이다. 이 점은 자신의 증조부 제8대 도주 종정성 때 체결한 계해약조대로 대해주면 병졸이 약탈하는 행위를 정지시킬 수 있고 도주도 인교(隣交)로 여기어 위반함이 없을 것이라는 그의 글 속에 들어 있다. 영의정이 "왜노가 분을 품은 지가 오래인데 지금 변을 일으켰습니다"고 했으니, 조선 측도 문제의 심각성을 알고 있었다. 이 문제를 해결하기 위해 도주는 평화적인 방법을 내팽개치고 치밀한 계획으로 무력 침공을 지시했다. 침공하여 잔악함으로 단단히 겁을 주고 그 틈을 이용하여 공갈 협박을 늘어놓은 것이다.

그리고 도주 종의성이 예조에 서계를 보냈다. '잔악'한 침략 소식이 조선 조정에 알려지게 한 뒤 화해를 요청하여 무역권을 원상 복구하려는 것이 그들의 전략이라는 점이 이 서계에 잘 나타나 있다.

「전례와 같이 오래오래 사이 좋게 지내고 화친을 맺는다면, 우리나라가 계속 인호(隣好)를 맺어 번신(藩臣) 노릇하고 배반하지 않을 것입니다.」

「그러나 다시 근년 부산포 만호의 공사와 같이한다면, 싸울 생각으로 무기를 들고 밤낮으로 쉬지 않고 귀국에 어지럽게 들어갈 것입니다.」

무려 세 번이나 서계를 올려 비슷한 내용을 반복했다. 기유약조대로 해주라는 것이다. 어긋남이 없이 원래대로 환원해 주면 배반하지 않고 복종하겠고, 그렇지 않으면 끝까지 침탈하겠다는 것이다. 이에 대해 예조가 회답했다. 모든 책임은 약속을 어긴 귀도(貴島)에 있다고 하면서, 1474년부터 1509년까지 36년 동안 11회에 걸쳐 전라·경상 두 도를 침탈한 사실을 하나하나 열거하며 무슨 면목으로 이번에 또 이 사단을 일으켰냐며 쏘아붙였다.

또한 제포 항거왜인이 적진에서 돌아오는 통역관을 통해 웅천성을 구원하러 온 우병사 김석철에게도 서신을 보냈다. 대국에서 먼저 군사를 물리고 허물을 버리고 화친을 허락하여 왜인으로 하여금 다시 여기에 살도록 한다면 우리는 군사를 돌이키겠다는 것이다. "교전하면 화친할 수 없고, 화친하면 교전할 수 없다"고 천명했다. 전투 중인 조선 장군과 병졸의 마음을 해이하게 하려는 속셈도 숨어 있었다. 체포되어 적중에 있는 제포첨사 김세균의 편지도 적과 화친하라는 말로 가득 차 있었다. 이렇게 다양한 통로를 통해 치고 빠지는 전략을 구사한 왜인에게 조선 조정은 굴복하지 않고 즉각 군대를 보내어 정벌했다.

4. 세견선 감축

왜적들은 3포 거류 왜인들까지 이끌고 대마도로 도망쳤다. 미처 못 따라간 왜인들은 조선에 억류될 수밖에 없었다. 조선 정부는 종전과 함께 곧바로 대마도와의 외교관계를 중단시켰다. 그리고 3포에 대한 폐쇄 조치를 내리어 '3포 시대'의 역사에 종지부를 찍고 교역 또한 중단되고 말았다. 또한 남정군에 의해 3포 왜관의 건물도 다수 불타 버려 포소로서의 기능도 마비되었다. 침략의 대가로 대마도에 돌아간 것은 있는 물건 못 팔아먹고 필요한 쌀과 면포를 못 얻는 경제위기뿐이었다.

삼포왜란 후 조선 정부는 국방력 강화를 다지면서 대왜 경계도 강화하고 민심 수습책도 제시했다. 우선 아무리 높고 큰 배라 할지라도 매우 경쾌한 왜선을 따라잡기 위해 경상·전라도 수군도 경쾌선을 늘려나갔다. 그리고 삼포왜란에서 전공을 세운 장수는 승진시키고, 용감하게 싸운 군인은 장교 시험을 거쳐 첨사나 만호에 임명하여 무사를 권장하는 풍토를 갖도록 하게 했다. 또한 60년 전에 발간되어 고조선부터 고려에 이르기까지 외적의 침범과 방어를 수록한 『동국병감』을 그동안의 왜변과 작금의 삼포왜란을 새로이 넣어서 다시 발간하여 무사들로 하여금 공부하도록 했다. 그리고 또한 대마도에 억류되어 있는 영등포 만호 양지손의 첩과 하녀 3인이 고향으로 돌아가고 싶다는 언간(諺簡)을 보낸 일을 계기로, 삼포왜란 때 왜인에게 붙들려간 간 사람들의 쇄환도 대마도에 촉구했다.

그러면 퇴각한 왜인들은 그 상태에서 그칠 것인가? 실패한 목적을 달성하기 위해 대마도는 다음 카드로 무엇을 사용할까? 6월 24일 왜선 3척이 가덕도에서 제포로 들어왔다. 제포의 항거왜인이라 자칭하는 자가 묻지도 않았는데 대뜸 말했다.

「우호를 청하기 위해 나왔다.」

조선 통역관이 그럴 수 없다고 대답하자, 흥분한 어조로 곧바로 응수했다.

「가덕도에 와 있는 도주가 보낸 장수의 처소에 가서 함께 의논하고 다시 오겠다.」

다음날 25일에 왜선 2백 50여 척이 안골포에 들어와 진성을 포위하고서 소리를 지르고 자신의 주무기인 장창(長槍)을 휘두르며 공격하기 시작했다. 특히 두 달 전의 삼포왜란 때와는 달리 그들의 방패가 튼튼하고 두텁고 6개의 나무를 가로대고 못을 박았기 때문에, 강력한 쇠뇌[弩]로 쏘아도 화살촉이 겨우 들어갈 정도로 개조되어 있었다. 숫자도 조선군의 배나 될 만큼 많았다. 즉시 관할 수령인 웅천현감이 군대를 이끌고 출동하여 10여 인을 활로 쏴 맞추었다. 갓 부임한 경상우도병사 유담년의 군관이 화포장(火砲匠)을 거느리고 가서 나팔을 불며 불화살을 쏘았고, 또 다른 군관은 특이한 갑옷과 투구를 입고 있는 우두머리를 향하여 화살을 집중적으로 쐈다. 마침내 적들이 놀라서 포위를 풀고 달아나다 바다에 빠져 죽었고, 나머지는 배에 올라 가덕도로 돌아가 두 곳에 나누어 둔취했다. 가덕도가 왜구들의 소굴 역할을 하고 있는 점이 드러났고, 유담년의 말처럼 "수전(水戰)은 저들의 장기이고 우리의 단점"이라는 점도 해결되고 있지 않으니, 이에 대한 대책이 강구될 수밖에 없었다.

삼포왜란 종전 4개월 뒤 8월, 평시라(平時羅)라는 왜인이 대마도에서 2척의 배에 21인을 싣고 제포에 이르러 항복의 제스처로 웃옷을 벗고 몸을 드러내고서 투항했다. 그는 삼포왜란 때 제포에서 조선의 백성을 죽이고 관고를 노략질하고 관사를 불태웠고, 제포성이 정벌군에 의해 탈환될 때 탈출하여 대마도로 도망친 인물이다. 서울로 압송되어 의금부에 구금되어 조사를 받았다. 되돌아간 뒤 생계가 어려워서 죽음을 무릅쓰고 나왔다고 했다. 그러면서 삼포왜란은 대마도주의 본의가 아니라고 했고,

두 달 전 안골포 습격은 과거 제포 항거왜였던 자가 관하 사람들을 거느리고 몰래 나가서 한 일로 이 사실을 안 도주가 관련자 10명을 죽였다고 했다. 모든 것이 도주와 무관하다는 변명이다. 그리고 이와는 다른 충격적인 사실을 털어놓았다.

「대대로 국은을 입었으므로 오로지 사변을 고하기 위하여 나왔을 뿐, 다른 마음은 없습니다.」

도주 종의성이 대관이었던 종성친과 더불어 '여러 섬'(일기도, 평호도, 오도 등지를 지칭)에 병력을 요청하여 9~10월에 조선을 다시 치려고 한다는 점을 알려주었다. 이에 대해 조선 조정은 고변하는 사연만 들을 뿐 그에 대한 접대를 허용하지 않았고, 되레 그를 함경도 유배형에 처하고 말았다. 화친을 요구하기 위해 간사한 꾀를 꾸민 것으로 보았기 때문이다. 그의 최후 운명에 대해 유배형 대기 중 동료 왜인들과 집단 자살하였다는 기사가 소개된 바 있다.

이듬해 1511년(중종 6) 6월에는 왜인에게 잡혀갔던 경상도 칠원현 사람들이 대마도에서 제포로 돌아왔다. 그들은 진상 홍합을 따러 바다로 나갔다가 왜인에게 사로잡혀 결박된 채 짚 거적에 씌워져 대마도로 끌려갔다. 그곳에 있으면서 쌀·보리·칡이 혼합된 밥과 야채 반찬을 먹으며 연명했다. 고통을 겪으며 불안에 떨고 있는 이들을 진정시키기 위해 왜역관이 말했다.

「너희들이 수척하지 않도록 도주가 하루 세 번 밥을 주라고 하였다.」

「국왕사가 화친하는 서계를 가지고 너희 나라에 갈 때에 너희를 함께 돌려보낼 것이다.」

그리고 왜역관은 달콤한 말에 이어, 삼포왜란 때 자기들도 많은 피해를 입었다는 점을 거론했다.

「조선의 감사·병사·수사가 전망한 왜의 수효를 묻는다면, 너희들은 제포·안골포 싸움에서 사망한 왜인 장병이 매우 많다고 대답하여야 한다.」

무엇보다 3포 폐쇄와 교역 단절로 자신들의 처지가 어려우니 하루속히 화친이 필요하다는 점을 가서 말하라고 왜역관은 칠원 사람들에게 시켰다.

「본국이 순전히 조선의 힘을 얻어 사는데, 한 사람의 말 때문에 실패하고 처자가 모두 굶주린다고 하여라.」

「왜의 여인들이 우리를 보고는 모두 울면서 '이곳엔 농토가 없으니 조만간 모두 사망하게 될 것이다. 차라리 죽더라도 조선의 옛 땅에 돌아가고 싶다'고 말했다고 하여라.」

도주도 직접 이들을 보고서 전날 3포에 살던 왜인은 이곳에 거주하게 하고, 대신 다른 왜를 뽑아서 3포에 거주하게 하겠다고 했다. 그리고 제포첨사 김세균이 3월 20일 병사했다는 점도 확인시켜 주었다. 이처럼 왜역관과 도주가 칠원 사람을 보내면서 대마도가 어렵고 화친을 희망한다는 점을 조선 당국에 말하라고 시켰다.

위협을 가하거나 또는 투항자와 납치자를 통해서 화친을 요청한 도주는 자신이 할 수 있는 방안을 죄다 동원했지만, 워낙 조선의 입장이 강하여 아무런 성과도 거둘 수 없었다. 대마도는 마지막 카드로 막부를 통해 외교관계의 정상화와 무역 및 3포 거류 승인을 요청했다. 막부가 보낸 붕중(弸中)이란 승려가 국왕사란 이름으로 제포에 도착했다. 선위사가 내려가서 철거된 왜관의 옛터에 천막을 치고 맞이했다. 이에 대해 정부 신료들은 "형편이 궁지에 몰리어 화친을 청할 길이 없으므로 본국을 통해서 뜻을 전한 것"이라며, 이제 화친을 결정하는 열쇠는 곧 우리에게 있다고 입을 모았다. 단절이라는 강경론도 나왔지만, 도주가 주모자 몇 명의 목을 베어 보내오고 포로로 잡아간 우리 백성을 돌려보내는 요구를 이행하는 조건으로 화의 제의에 응하기로 잠정 결정했다. 예전 약조로 돌아가지 않으면 해마다 와서 청하여 기어이 성사시킬 것이니, 3포 거주를 다시 허락한다면 반드시 다른 왜인으로 바꾸어야 한다는 제안도 나왔다. 분위기가 화친 쪽으로 기울어가자, 홍문관이 즉각 상소하여 제동을 걸었다.

「웅천·제포의 치욕을 아직 통쾌하게 씻지 못하였는데, 지금 다시 수호한다면 이는 도리어 나라의 약점을 보여서 한없는 욕심을 부리게 하는 것입니다.」

이에 3정승도 동조하여 화친을 들어줄 수 없는 점 세 가지(은덕을 배반한 점, 다시 안골포를 침략한 점, 본국을 통해 화친을 요구한 점)를 제시했다. 중종은 신료의 다양한 의견을 수렴하기 위해 3공과 6조 참판 이상에게 가부를 의논하게 하고, 승정원·홍문관·사간원·예문관도 참여하게 했다. 영의정을 포함하여 모두 42명이 의견을 개진한 것으로 실록에 나와 있다. 실로 난상 토론이었다. 중종도 요령을 잡기 어렵다고 실토할 지경이었다.

결론이 교착상태에 빠져 있을 때, 봉중이 국왕사로 재차 나왔다. 사림파를 부양하고 성리학 보급에 힘쓴 김안국이 선위사로 나가서 맞이했다. 봉중은 왜란을 일으킨 자 머리 18급을 베어서 함에 담아 가지고 와서 바쳤다. 왜란의 괴수 종성친의 목이 아니라 일반 왜인의 목이니 받아들일 수 없다거나, 자기 나라 죄인의 목을 가지고 와서 우리를 속이려는 것 아닌가 하는 반론도 있었다. 이때 김안국은 봉중을 상대국의 사신이라기보다는 절친한 친구로 인식하며, 봉중에게 대마도와의 화친에 대한 조선의 입장을 잘 설명해 주었다. 그러면서 여러 편의 시를 지어 주며 우의를 다졌다.

툭 터놓고 얘기하려 술자리를 빌렸으니
십년 간의 막혔던 것 모두 다 걷히도다.
(중략)
머리 숙여 스님의 가르침을 받겠나니
어찌하면 생사 공간 초탈할 수 있을런지.

붕중은 김안국의 인품과 시에 감동했다. 이러한 분위기로 전에는 화친을 허락해서는 안 된다고 주장했던 관료들마저 이때 이르러서는 화친하는 것이 가능하다는 쪽으로 넘어가고 있었다. 경력 있는 정승은 찬성하고 신진 기예로 채워져 있는 삼사(三司)는 견제하는 그동안의 정치 구도가 깨지고 말았다. 무엇보다 '반란 왜'와 '평화 왜'를 구분하여 대일 외교를 펼쳐야 한다는 공감대가 형성되었다. 마침내 중종은 요구조건 이행을 수용하여 교역의 재개를 허락했다.

우리는 이 대목에서 한일 관계의 역사를 관통하는 '단절과 복원의 반복'이라는 패턴을 확인할 수 있고, 그 패턴 속에서 나타난 가장 두드러진 특징 두 가지를 보지 않을 수 없다. 하나는 반복되는 복원의 분기점에서 납치자 송환과 반왜(叛倭) 목 헌상은 늘 등장하는 단골 메뉴라는 것이 한일 관계의 특징적 모습이다. 납치자 송환은 인도적 가치를 실현하려는 인류애의 발휘이고, 반왜 목 헌상은 재발 방지를 위한 압력 수단이었다. 또 하나는 왜변이 일어나면

단절	연도	복원
대마도 정벌	1419	
	1443	계해약조
삼포왜란	1510	
	1512	임신약조
사량진 왜변	1544	
	1547	정미약조
을묘왜란	1555	
	1557	정사약조
임진왜란	1592	
	1609	기유약조

단절과 복원의 조일 관계

그 후속 조치로 각종 약조가 체결되었다는 점이다. 여기의 삼포왜란과 임신약조 외에 뒤에 나오는 사량진 왜변과 정미약조, 을묘왜란과 정사약조, 임진왜란과 기유약조가 대표적이다. 왜변·왜란과 약조의 반복은 이 시기 조일 외교통상 관계의 흐름이면서, 운요호 사건과 강화도 조약에서 재현되었다.

삼포왜란 2년 뒤 1512년(중종 7) 임신약조가 체결되어 대마도와의 통교가 재개되었다. 조문은 9개조로 작성되었다.

① 3포에서의 왜인 거주 불허
② 대마도주 세견선을 50척에서 25척으로 반감
③ 도주 세사미두를 200석에서 100석으로 반감
④ 도주 특송선제의 폐지
⑤ 도주일족과 수직·수도서인의 세견선·세사미두 폐지
⑥ 도주 파견 이외의 사송선은 적왜로 간주 처단
⑦ 일본 본토의 일본인 중 수직·수도서인 정리
⑧ 포소와 해로의 제한
⑨ 국왕사를 제외한 상경왜인의 무기휴대 금지

약조 내용은 왜인의 활동을 왜란 전에 비해 대폭적인 제한을 가하는 것이었다. 가장 두드러지게 눈에 들어온 것은 세사미두의 감액, 세견선의 감축, 3포에서의 거주 불허이다.

세사미두는 조선 정부가 "대대로 충성을 바쳐 바다의 영역을 지킨 공적을 가상히 여겨" 매년 대마도주에게 대가 없이 내려주는 쌀과 콩이다. 이를 2백 석에서 1백 석으로 반감시켜 버렸다. 절반의 감액은 대마도에 적지 않은 경제적 손실이 아닐 수 없다.

세견선은 대마도가 매년 조선에 보내는 외교선이자 무역선이다. 이를 50척에서 25척으로 절반을 감축했지만, 11년 뒤 대마도주의 요청으로 겨우 5척이 추가되어 30척으로 늘어났을 뿐이다. 도주의 특송선, 도주 일족과 수직인·수도서인의 세견선도 폐지되었다. 입국선이 감축되면 승선자가 받는 식량과 반입품에 대한 대가가 줄어들 수밖에 없었다.

약조 체결 당시 3포 거주는 불허되었다. '포왜(浦倭)'와 '도왜(島倭)'가 짜고 침략하면 그 화가 매우 심하다는 것이 삼포왜란으로 입증되었기 때문이다. 하지만 유기 제작에 사용되는 구리가 조선에서 거의 채굴되지 않은데, 반입이 금지되니 귀해지게 되고 구리 밀무역이 고개를 들고 있었다. 하는 수 없이 약조 체결 뒤 곧바로 제포만을 개항했다가, 10년 뒤 역시 도주의 요청과 제포 측의 접대 과다론에 의해 부산포를 추가하여 두 포구에 세견선을 나누어 정박하도록 했다. 비록 개항은 되었지만 왜관만 부활되어 왜선 입항장 역할만 했을 뿐 왜인 거류는 엄격히 금지되었다.

연도	약조	세견선	개항
1443(세종25)	계해약조	50척	3포
1512(중종7)	임신약조	25척	폐쇄 → 제포·부산포
1547(명종2)	정미약조	25척	부산포
1557(명종12)	정사약조	30척	부산포
1609(광해1)	기유약조	20척	부산포

약조와 세견선·개항

이상의 제한은 대일 지불금을 줄이려는 경제적인 요소와 무분별한 내왕을 제한하려는 질서유지 측면에서 조선 측의 강경한 입장이 반영된 결과였다. 반면에 왜인들은 전쟁을 도발한 죄로 경제적 이익이 감소되는 불이익을 감수할 수밖에 없었다. 무엇보다 가장 큰 타격을 받은 측은 대마도였다. 그래서 이후에도 도주는 세견선을 늘려줄 것을 계속 요청했으나 조선 정부는 임신약조에 의거하여 허락하지 않았다. 이 때문에 막부를 제외한 대마도 외의 다른 왜인(수직인, 수도서인)들마저 통교가 제한되어 불이익을 받는 선의의 피해자가 발생하는 사태까지 벌어지고 말았다. 이에 교역 확대를 바라는 일본의 여러 지역 통교자들에게는 큰 불만이 아닐 수 없었다.

경상도 땅 제포와 부산포에서 불안한 평화가 가까스로 이어졌다. 기회가 오면 멈췄던 도발이 어김없이 다시 불붙을 기세였다. 그런데 약속된 25척 외의 대마도 선척이 사사로이 왕래하면서 두 포구에 머물러 물건을 판매하고 있었다. 어느덧 제포 왜관에는 상품과 재화가 모여들었다. 이를 두고 조선 관료들은 단호했다.

「국고를 손실되게 할 뿐 아니라 또한 몰래 금수품을 매매하는 폐단이다!」

「절대 불허해야 한다!」

약조를 개정하여 세견선을 늘리는 것은 반대이고, 약조에 정해진 선척 외의 내왕 역시 안 되는 일이라는 것이다. 약조를 가볍게 파기할 수 없다는 취지이다. 대마도의 불만은 쌓여만 가고 있었다. 불만이 쌓이면 터질 수밖에 없는 법이다. 원래 받던 수량을 얻지 못하자 이에 분노하여 왜인들은 패만(悖慢)스러운 말을 자주 해댔다.

이를 감지한 조선은 경상도 해안에 대한 방비를 강화했다. 우선 적이 만약 큰 세력으로 온다면 작은 군진의 경우 적은 병력으로 버티기 어려울 것 같다면서 군진을 합병하는 작업을 폈다. 예를 들면 좌도에서는 다대포를 부산포에 합하고, 우도에서는 율포를 지세포에 합하게 했다.

그리고 본래부터 성이 없는 좌도 포구에 성을 쌓게 했다. 그리고 우도의 경우 거제의 영등포·옥포·지세포·조라포, 고성의 당포, 웅천의 안골포 등지는 방어의 요충지여서 왜적이 쳐들어오면 응당 막아내야만 하는 곳이기 때문에, 이들 포구의 성 입구와 성 밑에 사슴뿔처럼 생긴 녹각(鹿角)을 설치했다. 성 아래에 웅덩이를 파고, 그 안에 통나무의 끝을 뾰쪽하게 깎아서 하늘을 향하도록 박아 놓은 말목(末木)을 설치했다. 성에 대한 접근을 차단하여 성 방어력을 강화하기 위한 조치이다. 그리고 불에 타고 부서지기 쉬운 목판으로 된 성 문짝의 외면을 얇은 철판으로 감싸게 했다. 이상은 진성의 방어력을 강화하기 위한 조치이다.

또한 병선을 정박해 놓은 포구 입구 바다에 큰 나무를 박아 세우고 나무와 나무를 쇠사슬로 차례차례 연결하여 포구를 횡단하고, 칡 동아줄로 무거운 돌을 나무에 묶어서 그 나무를 물 밑 한 자쯤 잠기게 하여 적선이 걸리어 넘어 들어오지 못하게 했다. 연결한 나무 중앙에 쇠갈고리를 설치하여 잠그기도 하고 풀기도 하여 배를 쓰고자 하면 갈고리를 풀고 나가게 했다. 포구에 대한 접근을 차단하여 포구 방어력을 강화하기 위한 조치이다.

그리고 또한 수군진이 들어서 있는 포구의 높은 산 곳곳에 망대(望臺)를 설치하여 망보는 사람을 정해 두고, 만일 적선이 나타나면 곧장 보고하게 했다. 기존의 봉수를 보완한 신속한 통신 체계의 구축이었다. 마찬가지의 효과를 내기 위해 적이 통행하는 길목에 밤에 복병을 숨겨 두어 정찰하다가 적변이 있으면 달려가 보고하게 했다. 그런가 하면 거제도 견내량과 남해도 노량에 나룻배와 뱃사공을 추가 배치하여 변고가 생기면 구원병이 육지에서 제때 건너갈 수 있도록 했다.

이는 의미 있는 조치였지만, 수군의 방어력 강화에 그칠 뿐 선제적인 전투력 증대까지에는 미치지 못하는 것이었다. 경상도의 남은 병선과 전라좌우도의 병선을 한 부대로 편성하여 통합 사령부를 설치하고, 여기에 병졸과 화포 및 장수를 갖춘 민간 포작선을 합세시켜 민관 연합작전을 펼치면, 그 어떤 적도 물리칠 수 있다고 한 이가 있었다. 그러나 대부분은 "수영(水營)의 장수와 군사가 수전(水戰)을 익히지 못하였다"거나 "수전은 우리의 장기가 아니다"거나 "수전을 익히지 않은 군사를 몰아서 갑자기 왜인과 싸우게 하는 것은 좋은 계책이 아니다"면서 수군 전투력 증강 말만 나오면 뒷꽁무니 빼기에 급급했다. 그리고 육군을 지휘하는 병사(兵使)와 수군을 지휘하는 수사(水使)를 분리하여 수군 지휘 체계를 전문화하기는커녕, 남방 왜적에 대한 방비책이라면서 수륙 군사를 합하고 병사로 하여금 수사의 직함을 겸하게 하자는 의견을 내놓은 이도 있었다. 육군과 수군을 각기 독립시킬 것인가 아니면 합하여 한 통수권 아래에 둘 것인가는 이후 조선군이 위기에 처할 때마다 불거지는 정책 혼선의 한 장면이었다.

5. 왜변의 연속

삼포왜란 때 놀란 가슴 쓸어내리기 위해 경상도를 중심으로 왜에 대한 방어력을 강화했다. 그렇지만 그것도 수군 자체는 그대로 둔 채여서 반쪽짜리에 불과한 대책이 될 수밖에 없었다. 그런데 그사이 왜구는 예상을 뒤엎고 경상도의 거제도 남쪽에서 전라도의 완도·보길도까지 밤을 타고 드나들고 있었다. 왜선은 혹은 5~6척 혹은 10여 척씩 매년 작당하여 봄이 되면 왔다가 5월 그믐께 들어가며, 8월에 왔다가 10월 그믐께 들어갔다. 번갈아 드나들지 않는 해가 없을 정도였다. 만약 변방 장수가 겁먹고 추격하지 못하면 언제 크게 무리를 일으켜 나올지 모를 지경이었다.

이제 왜인들은 경상도는 본체만체하고서 전라도를 집중적으로 넘보고 있었다. 임신약조 체결 10년 뒤, 1522년(중종 17) 왜인들이 전라도 남해안 곳곳을 휩쓸었다. 이때 피해에 대해 다음이 보고 되었다.

「제주에서 진상하는 물품을 싣고 오는 33명이 왜적에 의해 살상되었다.」

「왜선들이 더러는 15척, 더러는 10여 척씩 떼를 지어 초도, 보길도, 추자도 등지를 드나들었다.」

「왜선 12척이 깃발을 세우고 징과 북을 치면서 80여 명이 먼저 하륙하여 달량을 침범하였다.」

선박 15척에 나눠 탄 왜인들이 무기를 들고 깃발을 세우고 징·북을 울리며 나타났다. 초도·추자도·보길도 등 남해 도서에서 영암 달량포와 강진 가리포 및 장흥 회령포에 이르는 데까지 휩쓸면서 여러 날 접전을 벌이며 사람을 죽이고 재물을 약탈했다. 육지에서 제주로 가는 길이 막힐 지경이었다.

진도의 남도진 만호와 금갑진 만호가 출동하여 왜선 8척을 향하여 신기전과 총통을 쏘아서 5~6명을 명중하니, 그들은 그때 서야 물러갔다.

작은 일이 아니어서 비변사가 임시 설치되어 제조·당상들이 연일 대책을 논의했다. 좀도둑이 아닌 것 같아서 조방장·어사·순변사를 잇달아 전라도에 파견했다. 전란급 왜변으로 파악되었지만, 삼포왜란 때처럼 경군을 보내지 않고 토병으로 수색과 토벌을 하게 했다. 대신 병선 운행에 익숙하고 섬과 섬 사이의 물길을 잘 알고 있는 장수 역임자 가운데 죄에 연루되어 있는 자가 있으면 백의종군하도록 했다. 전시가 아님에도 백의종군을 허용한 것은 좀체 보기 드문 조치였다. 그만큼 다급했다.

이 왜인 침범에 대해 여러 의혹이 제기되었다. 하나는 그들의 뜻이 경상도에 있으면서 전라도에서 발동한 것이 아닌지, 호남에서 힘을 빼게 한 뒤 실제 속셈은 영남에서 충돌하려는 것이 아닌지였다. 또 하나는 지금 적왜들이 겁을 주어 화친하게 하는 흉계를 부리는 것이 아닌지, 3포에서 폭동을 일으켰던 무리가 아닌지였다. 여러 의혹이 난무한 가운데 수색과 토벌을 지휘한 책임자들에 대한 자격 논란이 제기되고 비행이 제보되어 국난 극복에 힘을 쏟고 있는 분위기를 썰렁하게 만들었다. 예를 들면, 삼포왜란 때 군사를 버려 적에게 승리를 그저 안겨주었던 장수와 문을 열어서 왜구를 들어오게 했던 사람들이 목숨을 보존하고 있을 뿐 아니라 오히려 그들이 나가서는 지방관을 맡고 들어와서는 높은 관직에 있으니, 후일 변장이 되는 자가 어찌 꺼리는 마음이 있겠느냐였다. 그리고 조방장이 내려가면서 3~4일이면 도착할 거리를 개인 용무를 보는 등 머뭇거리며 즉시 달려가지 않고서 7~8일 후에야 도착했으니, 그 죄가 장1백에 고신을 빼앗는 형에 해당 된다고 했다.

1522년 왜변과 성격이 다른 사건이 이듬해 1523년에 연이어 발생했다. 왜선 3척이 황해도 풍천 경내에 정박하여 먹을 것과 입을 것을 구걸했다. 근래 황해도 지역에 왜선이 나타난 적이 없어 놀란 나머지 풍천부사가 군관과 이졸을 거느리고 가니, 그들은 장검·환도·방패 등을 즐비하게 둘러 세우고는 화살을 뽑아 들어 항거했다. 역관이 없어 글로 물으니, 일본 구주 살마(薩摩) 출신으로 명나라에 조공을 바치고 돌아오는 길에 풍랑을 만났다고 답했다.

    이때 남쪽 진도 경내의 섬에도 왜선 여러 척이 와서 정박했다. 전라 우수사는 병선 10척을, 남도만호는 5척을 거느리고 곧장 출동했다. 왜인들은 혹은 갑옷을 입고, 혹은 검은 갑옷을 입고, 혹은 철갑을 입고, 혹은 부채를 휘두르고, 혹은 방패를 잡고, 혹은 판자로 몸을 가리고 각기 장검을 휘두르면서 시끄럽게 떠들어대고 있었다. 출동군은 5~6명을 한 조로 하여 교대로 들어갔다 나왔다 하면서 목궁으로 쇠화살촉을 무수히 발사했다. 우수사는 신기전과 총통전을 무수히 쏘고, 장전과 편전을 비 오듯이 발사했다. 온갖 화살을 섞어 쏘기로 공격하자, 왜적들은 선구를 내버린 채 빈 배를 몰고 도망쳤다. 도망치는 왜선에 화전을 쏘아대니 배에 불이 붙고 불을 끄려고 물을 뿌리던 왜적을 화살을 쏘아 맞혀 죽였다. 그리고 왜선에 관솔로 횃불 50개를 만들어 던지고 짚 거적 3백 장에 불을 붙여 던져 놓았더니, 배에 불이 붙어 창공이 환하도록 화염이 치솟았다. 우수사는 회군한 후 전과를 보고하면서 왜인 머리 20급, 화살 14개, 옻칠 활 1개, 환도 4자루, 장검 1자루, 창 5자루, 창 자루 1개, 그리고 갑옷과 의복 등을 함께 봉해서 올려보냈다. 대승을 거둔 우수사 정윤겸에 대한 포상이 전례를 토대로 이루어졌는데, 특별히 한 자급을 올려주고, 금 허리띠와 활·화살·화살통을 하사하고, 위로 연회를 베풀어 주었다. 군졸에 대해서는 이전에 작성된 「논병절목(論兵節目)」에 의거하여 면포를 내려주거나 신분 해방이나 의무 해제를 해주었다. 왜선에서 '영파부(寧波府)' 세 글자가 새겨진 화살 2개가 나왔으니, 이들은 명나라 영파 왕래자였다.

    이전과는 달리 중국 명나라가 언급된 풍천과 진도에서 발생한 이 두 소식은 서울에 들어온 일본 국왕사에 대한 접대가 한창일 때 동시에 들어왔다.

「경오년 삼포왜란 이후로는 전혀 이런 일이 없었는데 … 」

「사신이 우리나라에 온 때를 당해서 사변이 이처럼 발발하니 무슨 뜻인가?」

이후 왜선 출몰 소식은 경상도를 중심으로 하던 이전과는 달리 마치 고려 말기 우왕 대처럼 서해안과 남해안 곳곳에서 빈번하게 들어왔다. 특히 전체적인 양상이 이전과 여러 측면에서 달랐다. 왜인 출몰이 줄어든 것이 아니라 침략 패턴이 달라졌던 것이다.

우선 그들이 탄 배가 중국을 자주 드나들며 중국 기술을 받아들여 본래 자기들의 배 모양과 같지 않았다. 빠르기가 나는 것 같아 조선 배가 따라잡을 수 없을 정도였다. 무엇보다 왜선의 크기가 조선의 맹선(猛船) 대·중·소 가운데 대맹선보다 더 크고 높았고, 채색으로 용 무늬를 그렸고, 물이 배안으로 스며들어 오지 않도록 판자 틈에 석회를 발랐다. 이를 확인한 조선도 병선 개조에 나섰다. 황해·경기·평안도 각포의 맹선은 경쾌하지 않아 변을 당해도 쓸 수 없으니 전라·경상도의 비거도선(鼻居刀船) 모양을 본떠 개조하게 하자는 의견에 따라, 절반은 군인을 많이 실을 수 있는 큰 배인 맹선으로 그대로 두고, 절반은 접전 때 빠르게 움직일 수 있는 작은 배인 경쾌선으로 개조하게 했다. 양남 수군은 삼포왜란 후 왜구 포획을 위해 자체적으로 맹선을 경쾌선으로 개조하여 성과를 보고 있어서 이런 지시가 내려졌다. 그런데 맹선은 조운선으로도 투입되기 때문에 모두를 개조할 수 없어 절반만을 대상으로 했고, 절반의 맹선은 80·60·40명이 탈 수 있는 1척을 10여인 또는 6~8명이 탈 수 있는 2척의 경쾌선으로 만들었다. 묵직한 대선을 많이 둘 것인가 가벼운 소선을 많이 둘 것인가 역시 이때는 대선이 필요하고 저때는 소선이 필요하여 조선 수군이 풀어야 할 난제 가운데 하나였다. 실제 나중에 병선을 혁파하고 경쾌선을 창조하여 과연 왜적을 쫓아낼 수 있느냐에 대한 본질적인 의문이 제기된 바 있다.

그리고 왜인들은 화살로는 깨뜨리기 어렵고 총통을 쏘아서도 깨뜨릴 수 없는 단단한 방패를 배 위에 설치했다. 방패 가운데 안은 붉고 밖은 옻칠한 것이 있고, 위에 두 귀[耳]가 있는 방패도 있어 그 안에서 활을 쏘니 어떤 이가 무슨 화살을 쏘는지를 알 수 없었다. 단단한 방패는 조선군의 장기인 활을 방어하면서, 조선군이 증강하고 있는 화포에 대한 대응책으로 개발한 것이었다. 당시 조선의 변장들은 조정에 화포 지원을 요청했고, 정부는 변진에 화포의 설치와 교습을 독려하면서 화포 기술자를 내려보냈다.

왜인의 이러한 무장력의 강화에도 불구하고 공격성은 예전만 못하여 오기만 하면 약탈하는 옛 모습을 보기가 쉽지 않았다. 그래서 근래 출몰하는 왜선에 대해 다음과 같이 말한 이가 있었다.

「진실로 왜적은 아니었습니다.」

그럼에도 조정의 주류 관료는 옛 방식대로 대응할 뿐이었다.

「대마도가 우리나라의 허실을 엿보려고 깊이 들여보낸 것이다.」

침략 패턴을 도외시한 채 옛날 시각으로 대마도만 쳐다보고 있는 대일 외교정책이 조정의 불안을 가중시키는 원인으로 지적되는 대목이다. 조일관계는 점점 더 새로운 국면으로 향하고 있었다.

이때 '국왕사'라고 자칭하는 일본 사신이 이례적으로 자주 나왔다. 예를 들면 1521년부터 1525년까지 매년 나온 것으로 확인된다. 그와 동시에 왜구 출몰은 뜸한 편이어서 상대적이다. 문제는 일본 사신이 많은 물건을 가지고 나와서 사주라고 하고 많은 선박을 이끌고 와서 승선원에 대한 식량 지원을 요청하니 재정 부담이 클 수밖에 없었다. 이에 조선 정부는 재정 절감을 위해 규정 외 사신의 접대를 물리치고 불필요한 물품의

매입을 거절했다. 그러자 다시 왜구가 출몰하기 시작했다. 이 현상은 무엇을 말할까? 이른바 '국왕사' 가운데는 진짜가 있기도 하지만, 장사하기 위해 또는 식량 타내기 위해 온 가짜도 있었던 것이다. 이 가짜를 학자들은 '위사(僞使)'라고 하는데, 그 주체는 누가 뭐라 해도 대마도였다. 따라서 '국왕사'의 내왕과 무역을 제한하자 대마도는 돌변하여 왜구가 되어 다시 침범했다.

그 가운데 왜선 4척이 거문도, 손죽도, 평두도에 와서 옷과 양식을 약탈한 1525년(중종 30) 사건이 흥미롭다. 전라좌수사가 예하 진장들과 함께 군사를 거느리고 가서 거문도에 정박했다. 그는 그곳에서 7일간 머물다가 좌수영으로 돌아오고, 수영의 진무(鎭撫) 최보의와 강순부 등을 좌우 대장으로 삼아 거문도에 남겨 놓았다. 좌우 대장의 공격으로 왜선 2척은 절반쯤 화살을 맞아 남쪽 큰 바다로 패하여 도망가 버렸다. 강순부는 나머지 2척을 협공하니, 한 척에서는 왜인 11명 중에 2명이 칼을 들고 용맹을 부리다 화살에 맞아 바다로 추락하고, 한 척에서는 12명 중에 1명이 화살에 맞아 활을 든 채 바다로 추락했다. 그 나머지 20명은 모두 쏘아죽여 머리를 베었다. 노획한 환도(環刀)와 장궁(長弓) 등을 조정에 올려보냈다. 이 공으로 활쏘기를 잘하고 배 운전을 귀신같이 하는 인물로 알려진 강순부에게 후한 상이 내려졌다. 말 1필과 함께 최고급 관료 집단으로 각종 특혜가 부여되는 당상관의 품계가 내려졌다. 당상관으로의 승급은 매우 파격적이어서 논란을 불러일으켰지만, 변장과 군졸들이 모두 고무 격려되어 떨쳐 일어나서 방어에 최선을 다하게 하기 위한 우대 조치였다. 그만큼 조선의 상황이 긴박했음을 반증한다.

조일 관계는 점점 복잡한 국면으로 접어들고 있었다. 그 신호탄이 1540년(중종 35) 제주도 진상선의 일본 오도(五島)로의 표류이다. 오도 태수가 자기 지역 사람을 근래 관계가 불편한 대마도를 거치지 않고 직접 제주도로 보내어 표류인을 송환했다. 오도 왜인은 송환 공로로 전라도를 거쳐 서울로 올라와 포상 연회에 참석했다. 왜인이 제주에 공무로 배를 정박한 적이 없어서 이번 일을 기회로 왜인들이 제주 길을 알고 제주의 방비 실태를 알게 되면 걱정이라는 우려가 나왔다. 나중에 대마도가 이 사실을 알고서 문제로 제기하자, 조선 정부는 대마도가 발행하는 통행증인 문인(文引)을 받지 않고 오거나, 대마도 길을 거치지 않고 오면 적왜(賊倭)로 처리하겠다고 답했다. 당시 일본인 가운데 약속대로 오면 '왜인'이 되고, 그렇지 않으면 '왜적'이 되는 상황이었다.

가장 번성한 왜관으로 자리를 잡아가던 제포 왜관 주변에서, 1541년(중종 36) 연이어 두 번의 왜변이 일어났다. 첫 번째는 제포 왜인들이 무리를 지어서 혹은 몽둥이를 가지고 혹은 칼을 빼 들고 밤에 왜관 담장을 넘어 조선인 마을로 향했다. 제포 왜관을 통제하던 조선 복병(伏兵)이 막고 저지하자 복병 3명을 칼로 찔러 죽인 사건이다. 이를 조정에서 논의한 지 1주일이 지나지 않아 두 번째 왜변이 일어났다. 제포로 돌아오던 영등포만호 및 20여 명의 조선 군인이 왜선을 만난 뒤 피해를 입은 사건이다. 이 두 왜변을 계기로 중요한 변화가 일어났다. 왜관을 오고 가는 일본인과 조선인을 통제하는 '금조'(신축금조)를 대마도에서 만들고 '약속'(신축약속)을 조선에서 만들었다. 이는 왜관이란 공간과 왜관을 왕래하는 양국 사람들을 대상으로 만든 규칙으로, 조선전기에 만들어진 것으로는 최초의 것이라는 평가를 받는다. 하지만 국왕사의 말이나 글을 통해 수없이 시도된 세견선 척수 증액은 언급도 되지 않은 채 여전히 그대로 묶여 있었다. 왜인들의 불만은 쌓여만 가고 있었다.

이러한 상황에서 1544년(중종 39) 4월 12일 인시(3~5시), 왜선 20여 척에 승선한 2백여 명의 대마도 인이 사량도(현 통영시 사량면)를 침략했다. 이는 앙심을 품고 작심한 도발이었다. 사량도는 조그마한 섬이지만 수군진이 설치되어 만호가 진장으로 있는 군사기지이다. 갑주를 갖춘 왜인들은 활과 성에 오르는 사다리를 가지고 진성 남쪽 옹성을 공격했다. 한밤중 습격은 산꼭대기에서 불을 피워 비상 소식을 전하는 봉수(烽燧)를 못 피우고 못 보게 하여 인근 수군의 출동을 막기 위한 계획된 선택이었다. 수적 열세였지만 사량진 만호는 군관 및 군졸을 거느리고 포와 화살을 쏘며 인시부터 사시(9~11시)까지 싸웠다. 조선 수군 1명이 칼에 맞아 죽었고 10명이 화살을 맞아 상처를 입었다. 왜인들은 20여 명이 화살을 맞아 죽었다. 인근 수군진 군대가 구원하러 왔을 때 이미 적들은 활, 투구, 화살집, 갑옷, 장창, 대환도를 버리고 달아난 상태였다. 이를 '사량진왜변'이라 한다.

어떻게 할 것인가? 조정의 고위 신료들 대부분은 절왜론으로 한목소리를 냈다.

「이는 반드시 우리나라를 흔들어 세견선 수를 이전대로 복구하고자 하는 것이니 결단코 안 될 일입니다.」

「당장 사절하고 다시는 통신(通信)하지 않을 것이다. 이는 진실로 너희들 자신이 끊은 것이니 오히려 누구를 탓하겠느냐?」

조선 정부는 이 사실을 알지 못한 실정(室町) 막부, 구주(九州) 세력가인 대내(大內)와 소이(小貳)를 제외하고, 대마도에 대해서는 주권 국가의 위력을 보여주어야 한다면서 일체의 통교를 단절하는 조치를 내렸다. 왜관에 와 있는 왜인도 모조리 쫓아내 버렸다.

1544년 중종이 죽고 인종이 즉위했다. 인종은 선왕대의 대마도에 대한 강경론을 이어갈 수밖에 없었다. 하지만 조일관계는 그동안 경험하지 못한 방향으로 흘러가고 있었다. 갓 즉위한 인종의 대일본 외교통상 전략이 시험대에 오르게 되었다. 핵심은 대마도를 거쳐야 하는 약조를 어기고 전라도로 나오는 왜인이 부쩍 늘고 있다는 점이다. 전라도는 규정상 왜인을 접대하는 곳이 아니므로 왜선이 나타나면 쫓아내야만 하는 곳이다. 그런데 1545년 오도 왜인이 해남 관두포에 상륙하고 말았다. 관할 전라우도 수사와 어란진 만호는 처벌을 피할 수 없게 되었다. 왜인은 자격도 없으면서 서계[僞書]를 지니었는가 하면 병기를 많이 지니고서 연속 나오는 것도 문제였지만, 화포를 바치고 싶다는 말까지 했다. 오도 왜인 일로 조정 신료는 분주하게 움직였다. 입국이 거절당한 '마도왜(馬島倭)'가 '오도왜(五島倭)'와 함께 왔을 것이고, 왜변이 언제 발생할지 알 수 없다는 점 때문이었다. 특히 화포 거론은 주목 대상이었다. 오도 왜인은 이때 이미 화포를 보유하고 있었다.

당시 조선 사람들은 일본에서 중국으로 가는 배가 바람을 기다리는 곳이 오도라는 사실을 다 알고 있었다. 오도에서 바람을 이용하여 돛을 올리면 천 리를 일순간에 달려와 곧장 전라도를 공격할 수 있다는 점도 모르는 바가 아니었다. 그래서 "왜인 가운데 도적질하고 노략질하는 자는 오도에서 동남풍을 이용하여 거문도에 와서 하룻밤 자고, 청산도를 지나 바로 고금도·가리포 등지에 이른다"고 했다. 실제 하멜이 좌수영에서 탈출하여 처음 도착한 곳이 오도여서 그곳에서 다시 가고자 한 장기(長崎)로 갔고, 전라도 표류민이 가장 많이 표착한 곳이 오도라는 것도 학계의 연구 결과이다. 사실 한국과 일본 사이의 해로는 대마도에서 동북풍을 타고 경상도로 넘어오는 동남로(東南路)와 오도에서 동남풍을 타고 전라도로 넘어오는 서로(西路) 두 길이 있는데, 어느 길을 선택하느냐도 한일 역사의 전환점이었다. 이제 그 첫 시험이 기다리고 있다. 오도 왜인의 잦은 출몰에 조선 조정은 긴장하지 않을 수 없었다. 인종은 사림의 이상이었던 왕도정치를 꿈꾸었지만, 건강이 좋지 않아 재위 9개월 만에 사망하고 말았다.

3장
불타는 달량성

1. 약조 그대로

인종의 이복동생 명종이 1545년 12세의 나이로 조선의 제13대 국왕으로 즉위했다. 어린 나이였기에 그의 어머니 문정왕후가 수렴청정으로 왕권을 대신 행사했고, 외삼촌 윤원형이 권력을 독차지했다. 특히 문정왕후는 군주처럼 권력을 휘둘러 갖가지 풍문을 일으켜 독자의 흥미를 끌기에 적합했기에 여러 편 드라마의 소재가 된 인물이다. 그들은 을사사화를 일으켜 반대파 신진 사림을 축출하고 그 자리에 자신의 편을 드는 사람을 앉혔다. 이들 관료는 공론보다는 오직 척신의 이익만을 위한 정치를 폈다. 이러한 파행적인 인사를 비꼬아 "용이 죽고 범이 떠나자 송사리가 춤추고 여우가 휘파람 분다"는 말이 유행했다.

　　명종이 즉위하자 대마도와의 교역 재개를 요청하는 막부의 사신인 국왕사가 연이어 나왔다. 그들은 사량진왜변은 대마도주가 모르는 일로 '적왜'의 소행이라고 하며 대마도를 잔뜩 변명해 주었다. 국왕사는 2~3척 규모로 나오는데 나올 때마다 국내 체류비, 곳곳의 접대비, 부산~서울 왕래비, 귀국 식량이 적지 않게 들었다. 거기까지는 좋은데, 그들은 나오면서 호초·단목·침향·용뇌 등을 대량으로 가지고 와서 면포로 사주라고 요구하여 그렇지 않아도 어려운 재정으로 힘들어하는 정부를 곤혹스럽게 했을 뿐만 아니라 교역 재개에 대한 안 좋은 여론을 형성하는 데에 일조하고 말았다.

무분별한 지출과 연이은 흉작으로 당시 정부 보유의 미곡·면포는 바닥난 상태였다. 정부는 재정난을 타개하기 위해 사섬시 소장 저화 2백만 4천 장을 유통시키려 했다. 그러나 시전상인 5~6백명이 관료들의 아침 출근을 가로막으며 그렇게 되면 사방의 미포가 서울로 올라오지 않아 서울 사람들이 굶어 죽을 것이라면서 반대했다. 이러한 분위기에 편승하여 척신은 적지 않은 재원이 투입되는 교역 재개에 계속적으로 반대 의견을 고수했다. 오히려 2품 이상의 척신은 왜인이 가지고 온 단목(물감 원료와 한약재로 사용)을 임금으로부터 선물로 받기까지 했다. 표리부동의 처사가 아닐 수 없다.

반면에 대일 외교 전문가 신숙주의 손자인 신광한은 일본 국왕사의 정사인 안심동당(安心東堂)을 여러 차례 만났다. 그 결과를 토대로 그는 "왜변 후 지금까지 몇 년이 되었는데 조금도 도적질은 없고", "조금이라도 세견선 수를 회복해 주지 않는다면 저들이 실망하여 도적이 일어날 것"이라며 화친을 허락할 방안을 강구할 필요가 있다고 주장했다. 여기에 대학자 이언적이 동의했다. 그리고 역시 대학자 이황도 왕도정치를 근거로 내세우며 대마도와 화친할 것을 주장했다. 그의 주장은 화친을 거부하면 왜구의 난동을 초래할 수 있고, 최악의 경우에는 남과 북 오랑캐로부터 동시에 침략을 당하는 국가적 위기 상황에 처할 수 있다는 지극히 현실적인 이유에서 나왔다. 이황의 주장에 신진 사림이 동조했지만 척신 중심의 강경론을 되돌릴 수는 없었다. 거시적인 관점에서 변화하는 침략 패턴을 반영한 외교정책이 재수립되어야 한다는 지적으로 해석해도 좋을 성싶다. 맥락적 상상력이 부족한 관료는 훌륭한 리더가 될 수 없다는 점을 보여주고 있다.

그리고 대마도의 교역 재개 간청도 이어졌다. 도주가 조선으로 향하는 '왜구' 선박 1척을 나포하여 11급을 베어서 서계와 함께 보낸 적이 있다. 이에 대해 그게 사실인지 확인하기 어렵지만, 화평을 청하는 의도이고 이를 거절하면 원망하는 마음을 가질 것 같다는 분위기가 조정에 형성되었다. 대마도가 놓은 화친의 징검다리를 조선이 하나씩 걷기 시작했다.

명종은 정부의 고위관료를 모두 불러 모아 논의하게 했다. 찬반이 반반으로 팽팽하게 갈린 가운데, 화친을 허락할 수는 있지만 전에 맺은 약조를 개정하여 준행하는 것이 선결 조건이라는 조정안이 제기되었다. 이를 수용하여 명종은 결단을 내렸다.

① 세견선 25척 내에, 대선을 9척, 중선을 8척, 소선을 8척으로 하며, 각 배의 인원수가 본래의 수를 넘을 경우 유포량(留浦糧)을 각각 절반으로 줄인다. 도서(圖書)를 받거나 직첩을 받아 통래하는 배의 인원수도 역시 같다.
② 배에서 쓸 집물(什物)은 일체 지급하지 않는다.
③ 풍랑이 순조롭지 않다는 핑계로 가덕도 서쪽에 와서 정박하는 자는 왜적으로 논한다.
④ 50년 전에 도서를 받고 직첩을 받은 자는 임신년 약조의 예에 의하여 접대를 허락하지 않는다.
⑤ 밤에 담을 넘거나 담을 헐고 나가 여염집을 왕래하는 자, 삼소(三所)의 배를 타고 몰래 여러 섬을 다니는 자, 칡을 캔다고 핑계하고 산에 올라가 멋대로 돌아다니는 자 등은 영원히 그 배의 접대를 허락하지 않는다.
⑥ 모든 약속은 진장(鎭將)의 명령에 따르고 이를 위반하는 자는 무거우면 3년, 가벼우면 2년간 접대를 허락하지 않는다.

규모	척수	규모(각)	정원(각)
대선	9척	28~30척	40명
중선	8척	26~27척	30명
소선	8척	25척이하	20명
계	25척		780명

세견선의 척수·대소·정원(춘관지)

1547년(명종 2) 6개 조로 되어 있는 정미약조를 체결하고 대마도와의 교역 재개를 허락했다. 사량진왜변 3년 뒤 일이다. 조문 가운데 핵심은 왜변 전 30척까지 늘어났던 도주 세견선을 5척 감축하여 다시 25척으로 정한 것이다. 그리고 가장 번성한 제포를 폐쇄하고 다시 부산포만을 개항하게 한 것도 핵심 조문이었다.

세견선 25척은 대·중·소 등 3등급으로 나누어졌다. 대선은 척수는 9척(隻)이고, 규모는 각기 28~30척(尺)이고, 승선원은 각기 40명이었다. 중선은 8척으로, 26~27척이고, 30명이었다. 소선은 8척으로, 25척 이하이고, 20명이었다. 선체를 자로 재고 승선원의 수를 세는 일은 첨사나 만호 등 포소 변장이 하도록 했고, 승선원의 수대로 식량을 주도록 했다. 이때 규정을 지키지 않아 단속하는 측과 왜인 사이에 다툼이 벌어졌고, 변장 가운데 단속 시늉만 내는 이도 있어 처벌을 받기도 했다.

세견선의 증감과 포구의 개폐는 조선이 대마도를 통제하는 양대 수단이었다. 이 수단을 왜변에 대한 책임 추궁으로 다시 꺼내어, 세견선을 감축하고 제포만을 개항했다. 정미약조 체결 후 도주는 반복해서 세견선 증액을 요청했고, 제포 개항 역시 계속적으로 요청했다. 이 상황을 흔들기 위해 또는 조선을 떠 보기 위해 일부러 약조를 무시한 채 특송선을 보내거나 정원 초과를 하는 등 마구잡이로 많은 사람이 들어오기도 했다. 세견선 증액과 개항장 확대의 주장은 '왜구 시대' 350년간 일본 측의 단골 레퍼토리였다. 세견선은 을묘왜란 후 재조정되어 30척으로 늘어났지만, 개항장은 임진왜란이 일어날 때까지 그대로 부산포만을 고집했다. 조선의 입장에서 부산포만을 고집하는 것도 그곳 거주 왜인이 1천 3백 명이나 되어 옛날처럼 폭동을 일으킬 우려가 있었고, 그들을 지키는 수백에 불과한 부산진 군사를 왜인 수에 맞춰 늘리는 것도 쉬운 일이 아니었다. 그래서 조선 내에서 이전처럼 좌도(부산포)와 우도(제포)에 나누어 접대하자거나 2부로 나누어 봄과 가을에 각각 접대하면 많은 수가 한꺼번에 나오는 문제를 해결할 수 있을 것 같다는 의견을 낸 이도 있었다.

조선은 정미약조를 통해 이전보다 더 가혹하게 대마도의 무역량을 제한하고 수직인과 수도서인을 정리했으며, 위반할 경우 벌칙까지 명시했다. 정미약조의 체결로 가까스로 교역은 재개되었으나, 대일 규제는 더 강화되고 말았다. 일본 측의 불만을 살 수밖에 없어 이전과 같은 평화로운 관계는 더욱 어려워지게 되었다.

이런 사정을 조선 정부도 파악하고 있어 위기의식을 느끼고 있었다. 국왕은 변방을 방비하는 일로 8도의 감사, 병사, 수사에게 글을 내렸다. 먼저 삼포왜란과 사량진왜변이 화친이 끊어질 때가 아니라 화친하고 있을 때 일어났다는 점을 전제로 들었다. 그러면서 지금 비록 화친은 했으나 그들의 간청한 바를 다 들어주지 않아 왜인들이 절망하여 조금도 기뻐하는 빛이 없고, 뜻밖의 변고가 언제 일어날지 모르니 대책에 만전을 기하라는 것이다.

그런데 동아시아 상황은 새로운 국면으로 접어들고 있었다. 공식적인 명일무역은 조공무역이다. 조공선은 중국 황제에게 보내는 외교문서인 표문(表文)을 가지고 오고, 밀무역선과 구별하기 위해 명나라에서 부여한 감합(勘合)을 지참했다. 그래서 조공무역을 감합무역(勘合貿易)이라 했는데, 그것을 독점하던 구주의 대내(大內) 가문 세력이 몰락하면서 이들이 수행하던 무역 통제 역할도 중단되었다. 대내의 통제가 사라진 상황에서 일본의 지방 세력들은 막대한 수익을 얻을 수 있는 명일무역에 각기 뛰어

들어 각자도생의 세상이 일본에 펼쳐졌다. 각지의 세력들은 일본과 중국을 활발히 오가며 무역 활동을 했고, 중국인들도 일본을 왕래했다. 양국의 사무역 선박은 조선의 서해·남해 연안이나 제주도 해역을 통과할 수밖에 없었다. 그 가운데 표류한 선박, 물과 부식품이 필요하여 접근한 선박, 길을 잃고 잘못 들어온 선박을 모두 일본 것은 왜선, 중국 것은 당선이라 했다. 그러므로 왜선이건 당선이건 간에 해적으로 몰리어 화를 당하는 사례가 발생하게 되었다.

이 시기 일본은 전국시대(1467~1568)의 혼란기여서 중앙정부의 통제가 느슨해졌다. 그 틈을 타고 왜구가 다시 성행했다. 왜구는 약탈과 함께 바다에서 상업도 겸하여 '해적'이라고도 했다. 이들은 주로 명나라의 연안을 노략질하지만 조선에도 출몰했다. 사량진왜변 이후부터 명종 말년까지 약 30회 조선을 침략했다. 그들은 대마도 출신도 있지만, 구주의 서쪽이나 남쪽 출신, 그리고 내호(瀨戶)의 사국 출신도 있었다. 16세기 중반 조선을 침략한 왜구는 이전과는 달리 다양한 출신자들로 구성되었다. 이러한 변화는 대마도를 통해 여러 지역 왜인을 통제하던 그동안의 조선 외교에 혼선을 가져왔다.

을묘왜란 발발 2년 전이다. 1553년(명종 8) 대마도 제13대 도주 종성장(宗盛長)이 예조에 서계를 올렸다. 늘 올리는 서계이지만, 이번 서계는 내용 측면에서 남달랐다.

> 대마도주 종성장은 삼가 조선국 예조 대인 족하께 글을 올립니다. 매년 바라는 신약조(新約條) 수정을 한 조의 수정도 허락하지 않으니 유감 천만입니다. 지금 일본이 빙선(聘船)을 차정하여 바라는 것은 근년의 신약조를 다 수정하여 주는 것입니다. 근년에는 서융(西戎)이 봉기하여 중국 상인과 합심 협력하여 명나라를 쳐서 주군(州郡)의 보물을 탈취하고 귀인(貴人)의 자손을 잡아갔습니다. 해마다 이런 사정을 진술하였으나 귀국에서는 신들의 말을 터무니없는 거짓말로 여기니 부끄럽기 그지없

습니다. 근년에 귀국 해변이 평안한 것은 신들의 힘입니다. 금년에는 서융이 수천 척의 배를 몰고 명나라로 갔다는 말을 듣고 변칙(卞勅)에 매복하였으니 귀국의 해변이 보호받을 수 있는 것입니다. 지금 일본의 소망을 다 들어주신다면 신들은 기쁜 마음으로 섬을 지켜 서해를 진압하여 충절을 바칠 수 있을 것입니다.

매년 약조의 개정을 희망해왔는데 하나도 허용되지 않아 유감 천만이라고 천명했다. 그들이 바라는 바는 세종 때의 계해약조로의 회복이어서, 현재의 25척을 그 약조대로 50척으로 늘려주라는 것이다. 그러면서 서융(구주 서쪽 오랑캐로 오도나 평호도를 지칭함)이 명나라를 침략하여 보물을 약탈하고 백성을 잡아갔다는 정보를 알려주었다. 구주 서쪽 사람들의 명나라 침략 정보는 도주가 귀띔해 주기 전에 조선도 이미 다 알고 있는 사실이다. 표류해 온 일본인, 바다에서 붙잡은 왜구, 명나를 다녀온 사신을 통해서 익히 알고 있기 때문이다. 도주는 구주 '왜구'들을 자기들이 통제하여 조선 바다가 평화롭게 되었다고 자랑했다. 자신의 공을 추켜세운 도주의 말은 당시 왜구들이 지속적으로 완도~제주도 해역에 출몰하고 있기 때문에 이 또한 완전히 사실과 다른 내용이다. 도주는 정보도 주고 공로도 있으니 자신들이 바라는 세견선 증가를 꼭 들어주라고 요청했다. 그러면 앞으로 조선에 더욱더 충성을 바치겠다는 다짐으로 서계를 끝냈다.

서계를 다 읽은 명종과 신료들은 서로를 멍하니 바라보았다. 왜 이런 서계를 꼭 이때 보냈을까 표정이었다. 명종은 예조로 하여금 답하게 했다.

「지금 해마다 주고 있는 세사미두 100석만으로도 더할 수 없는 은급(恩給)이다.」

「이미 체결된 약조를 영원히 준수하여 금석지전(金石之典)으로 만들도록 해야 할 것이다.」

도주의 요구를 일축해 버렸다. 그렇다고 매몰차게 대하지는 않았다.

「대신 그동안의 노고를 인정하여 쌀과 콩 30석씩을 더 주겠으니, 더욱 충절을 바치라!」

'적왜'가 중국에 침입하여 죽이고 노략한 것이 매우 많았으나, 그 피해가 귀국의 경계에까지 미치지 않은 것은 모두 우리의 공로였다는 대마도주 서계 속의 글은 마치 공갈과 같은 것이고 불공스러운 것이라고 조선 조정은 받아들였다. 이에 한 관리는 "저들이 '적왜'의 변을 미리 말한 것은 저들이 이미 후일의 뜻을 가졌기 때문"이라고 예상했다. 서융의 행동을 빌려 자신들의 조선 침략 계획을 말했다는 것이다. 정성을 다해 줘도 늘 부족하다고 불평이고, 그러다가 잊을만하면 침략을 감행하고, 시시때때로 나와서 협박하니 왜와 절교하고 싶었으나, 후일을 생각하지 않을 수 없었기 때문에 조정에서 특별 하사품 30석을 내려주고 권사(權辭)로 대답했다. 그 어느 때보다 중국에 올리는 사대 표문과 일본에 보내는 교린 서계의 작성에 신경이 곤두세워졌다.

대마도는 조선의 반응이 없자, 이듬해 1554년에는 부산첨사에게 서계를 보냈다. 서계는 명나라를 침범했던 구주 근처 섬의 배 수백 척이 순풍을 만나게 되면 조선으로 갈 것이라는 내용을 담고 있다. 이 서계는 4~5월 순풍이 부는 시기가 특정되고 조선이라는 침략 목표가 적시되어 노골적으로 무력 시위를 과시했다는 점에서, 이전과 비교하여 상당이 다른 점을 말해 준다. 당시 대마도는 유언비어를 서계에 담아서, 왜관에 나와 있는 일본인의 입을 통해서 지속적으로 "구주 왜구들이 명나라를 침략하기 위해 건너가다가 조선 바다를 거칠 것"이라는 말을 퍼뜨렸다. 정보팔이를 하면서 위기의식을 고조시켜 자신의 목적을 성취하려는 술책이었다.

내년 봄에 '왜적' 선박 9백 척이 나올 것이라는 대마도 측의 또 다른 제보도 있었다. 그 왜적은 '서해의 적도'들로 해마다 명나라를 도적질하는데 국왕[막부]이 금지해도 듣지 않는 '나쁜 무리'라고 했다. 이런 '고급' 정보를 주니, 제발 예전대로 교역할 수 있도록 해주라는 것이 그들의 요구이다. 오도 사람들의 준동을 자신의 이익을 위해 마음껏 이용해 먹은 것이다. 이에 대해 조선 관료는 대부분 또 공갈친다고 무시했지만, 일부는 귀담아 듣고서 "우리나라로 하여금 동쪽과 서쪽으로 힘을 나누게 만들어 오로지 한 지방만 방비할 수 없게 하는 것"이 아닌지 의심하여 경상도 방비도 필요하지만 전라도 사세가 매우 급하다고 내다보았다.

마침내 대마도는 을묘왜란 발발 두 달 전인 1555년 3월에도 조선 조정에 서계를 보냈다. 작년 10월부터 금년 봄 사이에 '왜적'이 조선을 침략할 것이라는 말을 또 되뇌었다. 그 말을 하고 나서 세견선과 세사미두를 모두 그전의 액수대로 해주기를 청했다.

「지금 25척의 은혜로운 도움을 받고 있지만 지난날에 비하면 형편없이 적어 우리 백성들을 먹여 살릴 수가 없으므로 지금 모든 민중의 고생이 극도에 달했습니다. 끝없는 조선 바다를 맡아서 방비하고 있으니, 배 5척 감한 것을 빨리 도로 허락해 주십시오.」

「쌀과 콩 1백 석을 감한 일도 다시 그전대로 해주십시오.」

배는 30척, 쌀은 2백 석으로 복구해 주라는 것이다. 그리고 배의 크기는 모두 대선으로 해주고, 제포 길의 개방까지 요구했다. 요구 수준이 기왕의 약조를 무시한 채 한없는 욕심을 충족시킨 뒤에야 그만둘 요량이었다. 그러기에 도주 자신이 대마도 사람에게 했다는 말까지 공개했다.

「이때 굳게 조선 바다를 진압하여 충절을 바친다면 선례를 모두 복구하게 되어 각자에게 녹(祿)을 더 줄 수 있을 것이다.」

조선에 충성을 바쳤으니 조선이 응당 우리의 요구를 들어주리라고 자기 도민들에게 공언을 했다는 것이다. 이쯤 되면 선례대로 복구해주라는 공갈을 늘어놓은 셈이다.

「만일 하늘이 인색하게 하지 않는다면 전례대로 하게 될 것으로 믿고 있습니다.」

조선이 전례대로 해주리라고 자기들은 굳게 믿고 있다는 것이다. 안 해주면 무슨 일이 일어날지 모르겠다는 협박성 말로밖에 들리지 않는다. 이제 큰 시나리오는 완성되어 있는 셈이다. 더 강력하고 수용하기 어려운 조건에 공갈과 협박을 뒤섞어서 요구한 후 안 들어주면 침략하겠다는, 그동안 국면 전환을 위해 늘 써왔던 전략이 수립되어 있었다. 그러므로 이 서계는 최후통첩에 해당되는 것이다.

이에 대해 신광한은 그들의 요구대로 5척을 늘려주자고 했다. 늘려주면 "식량이 부족해서 끝내 동해(東海, 조선과 일본 사이의 바다)를 지키기가 어렵다"는 그들의 하소연을 수용하고, 늘려줘도 실질적으로 우리의 부담은 변함없다고 했다. 그의 논지는 25척을 처음에는 대선으로만 보내오자, 대선 9척과 중선 8척 및 소선 8척으로 나뉘었기 때문에 실제는 대선 19척밖에 되지 않으니, 5척(대선 1척, 중선 2척, 소선 2척)을 더 주더라도 실제는 대선 3척 몫에 불과하다는 것이다. 그러나 대부분 신료는 반대하여 결국 조정은 일체 허락 하지 않은 것으로 논의를 매듭지었다.

「각별히 약조(約條)를 지켜야 하고 감이 딴 생각을 하지 말아야 하는데, 번번이 보내온 서계의 말이 매우 어그러져 자못 소국이 대국을 섬기는 의리가 아니었습니다.」

「이번에도 약조 이외의 요청을 번거롭게 진달한 것이 한두 가지가 아니니, 어찌 약조를 지킬 필요가 없다고 여기는 것이 아니거나 아니면 짐짓 국가의 속셈을 떠보는 것이 아니겠습니까?」

수용할 수 없는 요구를 대놓고 한다는 것이다. 이는 약속을 토대로 한 그간의 통교 관행을 내팽개치고 아예 딴마음을 먹고 있는 것이 아닌가 하는 의심을 사기에 충분했다. 이제 전면적인 충돌은 피할 수 없는 국면으로 치닫고 있었다.

2. 을묘왜란

1555년(명종 10) 5월 11일, 달도(達島) 위로 막 떠오른 아침 해는 바닷물 위 해무를 걷어내고 있었다. 달량포(達梁浦)의 포구 민가에서는 아침밥을 준비하는 연기가 모락모락 피어오르고 있었다. 여느 때와 똑같은 포구의 평온한 이른 아침이다.

오목한 포구의 바로 앞에 조그마한 섬 달도가 포구의 방파제처럼 서 있다. 달도는 만조 시에는 섬이 되어 수심이 45미터에 이르지만, 간조 시에는 갯벌이 드러나 육지와 닿아서 '달도'라 했다. 바다를 향한 달도의 남쪽이 완도란 섬이고, 육지를 향한 달도의 북쪽은 달량포이다. 그러므로 완도를 들어가려면 달량포에서 배를 타고 바로 가거나 달도를 거쳐서 갔다. 지금은 다리가 놓여 있어 그럴 필요 없이 차로 곧바로 들어간다.

달도와 포구 사이의 바다는 좁은 해협을 이루어 물살이 세다. 한국은 물살이 센 좁은 해협을 한자로 '梁', 말로 '목'이라 한다. 이리하여 생긴 이곳의 바다 이름이 '달량'이고, 포구 이름이 달량포이지만 언어적 습관은 늘 '달량'으로 불렀다. 한 단어가 바다와 포구 두 뜻이 있는 것이다. 해남과 진도 사이의 명량(鳴梁)이나 '울돌목', 하동과 남해도 사이의 노량(露梁), 그리고 김포와 강화도 사이의 '손돌목'도 이런 지형에서 나온 이름이다.

달량은 고려 때 전라도 영암군에 속한 북평향(北平鄕) 영역이었다. 조선시대에 들어와서 향·소·부곡이 폐지되고 면리제가 정착되면서, 북평향 지역은 행정구역상 북평종면(北平終面)에 편재되었다. 하지만 달량은 해남 땅 안에 있는 영암의 월경지(越境地)였다. 그리하여 광무개혁 시기에 지방제도를 개편하면서 월경지를 정비하기 위한 칙령 제49호 「지방구역정리건」에 의해 해남군으로 이속되었다. 그리고 이후 면 제도를 개편하면서 북평종면과 북평시면이 합해져 북평면이 되었다.

달량에 있는 마을 이름으로 정조 때 편찬된 『호구총수』에 '이창(梨倉)'이 나온다. 영암에서 설립한 이창이란 창고가 달량에 있어서 그렇게 불리었다. 그런데 이창이란 마을 이름은 일제 강점기 '남창(南倉)'으로 바뀌었다. 이창이 고을 남쪽에 있어서 흔히 남창이라고도 불리었기 때문에 그렇게 이름이 변한 것이다. 현재 주소는 해남군 북평면 남창리로 되어 있다.

달량은 해상교통의 거점이었다. 육지와 바다를 연결하는 곳이어서, 완도 원동을 오가는 나루가 달량에 있었다. 제주도 진상선이 달량에 정박하여 서울에 상납하는 진상물을 내려놓았고, 새로 임명된 제주목사가 제주도로 들어가면서 달량에서 배를 타고 갔다. 1873년 정국을 뒤흔든 대원군 탄핵 상소로 제주도 위리안치 명을 받은 최익현이 들어갈 때와 나올 때 모두 달량을 경유했다. 그래서 사람들은 달량 앞 바다를 '큰 나루가 있는 바다'란 뜻의 '대진양(大津洋)'이라고 불렀다.

그리고 달량은 남해와 서해를 오가는 상선, 조운선, 여객선 등 각종 선박이 왕래하는 곳이었다. 고지도에 달량 앞 바다는 "출입하는 조운선이 바람을 기다리는 곳이다"고 기록되어 있다. 달량 동쪽의 전라도나 경상도의 조운선이 세곡을 상납하러 개경이나 한양으로 갈 때 달량을 경유지로 삼았다. 어촌의 민가가 그물처럼 늘어져 있고, 상선이 구름처럼 들어와 있다는 시도 있다. 이러한 점에서 조선후기 관리 김진상은 달량의 정경을 "일로의 요충으로 바닷물이 큰 나루를 흐르구나"로 읊었다.

달량은 어업이 발달한 곳이어서 달량에 어업 종사자들이 적지 않게 살았다. 이러한 점으로 인해 달량에 일찍부터 많은 사람이 살았다. 이는 회령포, 마도, 달량, 어란 등지의 해변에 사는 사람이 매우 많으니 그곳을 왜구로부터 보호하기 위해 회령포와 마도 사이에, 달량과 어란 사이에 돌로 쌓은 작은 성인 석보(石堡)를 두자는 15세기 중앙 관료의 발언을 통

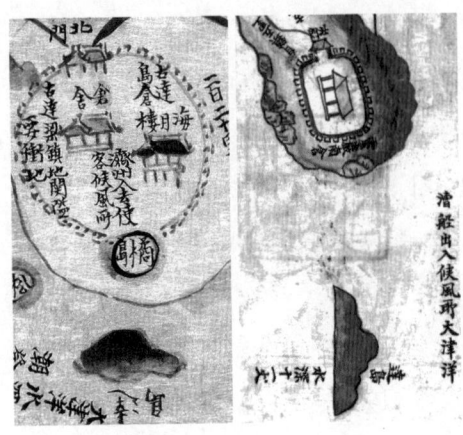

조선후기 달량성 (1872년 지도)

해서 알 수 있다. 18세기 영조대『여지도서』를 보면 영암 관내 18개 면 가운데 북평종면 호수가 읍내면 다음으로 많은 864호였다. 30여 년 뒤 정조대『호구총수』를 보아도 마찬가지 형세였다. 북평종면 호수가 다른 면에 비해 압도적으로 많았다. 이는 '달량권'의 풍부한 경제력과 그로 인한 높은 인구밀도 결과이다.

인구가 많아서 달량은 유통경제가 발달한 곳이었다. 그곳에 시장이 열리고 창고가 들어서 지역경제를 견인했다. 정기시장인 '고달도 장시'란 장시가 개설되어 있었다. 그곳 장시에 추자도 사람이 나와서 쌀과 포목을 산 후 고향으로 돌아가다가 폭풍을 만나 중국까지 표류한 적도 있었다. 그리고 영암 외창으로 이창이라는 창고가 나룻머리에 설치되어 인근 4개 면의 환곡을 관리했다. 그곳 곡물의 대출로 나온 이자가 바람을 기다리는 공무 수행자의 접대비로 사용되었고, 그곳 창고에 보관된 곡물이 제주에 기근이 들 때 제주 사람들 진휼곡으로 투입되기도 했다.

달량은 해상교통의 중심지이자, 한반도의 남해와 서해를 연결하는 해양 방어의 요충지였다. 흥선대원군은 정권을 잡고서 1872년 중앙집권적 통치 체제를 확립하고 정치적 기반을 마련하기 위해서 각 지방의 정보를 수집하고자 '군현 지도' 제작을 명했다. 이리하여 각 군현마다 지역 화가에 의해 회화적 기법으로 지도가 제작되었다. 이 지도는 당시까지 나온 지도 가운데 가장 정교하고, 그러기에 이전에 볼 수 없었던 각종 정보가 지도에 담겨 있다. 그 가운데 영암 고지도에 옛 달량성의 성곽과 성문이 그려져 있고, 성곽 안에 "옛 달량진이 있었던 곳으로 관문이 있는 요충지"라고 적혀 있다. 관문은 일본의 침략에 대비하는 군사시설이라는 말이다.

달도 위로 떠올라 달량 앞바다를 비추는 5월의 따스한 아침 햇살이 사람 키보다 훨씬 높은 성벽에 부딪히며 눈부심을 자아냈다. 군인이 활을 쏠 수 있도록 구멍이 나 있는 성벽 위의 여장(女墻)에 아무도 나와 있지 않은 평화로운 아침이었다. 왜구 때문에 골치를 앓은 고려 말기에 왜구 방어를 위해 달량에 달량진(達梁鎭)이라는 수군진이 설치되었다. 진 보호를 위해 포구의 동쪽 해변에 돌로 아담하게 성을 쌓았다. 성 안에 군사가 배치되고 무기가 비치되어 침입해 오는 왜구를 무찌르게 했다. 진성의 벽은 3~4미터 높이이고, 외벽을 사각형 돌과 막돌로 쌓고 안쪽을 잡석으로 채운 내탁법으로 쌓아 견고한 편이었다. 그러나 산허리에 성을 쌓았기 때문에 만약 적이 성 뒷산의 정상에 올라간다면 성안을 내려다볼 수 있는 허점은 있었다. 성곽의 형태는 사각형이고, 성문은 바다로 나가는 남문과 해남·영암으로 올라가는 북문 두 개가 열려 있었다. 현재 동쪽과 북쪽의 성벽 일부만 남아 있고 모두 민가의 담장으로 이용되고 있다.

전라도 수군도 경상도처럼 좌수군과 우수군으로 편성되었다. 고려 말에 창설된 수군은 조선왕조에 들어와서 더욱 강화되었다. 『경국대전』에 의하면, 좌수군은 주진으로 전임의 정3품 좌수군절도사(좌수사)가 지휘하는 좌수영을 순천에 두었고, 그 아래에 거진으로 첨절제사(첨사)가 지휘하는 사도진을 두었고, 다시 첨사진 아래에 제진으로 만호가 지휘하는 진을 회령포, 달량, 여도, 마도, 녹도, 발포, 돌산포 등 7곳에 두었다. 반면에 우수군은 주진으로 우수군절도사(우수사)가 지휘하는 우수영을 해남에 두고, 그 아래에 거진으로 임치진을 두었고, 다시 그 아래에 만호

진을 검모포, 법성포, 다경포, 목포, 어란포, 군산포, 남도포, 금갑도 등 8곳에 두었다. 전라도 한 도를 좌도와 우도로 나누고 각기 주진—거진—제진으로 이어지는 명령 계통으로 묶어 놓았고, 진관체제에 의해 각 단위 수군은 각기 자기 구역을 정하여 방어하도록 지휘 체계를 수립했다.

수군진의 역할은 적선이 나타나면 끝까지 추격하고 포착하여 육지에 못 오르게 하는 것이다. 그러므로 달량 해역에 적선이 침범하면 달량진 수군이 출동하고, 달량의 힘이 부족하면 수사(水使)의 지휘 아래 인근 진이 즉각 출동하여 구원하게 한 것이다. 그러므로 이때 격퇴를 못한 진장이나 구원을 게을리한 진장은 처벌을 면하기 어려웠다. 바다에 경계가 그어졌고, 경계선에 의해 구역이 정해졌고, 어떤 일이 있어도 자기 구역을 지켜내야만 하는 시스템이었기 때문이다.

만약 적이 육지로 올라오면 그때는 전임의 종2품 병사(兵使)가 책임지고 육군을 거느리고 나가서 싸워 무찔러야 했다. 상륙한 즉시 무찔러야 효과적이었기 때문에 내륙 깊숙한 광주에 있었던 전라병영을 바닷가 가까운 강진으로 1417년(태종 17)에 옮겼다. 그런데 한 도에 수사가 둘일 뿐만 아니라 수사가 병사보다 한 직급 낮아서, 수사끼리 작전을 펼칠 때나 수사와 병사가 함께 할 때마다 혼선이 노출되었다. 이런 여러 쟁점 가운데 수사 지휘권을 일원화하는 문제는 임진왜란 중에 통제사를 설치함으로 해소되었다.

달량진은 처음에는 좌수군 소속이었지만, 가리포진이 신설되면서 우수군 소속으로 바뀌었다. 그러므로 을묘왜란 당시 달량진의 직속상관은 가리포첨사-전라우수사였다. 달량진은 수군진 가운데 최말단 급이고, 종4품 만호가 달량진장으로 파견되었다. 달량만호는 진촌이라는 직영 마을을 통치하고 앞 바다에 있는 섬을 수토(搜討) 하면서, 맹선 2척과 중선 7척 및 군사 5백 19명을 지휘했다. 그러므로 그는 이들 전함을 유지하고,

군인을 확보하여 훈련시키고, 무기를 갖추어서 왜구가 침입했을 때 즉각 출동하여 물리치고, 인근 군진이 공격을 받으면 나가서 구원해야 하는 임무를 띠고 있었다.

　이렇게 수군진이 설치되어 있음에도 불구하고 왜구가 달량과 그 인근을 침략한 적이 여러 번 있었다. 1483년에 왜선 수척이 달량과 청산도에 이르러 상선을 약탈하고, 면포 50필과 미곡 30여 석을 빼앗아 갔으며, 세 사람을 죽이고 일곱 사람에게 부상을 입힌 적이 있었다. 이 일이 일어나자 형조는 자기가 맡은 경내에 왜적이 횡행하여 인명을 살해하는데도 곧 추포하지 못한 죄로 달량만호 남희를 장 4백 대를 치고 강등시켜 변방의 군인으로 삼자고 했다. 이는 왜구가 달량을 직접 공격한 첫 사례로 실록에 수록된 것이다.

　삼포왜란 이후 10년 이상 지난 1522년에도 왜구가 달량을 습격했다. 이 사건은 앞에서 말한 것처럼 충격적이었다. 왜선 15척이 제주도를 거쳐 추자도에 나타나 30여 인을 살상하고 노략질을 자행했다. 보길도에 가서 전복이나 미역을 채취하고 있던 포작간(鮑作干)들의 의복·식량·잡물을 빼앗고 배를 불 질렀다. 그들은 이를 은폐하기 위해 어부들을 불러서 협박했다.

　「너희는 조심하여 이 소식을 전하지 말라!」

　그들의 배 속에는 조선 사람이 있었는데 모두 나오지 않고 소가죽 장막 속에 들어가 숨어 있었다. 왜선은 위로 올라와 한 무리는 서쪽의 진도를 습격하자 남도진과 금갑진 만호가 나가 신기전과 총통을 쏘아대니 그때에서야 물러났다. 다른 무리는 쭉 올라와 장흥 회령포와 완도 가리포를 침범하여 여러 날 접전을 펼쳤으나 조선군은 한 명도 사로잡거나 베지 못하는 졸전으로 그쳤다. 왜적은 여세를 몰아 더 올라와 달량을 침범했다. 왜구 3명이 벌거벗은 몸으로 산 정상에 올라가 크게 외쳤다.

「왜변이 일어났다!」

이 소리에 성 안 사람들이 놀라 넋을 잃고 말았다. 조금 있다가 왜선 12척이 포구로 쳐들어왔다. 80명이 먼저 깃발을 세우고 징과 북을 치면서 상륙하자, 성 안 군사들이 성벽을 굳게 단속하고 화살을 마구 쏘며 또한 포를 쏘았다. 화살이 다 떨어져 버렸다. 바로 그때 한 병사가 거짓말로 외쳤다.

「우도의 수군과 병영 영공(令公)이 군사를 이끌고 곧 오게 된다!」

왜적들은 이 말을 듣고 흩어져 북쪽으로 도망갔다. 이번 왜변은 침범 지역, 선척 규모, 깃발 사용, 우리 말 사용 등 여러 측면에서 당국을 긴장시키기에 충분했다. 깃발은 집단의 상징물이 된다는 점에서 그냥 지나칠 수 없는 대목이다. 이들이 휴대한 깃발의 문양이 하나인지 여러 개인지에 대해서는 알 수 없지만, 12척으로 보아 복수일 가능성이 높아 보인다.

달량 침략 소식을 접한 정부는 "이번의 왜변은 다른 때보다도 심하다"고 인식하고, 이전에 노획한 왜인 화살을 내보이며 "왜인들이 우리 국민을 이처럼 못살게 한다"며 탄식했다. 우도의 수사·우후·수령·만호·첨사 등을 추고해야 하고, 심지어 좌도가 허술해서 그랬으니 그곳 수사 또한 죄가 없을 수 없다는 말까지 나왔다. 이번 사건을 큰 규모의 왜변으로 조선은 인식했다. 그러면 당연히 그들은 누구이고, 누가 왜 시켰을까가 궁금할 수밖에 없었다. 일단 좀도둑은 아니라는 점에 대해서는 모두 의견일치였다. 조선은 대마도 왜인이 아닌 것 같다고 하고, 대마도는 일기도에서 나온 것 같다고 떠넘겼다. 대일 외교 업무를 오랫동안 보아 온 한 관리는 대마도주의 소행으로 보았다.

「일기주(一岐州)는 우리나라와 한없이 멀고 또한 다소 풍요하다고 하니, 이들은 반드시 침입해 오지 않았을 것이고, 이번 일은 반드시 대마도 도주의 소행일 것입니다.」

또 다른 관리는 새로운 예상을 내놓았다.

「그들의 뜻이 경상도에 있으면서도 먼저 전라도에서 발동하는 것 같습니다.」

「경상우도와 대마도의 거리는 매우 가까운데, 이번에 적왜들이 전라도에 침범한 것은 우리나라로 하여금 호남에서 힘을 빼게 해놓은 뒤 실지 속셈은 영남에서 충돌하려는 것입니다.」

대마도의 공격 목표는 종전처럼 경상도였다. 하지만 성동격서 전략에 따라 전라도 침구가 예견되었다. "동쪽[경상도]을 치기 위해 과연 서쪽[전라도]에서 소리 지를까?"하며, 의구심을 갖는 관리가 있었다. 그렇게 생각하지 않고 "정말로 전라도를 침략하지 않을까?"라고 조심스럽게 전망하는 관리들도 많았다.

일본의 전략적 모호성 때문에 조선 정부는 어리둥절했다. 정미약조를 체결하기 전에 일본 국왕사 정사인 안심동당은 왜구가 뒷날 침략할 때 구로(舊路, 대마도~부산)가 아니라 강원·전라도의 길로 들어올 것 같다고 말한 바 있다. 정부 관료는 이 말을 화친의 목적을 달성하기 위한 공갈 협박으로 해석하면서도, 그럴 가능성(전라도를 침범할 가능성)이 없지는 않다고 내다보았다. 실제 정미약조 체결 이후 대마도 왜인은 식량이 부족해서 '왜적'으로부터 조선 바다를 지켜줄 수 없다고 으름장을 놓았다. 명나라 상선 중에 일본인을 이끌고 음모를 꾸미는 자가 매우 많은데 모두 일본의 큰 도둑 무리라고 했다.

명나라 상선에 일본인이 타 있거나 일본 상선에 중국인이 타 있는 등 일본인과 중국인의 연합 해적이 전라도 해역을 횡횡하는 것도 조선 정부의 애를 태우는 외환이었다. 또한 일본을 오가는 중국 배가 조선 해역에서 난파되는 경우도 잦았다. 예를 들면, 중국의 대형 선박이 화물을 가득 싣고 가다 폭풍을 만나 난파되어 흥양 관내로 떠밀려 왔는데, 그곳의 흥양현감·발포만호·여도만호·사도권관 등이 왜인으로 여겨 군사를 이끌고 가서 2백 54명 가운데 절반가량을 베어 죽이고 1백 50여 명을 사로잡은 사건이 발생했다. 이들 변장은 공을 바라고 참살하기에 급급하고 중국인과 왜인을 구분 못 한 죄로 처벌을 받았고, 중국인은 본국으로 송환되었다. 그리고 당시 중국 배인지 일본 배인지를 분간할 수 없는 배가 자주 서해나 남해에 나타났다. 불확실성이 누적되고 있었다.

이를 안 정부는 전라도 방비 강화에 들어갔다. 그에 따라 왜구가 한반도로 들어오는 길목인 완도 가리포에 종3품이 임명되는 첨사진이 설치되어 우수군에 소속시키고 달량진이 가리포진으로 병합되고 말았다. 왜구 상륙을 보다 앞에서 사전에 차단할 필요가 있어 달량에 있는 수군진을 바다와 보다 가까운 전방의 가리포로 옮긴 것이다. 이때 함께 전라좌수영 앞의 돌산도 최남단에 방답진이 신설되었다. 돌산도와 동쪽으로 마주 보고 있는 남해도의 최남단에도 미조항진이 경상우수군 소속으로 신설되었고, 서쪽으로 마주 보고 있는 흥양에 백석포장성·풍안평장성을 신축했다. 왜구들의 전라도 침략이 부쩍 빈번해지면서, 전라도에 수군진·장성이 증설되고 외해 쪽으로 전진 배치되기 시작했다. 불과 10년 전 삼포왜란 이후 경상도 방비를 강화했던 것과 대비되는 모습이다.

가리포진이 신설되었다고 달량진 자체가 바로 없어진 것은 아니었다. 달량진은 위상이 진(鎭)이 아니라 그 아래 급의 보(堡)로, 만호진이 아니라 그 아래 급의 권관진(權管鎭)으로 계속 존치되었다. 최소한의 방어시설도 없이 가리포가 무너진다면 달량 지역에 치명타가 가해지리라고 예상하여, 달량을 권관진 수준으로 남겨 놓고서 왜구의 상륙 차단을 위한 2중 방어벽을 친 것이다.

권관진은 종9품 권관이 파견되는 진이다. 권관은 적이 다니는 길목에 설치된 보와 같은 소형 성곽에 두는 임시 장수이다. 보통 현지인이 권관을 맡기도 하지만, 신규 무과 급제자가 임명되었다. 이순신도 무과 급제 후 함경도에서 권관 생활을 잠깐 한 후 생애 첫 지휘관인 발포만호를 부여받았다. 을묘왜란 2년 전 이준경은 첨사·만호에 나이가 젊고 무재가 있는 출신자(出身者, 무과 급제하고서 아직 벼슬하지 않은 자) 중에서 임명하면 좋지만 자급(資級, 직급에 해당하는 품계)이 미치지 못하니, 나이 젊은 무신을 권관의 칭호로 차출하여 보내는 것이 좋겠다고 했다. 경상도 감군어사도 같은 취지의 건의를 했다. 3정승과 병조판서 등이 모두 동의하면서, 그렇게 하면 법을 안 고쳐도 된다고 조언했다. 마침내 국왕은 "수군의 폐해가 매우 심하니 병조에서 젊고 재주 있는 사람을 미리 뽑아서 첨사·만호·권관에 차임하라"고 명했다.

이에 김헌이 녹도진 권관으로, 노극정이 회령진 권관으로, 김수생이 남도진 권관으로, 그리고 조현이 달량권관으로 임명되어 을묘왜란을 맞았다. 조현(曺顯)은 전라도 능성현(1632년 능주목으로 승격) 사람으로 18세의 나이로 무과에 급제하고서 선전관에 임명되었다. 선전관은 무재가 있고 용맹한 사람을 뽑아 임명했고 나중에 무반의 핵심 인물로 성장했다. 조현은 1555년 21세의 나이로 달량권관에 제수되어 생애 첫 관직을 받고서 을묘왜란을 맞이했다.

3. 철환의 등장

달량포 아낙은 아침 밥상 차리기에 분주하고 사내들은 출어를 서두르고 있었다. 급한 소식과 비상사태를 전하는 봉수(烽燧)와 척후(斥候)는 아무런 움직임도 없었다. 그런데 밤새 주린 배를 채우기 위해 먹을 것을 찾아다니던 개가 갑자기 동작을 멈추고 바다를 향해 세차게 짓기 시작했다. 벌겋게 떠오르는 아침 햇살을 반기는 것이 아니라, 시꺼멓게 몰려드는 돛을 보고서 놀래어 꾸짖는 것이다. 돛대는 배마다 1~3개 서 있으니 돛대마다 펼쳐진 넓은 돛은 배 전체를 가리고 온 바다를 뒤덮었다.

명종이 즉위한 지 10년째 되는 1555년, 을묘년의 5월 11일 이른 아침이다. 대규모 왜구 선단이 달량성 앞 바다에 출몰했다. 그들은 올라오면서 가리포에 들려 그곳 배 만드는 사람을 붙잡아 자기들 배에 오르게 하여 무기를 구경시켜주고 나서 놓아 주었다. 그동안 왜선은 4월에 주로 나왔다. 당시에도 작당한 왜구의 배는 봄이 되면 왔다가 5월 그믐께 들어가며, 다시 8월에 왔다가 10월 그믐께 들어갔다. 그런데 이번에는 예상을 깨고 5월 여름에 나왔다. 그리고 그동안 왜선은 보통 한밤중에 나타났다. 그래서 밤을 타고 출입하며 변방 백성에게 해를 끼친다고 했다. 한밤중 출몰은 동쪽과 서쪽 그리고 북쪽으로 연결되는 봉화를 못 보게 하기 위해서였다. 그런데 이번에는 보란 듯이 대놓고 아침에 침략했다. 왜적은 달량성에 상륙하고서 전라도 서남부를 초토화 시키고 서울까지 바싹 긴장시켰다. 을묘왜란이 발발한 것이다.

을묘왜란의 징조는 전년에 자연의 이상 현상이 말해 주었다. 갑인년(1554) 겨울에 황새가 떼로 날며 싸웠는데 을묘년(1555)에 과연 바닷가를 노략질하는 재앙이 있었고, 지난해 겨울에도 바닷가 고을에 황새의 움직임이 또 갑인년 겨울과 같아서 사람들은 올 여름에도 왜변이 있을까 걱정했는데, 동래에 정박한 대마도 왜노들이 그 욕구를 채우지 못한 것에 분통을 터뜨리며 세 척의 배를 버리고 갔다고 한다. 유희춘이 자신의 일기에 써놓은 내용이다. 황새와 비슷한 예고를 하늘의 별자리도 했다.

「요사이 태백성이 낮에 나타났으니, 이는 곧 전쟁이 일어날 형상입니다.」

태백성은 금성으로 날이 흐리면 낮에 보일 수 있다. 이를 천문학에서 특이한 천변 현상으로 본다.

영남과 호남은 근래 해마다 흉년이 들었다. 그 가운데 바닷가 지역이 유독 심해 고향을 등진 이가 많았다. 군인들도 배고픔을 이기지 못하고 군진을 비우고 군량도 부족해 방비가 허술한 상황이었다. 만약 사변이 있게 되면 적을 방어할 계책이 없어 걱정이라고 했다. 이런 때 왜구가 침략했다. "하늘이 왜적을 도운 것이 아닌가" 하는 한탄을 하게 했다.

그리고 을묘왜란의 계획은 여러 경로를 통해 직간접적으로 조선에 알려졌다. 조선을 오간 막부와 대마도의 외교 수행자들이 2~3년 전부터 여러 차례 말하며 경고했지만, 그것을 조선은 귀담아듣지 않고 '협박성 발언' 정도로 여기어 흘려버렸다.

왜란 발발 전년에 신장(信長)이란 왜관 왜인이 제주도에서 도망쳐 나온 일본 살마주(薩摩州) 왜인을 만났다. 살마주 왜인은 산천의 형세를 잘 알고서 내년 봄바람이 순탄할 적에 크게 병선을 출동하여 명나라를 침략하겠다고 신장에게 공공연히 말했다. 이를 우리 측에 전한 신장은 그들이 뜻을 두고 있는 곳은 명이 아니라 제주도라고 해석해 주었다.

경상도와 전라도의 연해 지역 수장(首長)을 역임한 사람들 가운데 상당수는 을묘왜란 이전부터 왜구의 전면적인 침략을 예상하고 경고한 바 있다. 대마도의 경제난에서, 왜구들의 포악한 성향에서, 출몰한 이들의 이전과 다른 구성에서, 그들의 무장력에서, 잦은 침략설에서 잠재된 위기를 예상했었다.

그러나 대마도 사람들이 어려운 생활을 살고 있는 것과 왜인이 전면적으로 침략하는 것은 다른 문제였다. 그리고 중국을 오가는 왜인이 조선을 침략하는 것도 직접적인 연관성이 없는 문제였다. 당시 조선이 부닥친 상황은 왜구로 돌변한 왜인의 침략을 어떻게 막아내느냐가 아니라, '새로운 문물'의 도래에 어떻게 대처하느냐였다. 왜인은 명나라를 왕래하며 명의 선진문물을 전래 받았고, 새로운 은 제련 기술로 은광을 개발하여 그곳에서 나온 은으로 대중국 무역 결제 수단으로 이용하여 사무역을 증가시켰다. 1516년 무렵 중국에 도래한 포르투갈과도 접촉했고, 스페인 예수회 선교사 사비에르가 1549년 일본에 이르러 기독교를 전파했다. 이러한 일본의 변화를 조선은 여러 차례 목격했고, 그 결과로 눈앞에 나타난 이전과 다른 왜인의 총통이나 선박 등을 통해 위기감까지 감지했다. 그럼에도 불구하고 척신정권의 수뇌부는 왜구의 전면적 침략에 대한 가능성을 한 번도 인정하지 않았고 그 징후를 한 번도 공식적으로 말해 주지 않았다. 알면서도 모른 척했거나 설마 했을 법하다. 알고 안 했으면 '나쁜 정권'이고, 몰랐다면 '무능 정권'이다. 설마 하고서 늘 하던 대로 "왜구는 포악하니 대비에 만전을 기하라"고만 했다.

왜선은 달서봉 앞 바다에 구름처럼 진을 쳤다. 달서봉은 달도 섬의 봉우리이다. 달도는 유자나무가 많아 유자도(柚子島)로도 불리었다. 30년 뒤 전라감사가 되어 순찰 중 달량에 들어온 구봉령이 유자도에 대한 소회를 읊었다.

> 그 옛날 섬 오랑캐 많은 배를 묶어두어
> 지는 해에 요망한 무지개 하늘을 쏘았네.
> 마침내 성이 무너지고 여러 장수 죽어
> 원통한 혼이 만고에 산천을 뒤흔드네.

유자도는 고지도에 귤도(橘島)로도 기록되어 있다. 따뜻한 곳이어서 유자나 귤 등의 남방작물이 자라 그렇게 불리었다.

출몰한 왜선의 숫자에 대해 수십 척, 60척, 70척, 1백 척 등이 보인다. 배가 너무 많아 돛대가 바다를 덮을 지경이었다. 전쟁이 한창인 6월 대마도주 종성장의 별결선(別遣船)이 서계를 가지고 왔다. '적선' 1천여 척이 오도 등의 섬에서 도적질을 한 다음에, 90여 척이 세 무리로 나누어 조선으로 떠났다는 내용이다. 나머지 배들은 자기들이 금단하여 조선으로 향하지 못하게 했다는 말도 들어 있다. 1천 척은 과장이지만, 90척이 침략에 나선 것은 사실이다. 이들 선박은 사람의 지문처럼 아주 촘촘하게 달량 앞 좁은 해협을 시커멓게 메웠다.

왜적의 숫자에 대해서는 6천 명, 1만 명 등이 자료에 보인다. 척당 1백 명 정도 탄 셈이다. 1만 명 수준이면 대규모 침범이다. 근래 없는 대사변이다. 그러므로 을묘왜란은 전면적인 침략 전쟁이다. 국내 학자가 이미 "일본인의 단순한 해적행위가 아니라 선전포고가 없는 전쟁이었다"고 한 것처럼, 왜변이 아니라 왜란인 것이다. 우리는 여태까지 '왜변'으로 불러왔지만, 이제부터는 '왜란'으로 불러야 한다.

이들 선박의 출발지는 대마도주의 말처럼, 구주 서쪽의 오도·평호도 등의 섬이다. 도주가 말하지 않았지만 사국·살마 출신도 있었다. 그리고 도주가 끝까지 숨기고 있지만, 대마도에서 출발한 배도 있었다. 대마도주는 이미 한 달 전 5월에 전쟁이 일어난 사실을 뻔히 알면서, 모른 척하고서 한번 떠보려고 6월에 별결선을 보냈다. 연례로 오는 세견선 외에는 접대를 받지 못한다는 점도 이미 경험했으면서, 별도로 별견선을 보낸 것이다. 그는 이미 을묘왜란 직전에 여러 차례 세견선과 세사미를 종전의 액수대로 회복해 주라고 요청했으나 허락을 받지 못한 바도 있다. 이 교착상태를 타파하기 위한 카드로 오도·평호도 왜구와의 연합작전을 구사하여 조선을 다시 한번 공포에 빠지게 하고자 침략에 동참했다. 침략군 가운데 조선 말을 하는 이가 있었는데, 그는 대마도에서 보낸 길잡이였다. 이 구도에 대해 단성현감 조식이 사직 상소에서 말했다.

「이번에도 대마도의 왜놈들이 일본 본토의 왜적들과 몰래 결탁하여 향도가 되어서, 만고에 전해질 치욕스러운 왜란을 일으킨 것입니다.」

대마도와 오도·평호도의 결탁이지만, 대마도는 그간의 외교적·군사적 경험을 토대로 길잡이 역할을 하고 주력부대는 구주 서쪽에서 바다를 건너서 달도 앞에 이르렀다. 이때는 남동풍이 불어 구주 서쪽에서 전라도 남부까지는 한달음에 건너올 수 있다.

이들이 달도 해상에 온 이유는 달량으로 상륙하여 전라도 내륙으로 쳐들어가기 위해서였다. 전라도는 전국에서 농토가 가장 많은 곳이고, 가장 많은 세곡을 납부하는 곳이다. 그러므로 전라도를 짓밟으면 조선의 충격이 클 것이고, 그 충격의 여파를 타고 서울까지 올라가려고 했다. 대마도의 사자(使者)나 위사(僞使)가 서울을 왕래한 바 있기 때문에 서울에 관한 정보도 이미 확보하고 있어 서울 진격 운운이 결코 허언만은 아니었다.

그들은 두 진영으로 나누어 동쪽 달량포(達梁浦)와 서쪽 이진포(梨津浦)로 접근했다. 달량과 이진은 서로 마주 보고 있으며 크게 소리 지르면 들릴 정도로 가깝다. 그런데 조수(潮水)가 빠지면 바닷물과 육지 사이가 멀거나 갯벌로 연결되기 때문에 왜적은 조수가 빠지는 것을 두려워하여 가까이 오지 못했다. 다만 달량은 조수가 빠지더라도 갯벌 길이가 매우 짧기 때문에 조수를 타고 들어와 성곽 바로 밑에 정박하고서 육지로 올라가기 시작했다. 왜적들은 꼬리에 꼬리를 물고 상륙하면서 창을 휘두르며 칼을 빼 들고 사람에게 덤벼들었다. 상륙에 성공한 왜적은 겁을 주기 위

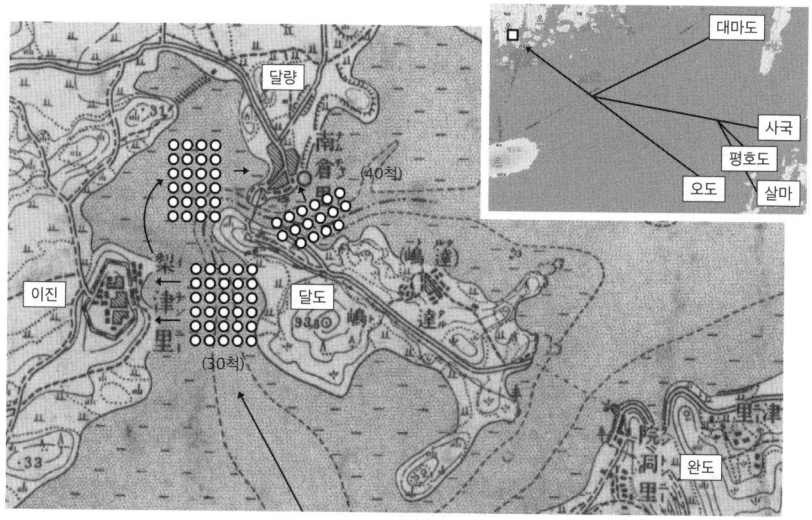

달량성 침략

해 시끄럽게 호각을 불어댔고, 불을 놓아 성 아래 민가를 불태우니 연기가 3일 동안이나 하늘을 뒤덮었다.

이번 왜구의 침략은 이전과 비교하여 달라도 너무 많이 달랐다. 앞에서 말한 것처럼 출몰 월과 시각이 달랐다. 무엇보다 그들의 공격력은 지금까지의 경험을 훨씬 넘어섰다. 우선 선박의 경우, 그동안 왜선 척수가 많아야 10~15척 또는 20척에 불과했지만, 이번은 무려 70척에 이른다. 근래 보기 드문 척수이다. 작심하고 대거 동원한 결과임에 분명하다. 그리고 왕비의 할아버지 영의정 심연원이 아뢰었다.

「전에는 왜선은 얇은 판자로 만들었기 때문에 부수기가 매우 쉬웠는데 지금은 중국인들과 교통하여 배를 아주 견고하게 만들었으므로 총통으로도 부술 수가 없습니다.」

왜적들은 중국의 선진기술을 받아들여 이전과는 달리 견고하고 빠른 배를 만들어 타고 왔다. 2백 명이 승선하는 초대형 선박도 있었다.

불타는 달량성

그리고 무기의 경우, 이전처럼 창, 칼, 방패, 북, 호각, 깃발 등으로 무장했다. 여기에 이전과 달리 주목되는 것이 하나 있다. 바로 왜적들이 포를 쏘는 것이었다.

「또한 왜적들이 사용하는 총통이 극히 교묘하므로 지금은 왜적들을 막기가 그전보다 어렵습니다.」

매우 정교한 총통(銃筒)을 사용하였고 철환(鐵丸)도 가지고 있었다. 총통이란 화약으로 큰 탄환을 쏘는 화포를 말하고, 철환은 총알을 쏘는 것으로 나중에 조총(鳥銃)으로 명명된 개인 화기이다. 이때 이들 철환의 위력에 대해 "명나라 해적으로부터 새로운 총환법(銃丸法)을 배워 한 발에 사람 4~5명을 관통하고 갑옷 2~3겹을 꿰뚫었다"는 기사가 있다.

이렇게 왜적의 무장력은 높아졌지만, 실제 전투력은 약한 편이었다. 공격하면 무너지고 쫓아가면 도망가기 일쑤였고, 조금만 군사적 위엄을 보여도 도망가거나 숨기에 바빴다. 실제 영암과 제주에서의 승리는 효용군(驍勇軍) 10여 명이 먼저 나가 싸운 데에서 얻은 것이다. 그럼에도 불구하고 왜적들이 전라도 남부 곳곳을 멋대로 짓밟은 것은 조선의 장수와 군병들이 두려워하여 움츠리고 물러났기 때문이다.

그렇다고 하더라도 왜적이 가지고 온 총통·철환은 아직 위협적인 살상력을 과시하는 데에는 이르지 않았지만 무서운 공포감을 주어 전쟁의 판도를 바꿀 수 있는 무한한 가능성을 지니고 있다는 점만은 보여주었다. 이미 왜인들은 중국인들과 교통하면서 총통 만드는 법을 전해 배웠다. 그리고 1543년 포르투갈 세력이 구주 최남단의 섬 종자도에 도착해 조총을 전해주었다. 그 결과 조선이 나포한 왜선에 중국산 총통이 들어있었고, 일본인 38명과 중국인 10명이 함께 타고서 중국 남경에서 일본으로 가다가 남풍이 크게 불어 제주도에 표착한 난파선에도 총통이 버려져 있었다. 왜인은 대략 1550년 전후에 화약 병기를 습득하여 보유하고 사용하기 시작했다.

그 결과 1552년 제주도를 침략한 왜인들이 방패를 세우고 철환을 마구 쏘며 강하게 저항했다. 구원하러 갔던 진도군수 조구(趙述)도 어깨에 철환을 맞았다. 그때 상황을 노수신은 "날랜 기병들이 섬멸되고 군영까지 궤멸되고, 활촉을 뽑자마자 이내 화철환을 맞았구려"로 읊었다. 조구가 화살을 쏘자, 왜적들이 철환으로 응수했다.

1553년 왜관에 머물고 있는 신장(信長)이란 왜인이 만든 총통이 제법 정밀하다고 소문났고, 그들의 철환은 조선 병선의 참나무 방패도 관철할 수 있을 만큼 위력적이라고 알려졌다.

1554년 중국을 갔다가 본국으로 돌아가던 왜인들이 제주도를 침략했다. 그들은 출동한 제주 군대를 향해 총통을 쏘며 저항했다.

이상의 세 사례를 통해 당시 일본 내에 총통 사용이 전과는 달리 상당히 활발해지고 있었음을 알 수 있다. 실제 을묘왜란 때 왜적들이 흑산도에 들어와 산다고 하고 초도에서 보리를 심는다고 하며, 심지어는 대장간을 세우고 철환을 만든다고 했다. 이때 우리나라 사람으로 철환에 맞아 즉사한 자가 있었다. 이 정도를 가지고 1555년 을묘왜란 때 왜구들이 보유한 철환의 수량이나 성능을 말한다는 것은 아직 시기상조이다. 1543년에 처음 철포 두 자루가 일본인에게 매입된 후 자체 생산을 시도했지만 실패했고, 그 이듬해 포르투갈 사람에게서 제작 기술을 배웠고, 그 이듬해 1545년에 이르러서야 수십 정을 만들 수 있었다. 따라서 을묘왜란 당시 왜구들이 보유한 철포는 초보적 수준을 벗어날 수 없었다.

화약 무기 개발의 성공적 경험을 지닌 조선도 총통 경쟁에 뛰어들었다. 제주도 사람이 표류 끝에 유구국(현 오키나와)까지 갔다가 송환되어 중국에 이르렀을 때, 복건(福建)에서 중국인이 만든 철환과 화포를 보고서 해전에 이용하면 매우 편리하고 적을 쳐부수는 데 유익할 것이라고 전한 바 있다. 그리고 제주도에 표류해 온 명나라 사람 가운데 총통을 만들 줄 아는 이가 있어 조선 통역관이 배워 익히기도 했다. 이 총통은 화살을 쏘는 것이 아니라 철환을 쏘는 것(조총)이었다. 또한 군기시에서 중국 사람에게서 화포 기술을 전습하여 서울 시내에서 시험 발사를 했다. 총통의 개발·보급과 함께 실전 배치도 서둘렀다. 왜란 전년 제주도에 접근한 황당선과 왜선을 격파한 제주목사 남치근은 총통은 적을 막는데 가장 중요한 무기라면서, 각자(各字) 총통을 내려주기를 조정에 청했다.

동아시아가 화약의 폭발력을 이용해 탄알을 발사하는 신무기 개발에 박차를 가하고 있었다. 문제는 누구의 신무기가 더 위력적인지였다. 그 가운데 전함과 화약 무기를 통한 왜인의 전력은 갈수록 강해지고 있었다. 을묘왜란 후 1559년 전라도 섬에서 싸우다 도망간 왜선은 특이한 모양으로 용(龍)을 그린 큰 기를 세웠다. 빨라서 우수사가 잡지 못했다. 크고 튼튼하여 조선군의 천자총통과 지자총통을 쏘아도 쉽게 부서지지 않았다. 그리고 왜선에 탄 사람들은 철환을 잘 쏘는데 무기가 보통이 아니었다. 방패를 둘러 세우고 철환을 마구 쏘면서 굳게 지키고 나오지 않았다. 조선의 군관과 뱃사공이 또한 철환을 맞아 즉사했고, 조선군의 참나무 방패도 꿰뚫었다. 증강된 전투력으로 무장한 왜선은 조선의 전선을 만나도 조금도 놀라거나 두려워하는 기색이 없이 닻을 내리고 응전했다.

4. 달량성 함락

왜적(倭賊)은 달도 앞에 집결하고서 달량과 이진 두 곳을 통해 상륙에 성공했다. 달량보 군인은 조현 권관의 명령에 의해 모두 성 안으로 들어왔다. 왜적은 넓은 들녘의 벌이나 개미 떼처럼 단일 대오를 형성하여 일제히 그들의 진격을 눈앞에서 가로막고 있는 장애물인 달량성으로 몰려들었다. 사방에서 몰려와 6겹으로 포위하여 성을 공격했다. 달량진은 본래 조그마한 진이어서, 해자는 깊지 않고 성가퀴는 아이들 장난감 같다고 하는 등 진성 규모가 작았다. 성안에 군사가 부족 했고, 계속되는 기근으로 먹을 것도 많지 않았다. 일부 왜적은 달량에서 2킬로미터 이상 떨어진 병영 길목의 홍해 마을까지 진출하여 들판 입구를 막고서 병영군의 구원 길을 끊으려 했다. 조현이 홀로 성을 지키며 성 담장 위에 올라가 화살로 적을 쏘아 맞히며 저지했다.

  달량권관 조현이 고군분투하고 있는 사이에, 조현의 직속상관인 가리포첨사 이세린이 왜적의 출몰을 먼저 목격하고서 그 사실을 곧바로 자신의 직속상관인 병사(兵使)와 우수사(右水使)에게 보고했다. 당시 남방의 지휘 체계는 왜적이 침략해 오면 병사가 육군을 거느리고 나가서 격퇴하게 하는 것이었다. 심지어 병사가 직접 배를 타고 바다로 나가서 싸우면서 수군을 지휘 통솔했다. 이것이 당시 조선군 지휘 체계의 한 단면이다. 그래서 달량 현지에서의 지휘권은 전라병사에게 있었다.

  전라병영은 전라도 57개 군현의 육군을 지휘하는 총사령부로, 광주에서 1417년 강진으로 이설되었다. 전라도에는 육군의 최고 지휘관으로 병마절도사 2인이 있었다. 1인은 '겸병사'라고 하여 감사가 겸했고, 1인은 병사가 맡았다. 병사 휘하에 우후-장교(군관)-병졸이 배치되었다. 병졸은 상비군과 편제군으로 구성되었고, 상비군은 병영성에 상주하는 군인이고 편제군은 유사시 도내 각 군현에서의 징발로 충원되었다.

감사·병사 아래에 전주, 나주, 남원, 장흥, 순천 등 5개의 거진이 있었다. 장흥진관에는 강진, 해남, 진도 등 3개의 제진이 속해 있었다. 거진과 제진의 지휘관은 모두 각 읍 수령이 겸했다. 달량은 행정상 소속처는 영암이지만, 월경지로서 강진과 해남 영역 안에 있기 때문에, 달량에서 전쟁이 발발하면 1차적으로는 해당 지역의 수령인 영암군수(또는 강진현감이나 해남현감)가 지휘관이 되어 대처하고, 2차적으로는 달량이 속한 장흥진관의 최고 지휘관인 장흥부사가 장흥과 예하 군현의 군대로 대처하고, 3차적으로는 전라감사와 전라병사가 도내 5개 진관 군대를 모두 동원하여 대처했다.

2년 전에 부임한 전라병사 원적은, 진관체제에 의해 장교·병졸 2백 명을 거느리고 장흥부사 한온, 영암군수 이덕견과 함께 달량권관 조현을 구원하기 위해 달량성으로 달려갔다. 전라병사가 거느린 장졸은 병영 상비군으로 보아야 할 것이고, 병졸을 지휘하는 군관은 본래 정원이 정해져 있었다. 병졸과 군관 그리고 무기가 얼마나 잘 갖추어져 있었는가에 대해서는 알 수 없다. 왜란 발발 직전에 전라도사를 맡아서 전라병영에 들어온 양응정은 "문 지키는 장병들 모습 씩씩하니, 바다 말끔하고 물결 맑고 잔잔하네"라고 하여, 다소 과장된 듯하지만 용맹스러운 병영군의 활약으로 왜구가 소탕되었음을 표현했다.

가덕첨사로 있던 한온이 작년에 종3품 장흥부사로 임명되었다. 부임한 한온은 기아자를 마음을 다해 구제한 공으로 가자(加資)의 상을 받아 정3품 당상관으로 승진했다. 한온은 전란 발발 소식을 듣고 전라감사의 명으로 가리포로 가려다가 중도에서 원적을 만나 함께 달량으로 갔다. 원적과 한온을 따라온 병사로 사수(射手)가 많았다. 사수란 궁수로 활을 쏘는 병사이다. 동아시아에서 조선의 비교 우위 무기는 맞으면 치명상을 입히는 활이었다. 유희춘이 지은 「왜노를 탄식하다」란 시를 보면, "천 척의 배로 바다 넘어 중국을 침략하고, 한 편지 우리에게 날려 흉포함을 자랑"하던 왜노들도 "이 흉악한 무리 활을 두려워하는데, 한 화살로 둘을 명중해 검붉은 피 흐르네"라고 하여 조선 활을 가장 무서워했다. 한 발로 두 명을 죽이는 파괴력을 자랑했기 때문이다. 이수광은 우리의 편전을 우리나라의 묘기라고 평했다. 쏘면 멀리까지 날아가고 반드시 명중하기 때문이었다. 그래서 여진이나 왜인 모두 조선의 편전을 두려워했고, 조선의 편전과 일본의 조총을 천하제일의 무기라고 평했다.

한편, 45년 전 삼포왜란 때에 돌을 잘 던지는 투석군이 동원되어 적지 않은 공을 세웠다. 그런데 전라도에는 투석 기술을 아는 사람이 거의 없었다. 그래서 활이 없고 활 쏠 줄을 모르는 사람에게 석전(石戰)하는 법을 가르침이 매우 요긴하다고 하여, 안동·경주·김해 등지의 석전을 잘하는 자 30~40명을 뽑아다가 여러 곳에 나누어 보내서 교습하도록 함이 좋겠다는 의견이 제시되었다. 그에 따라 전라도에도 투석군이 양성되고 투석 시험이 치러졌다. 투석군이 던질 돌도 무기의 일환으로 비치되었다. 전라감사 유희춘이 순력 중에 무사의 투석 시험을 보고서 "세상 물정 어두운 선비 끈으로 투석할 줄만 알아, 또한 경오년 삼포왜란 때 왜적 이긴 일을 잇네"라고 읊었다.

병영에서 달량까지는 50킬로미터 정도의 거리이다. 원적이 소식을 듣고 군대를 이끌고 서둘러 갔지만 날이 저물었다. 왜적들이 거짓으로 도망가는 시늉을 했다. 원적은 그들을 즉각 추격하여 제압하지 않고 작은 달량성 안으로 들어가서 방어에 나섰다. 바로 이 점이 원적의 패착으로 두고두고 지적되었다. 이튿날 아침에 적의 무리가 대거 몰려와 성을 포위했다. 성 안의 장졸 가운데 어느 누구도 성 밖으로 나가서 적을 선제공격하려는 자는 없었다. 전라병사와 장교·병졸들이 성 안에서 그들을 굽어보며 활을 쏘는 정도에 그쳤다.

하지만 그들의 나무 활 목궁은 길고도 강했고, 활대의 굵기가 발가락만 같았고, 화살촉도 매우 정교하고 예리했다. 활쏘기도 제법 능했다. 소속별로 대오를 정리하려고 하였던지, 왜적들은 여러 개의 큰 깃발을 성 밑으로 옮겨 땅에 꽂았다. 각각 방패를 지니고서 날뛰며 북을 치고 소리를 질러댔다. 이에 성안의 사람들이 돌로 내리치자, 그들의 깃발과 방패가 더러는 부서지기도 하고 찢어지기도 했다. 여기에서 주목되는 왜군들의 무기가 각자 가지고 있는 방패이다. 조선군 사수의 화살을 막기 위해 각자 방패를 지니고 있었다. 단순 노략질이 아니라 아군의 대응까지 염두에 둔 계획된 침략 행위였다. 이처럼 달량권관 혼자 버티고 있는 달량성을 왜적이 포위하고 있을 때 전라병사, 장흥부사, 영암군수는 재빨리 군병을 모집하여 구원에 나섰다.

그러면 나머지 주변 장수들은 무엇을 했을까? 달량성 안의 장수와는 전혀 다른 모습이었다. 왜란이 벌어지고 있는 달량은 전라우도 지역이다. 우도 수군을 책임지는 곳은 해남에 있는 전라우수영이다. 우수영은 자신의 직할 무장력을 보유하고 있었고, 가리포진, 달량진, 어란진, 남도포진, 금갑도진 등을 속진으로 두고 있다. 전라우수사와 달량권관은 주종관계이기 때문에, 전라우수사 김빈(金贇)은 주장으로서 달량이 포위된 것을 들었을 때 즉시 군사를 거느리고 달려가서 힘을 다해 싸워 구해야 했다. 싸웠다면 적이 포위를 풀 수 있고 적을 부술 수 있었음에도 그는 그렇지 않아 달량 함락을 방치했다. 또한 해남현감 변협이 원적 병사가 포위되었다는 소식을 듣고 가장 먼저 달려가 달량성 외곽에 진을 친 후, 날이 밝으면 나와서 바다에서 공격하여 육지에 있는 자신을 구원하라고 김빈에게 알렸음에도 불구하고, 김빈은 즉시 나아가지 않고 머뭇거려 이남 의병장의 전사를 방치한 혐의도 있다. 그리고 김빈은 겁을 먹은 나머지 중간의 어란포까지만 와서 어란진성이 함락되는 것을 바라보고만 있었다. 게다가 그는 달량성 함락 이후 진도군수 최린(崔潾)과 함께 어란포에서 왜적과 접전을 펼치다 복병을 만나 대패하고 장수 깃발까지 빼앗겼는데, 그 사실마저 숨겼다가 나중에 발각되었다. 그래서 정부 당국자들은 우수영에서 가까운 거리에 있는 달량성으로 군사를 거느리고 달려가서 구원하지 않고 성이 함락되는 것을 보고만 있었다고 하여 김빈을 잡아다가 추문하여 법률대로 다스려야 한다고 했다.

어란포에서 패한 최린은 곧바로 근무지로 돌아와서 진도를 지켜야 했다. 그런데 그는 왜적이 오기도 전에 읍성을 버리고 향리와 자신의 첩을 데리고 달아났다. 온 고을 백성들이 서로 뒤따라 도망하느라 벽파진에서 삼지원에 이르는 바다가 인파로 가득 찼고, 익사자까지 발생했다. 그가 해남으로 건너가니, 온 고을이 텅 비고 말았다.

그리고 광주목사 이희손(李希孫)과 강진현감 홍언성(洪彦誠)은 군사를 거느리고 달량으로 나아가서 구원할 때 미리 겁을 먹고는 달량 가까이 오지도 못했다. 심지어 전투를 피하기 위해 부하들로 하여금 적을 향하여 활을 쏘지 못하도록 금지시켰다. 이후 이들은 강진읍성에 들어갔다가 적병이 압박을 가해오자 성을 버리고 밤중에 도망쳤다.

그러므로 성을 버린 최린, 머뭇거린 김빈, 밤에 달아난 이희손·홍언성 때문에 적들이 승세를 타고 각처의 진에 침입하게 되었다고 당시 사람들은 평가했다. 남쪽 사람들은 후대까지도 통분한 나머지 그들의 살점을 먹고자 한다고까지 했다.

이처럼 왜구가 달량성을 포위하고서 거세게 공격을 가하고 있었다. 그때 주변 장수들 가운데 상당수는 왜구의 기세에 눌리어 벌벌 떤 채 뒤꽁무니를 빼거나 성을 버리고 도망치기까지 했다. 물론 그들은 나중에 처벌을 피할 수 없었고, 역사서는 그들을 붓으로 응징했다. 달량성 구원병은 패하거나 겁먹고 달아났고, 외부의 추가 구원도 지연되고 있었다.

그럼에도 불구하고 전라병사 원적은 적선이 급박하게 몰려오는 것은 생각지도 않고 가지고 있던 군기를 가리포진으로 보냈으며, 어란진이 적로의 요충지라고 생각하여 군사들 가운데 재력이 있는 자를 선발하여 그곳으로 들여보내 방어하게 했다. 이 전술은 커다란 실수를 범하고 말았다.

당시 각 읍의 수군은 정원의 절반인 데가 있는가 하면, 심지어 전원 결원인데도 있었다. 특히 1541년 군적수포제(軍籍收布制) 실시 이후 군역자들이 수군 입역을 고역으로 여기어 돈을 내고 입영하지 않았고, 수령·변장들이 사익을 챙기기 위해 돈을 받고 입역자들을 빼냈기 때문이다. 반면에 활을 잘 쏘는 한량들은 적지 않았다. 이들 한량을 뽑아 병사로 삼으면 정병(精兵)을 얻을 수 있었다. 그래서 정부는 감군어사를 경상·전라 양도에 파견하여 포진의 수군 실태를 점검하고, 활을 잘 쏘는 '능사군'을 조직하도록 했다. 이에 따라 두 도의 변장이 마음대로 하지 못하여 군민이 실제 혜택을 보고 있다는 보고도 있었지만, 그 실효는 여전히 제한적이었다.

여기에 달량보도 그 사정이 예외가 아니었다. 달량보는 토병(土兵)으로 운영되는 곳이다. 토병은 군적(軍籍)에 등록되어 있는 국방 의무자 가운데 일정 기간 차출된 사람들로 구성되었다. 차출된 사람들은 의무복무 기간을 마치면 소집 해제되어 생업에 복귀했다. 그러므로 토병은 지역 출신 사람들이 대다수였고 방어가 목적이었다. 달량보의 경우 편제상 군병은 5백 명이었지만, 실제는 이보다 훨씬 적어 당시 1백여 명도 못 되었다. 그마저도 활을 당길 줄 모르는 이가 많았다. 훈련을 제대로 받지 않았고, 무기도 제대로 갖추지 않았다. 이러한 상황에서 그들은 5월 11일 하루 종일 죽기 살기로 버텼다.

그날 저녁에 원적 휘하의 2백 명 구원군이 입성하여 합류했다. 그들은 군인을 직업으로 하는 군관·무사로 전투를 목적으로 하는 사람이다. 그런데 그들은 들어왔다가 대부분 성을 넘어 몰래 도망쳐 버렸다. 전투가 한창일 때 성 안에 남아 있는 군병은 토병 20명과 구원군 20명뿐이었다. 왜적이 성을 포위한 지 3일째 되어도 구원하러 오는 이 한 사람도 없었다. 결국 왜적에 맞선 건 허약한 비전문 요원 토병들이었고, 전문 전투 요원은 주인공 역할을 못 하고 우왕좌왕까지 했다. 토병은 전투에 투입되기보다는 향후 생업과 군역에 종사해야 하기 때문에 보호받아야 할 존재임에도 희생을 감수해야만 했다.

　왜적들은 달량성을 향해 공세를 강화했다. 3년 전 제주도를 침범한 왜구가 철환(鐵丸)을 제주도 방어군을 향해 마구 쏜 바 있고, 4년 뒤 나타난 왜선에서 쏜 철환에 추격에 나선 군인이 즉사한 바 있다. 이때도 왜적들은 대량 살상 무기인 총통(화포)과 개인 화기인 철환을 쏘았다. 을묘왜란 당시까지만 해도 철환은 그렇게 위협적이지는 않았다. 당시 왜구의 가장 위협적인 공격은 창·칼을 들고 괴성을 지르며 벌떼처럼 달려드는 것이었다.

　5월 13일, 왜적들은 서로 돌아보고 날뛰며 일제히 사다리를 타고 성벽을 넘었다. 성문을 열고 성안으로 난입했다. 3일 만에 성이 함락되고 말았다. 성 안에 있는 사람들을 죄다 도륙했다. 그들은 퇴각하면서 성을 파괴해 버렸다. 이후 달량보마저 혁파되었다. 만호진인 달량진에서 권관진인 달량보로 강등된 사실이 역사 속으로 사라졌다. 이제 달량성은 옛 성이 되어 성가퀴는 허물어진 채 성벽만 남았다. 전라감사 구봉령이 도내 순찰차 이곳에 들어와 묵으면서 "만고의 세월 백전을 치르던 성은 텅 비었네"로 감회를 읊었다. 고부 출신의 김제민도 달량에 갔다. 성가퀴가 무너져 있는 옛 성을 보니, 을묘년에 침입한 왜적에게 아군이 대패하여 거의 다 죽은 일이 떠올라 한 수 읊었다.

무너진 성곽과 부서진 성첩의 잔해를 보고
예전의 달량성을 회상하며 가슴 아파하네.
장군은 먼저 쥐새끼처럼 달아나고
적의 형세는 더욱 기세부리고 방자했네.
몇 고을 양가집의 수많은 어린 아이들
동시에 왜적의 칼끝에 피로 물들였네.
지금에 이르러서도 비바람 부는 밤이면
원통한 울음소리 귤주 옆까지 들린다네.

나중에 옛 성 안에 해월루(海月樓)란 정자가 건립되어 제주로 들어가는 사람들이 바람을 기다리는 곳으로 이용되었다. 해월루에 오르면 남쪽 바다 풍광이 아름다워 시인묵객들이 찾아들었다. 달량보가 사라지고 대신 그 인근에 이진진(梨津鎭)이 설치되어 조선과 운명을 같이 했다.

왜적이 밀어닥치자 권관 조현은 칼을 뽑아 적 30여 급을 참했다. 화살이 다하고 활이 부러지자 몸을 날려 지붕으로 올라가서 잇따라 기와 조각을 던져 무수한 적들을 죽였다. 힘이 다하자 북쪽을 향해 두 번 절을 하고 소리쳤다.

「우리는 여귀(厲鬼)가 되더라도 너희들을 모두 죽이겠다!」

적을 꾸짖는 말이 입에서 끊이지 않았다. 적이 휘두르는 칼에 그만 죽고 말았다. 적은 그의 죽음을 의롭게 여기고서 관을 갖추어 묻고 갔다고 한다. 조선 정부도 2년 뒤 병조참의란 증직을 내려주었다. 나중에 선조는 그를 선양할 것을 명하면서, 가묘에서 제사를 후하게 지내도록 지원해 주었다.

「절의는 국가의 원기이고 우주의 동량이다. 지난 을묘년 왜란 때 변장들이 어떤 사람은 갑옷을 벗고 항복하기도 하고, 어떤 사람은 성을 버리고 달아나기도 하고, 어떤 사람은 머뭇거리면서 진격하지 않기도 했는데, 장흥부사 한온과 달량권관 조현은 홀로 절의를 지키다가 죽었으니 이 두 사람의 늠름한 의기를 내가 매우 가상히 여긴다. 특별히 사제(賜祭)할 일에 대해 대신에게 의논하라.」

이에 따라 그의 마을 앞에 정려가 세워졌다. 그리고 능성 지역민들은 그를 임진왜란 의병장 최경회·문홍헌과 함께 삼충각·포충사에 위패를 모시고 매년 제사를 올렸다.

왜적들이 성에 바짝 다가와 공격을 가할 때 전라병사 원적은 남문을, 장흥부사 한온은 북문을 각각 지켰다. 싸움이 진행되어 전세가 기울어 가자 원적이 한온에게 와서 말했다.

「적이 강성한 기세로 북문을 향하여 오는데 내가 지탱할 수 없으니 어찌하면 좋겠소.」

즉각 한온이 불끈 화를 냈다.

「주장이 한 번 흔들리면 누가 맥이 풀리지 않겠소. 공은 우선 남문에 있으시오, 나는 북문에서 죽으리다.」

그렇게 말하고서 곧바로 북문으로 달려 나갔다. 그런데 적은 원적이 지키고 있는 바다 쪽 남문으로 대거 달려들었다.

원적은 전세가 불리하다고 판단하여 성 위에서 화친(和親)하자는 글을 써서 적에게 보내고, 군사들로 하여금 의복과 갓을 벗어 항복을 표하는 모양을 적에게 보이게 했다. 왜적은 성 안에 화살이 바닥나거나 식량이 다 떨어진 것으로 여기고 총공세를 퍼부었다. 드디어 적이 성 안으로 난입했다. 원적은 아들과 함께 적의 칼날에 죽었다. 몸뚱이와 머리가 둘로 나뉘고 간과 뇌가 땅바닥에 으깨어진 채 죽었다. 처참했다. 장수를 일부러 잔인하게 죽이는 행위는 왜구의 오랜 수법이다. 충격적이었다. 이를 본 사람들은 모두 성을 버리고 도망가기에 급급했다.

사람들은 이 소식을 그의 가족이 들으면 "처자들이 울부짖다 남쪽을 바라보며 가슴을 치고 발을 구를 것이다"고 안타까워 했다. 그러나 앞에서 말한 작은 달량성으로 들어간 것, 외부로 병력을 내보낸 것, 그리고 화친을 하려 한 것은 원적의 실책으로 지적되었다. 이 '실책'으로 원적은 군졸을 무마하여 돌보는 일은 잘하지만, 무재와 방략은 부족한 인물이라는 평을 받게 되었다. 국왕도 "죽어도 죄가 남는다"고 말하며 분함을 삭이지 못했다. "죽었어도 아까울 것이 없습니다"고 말한 사람도 있었다. 마침내 관작 삭탈과 가산 몰수 등 처벌을 받았다. 관작 삭탈만으로 족하다는 반대에도 불구하고 대신들은 가산 몰수를 밀어붙였다. 대신의 밀어붙이기는 국왕 외삼촌 윤원형의 뜻을 맞추는 아첨이었다. 원적의 집은 원주에 있고, 윤원형의 첩 난정의 아버지 또한 원주에 살았는데 그와 갈등이 있었기에, 윤원형이 기필코 가산을 몰수하려고 했다는 설이 나돌았다. 무소불위의 권력을 이용하여 개인적인 감정을 안보나 재판에 분풀이한 게 아니냐는 의심을 샀다.

원적이 죽을 때 병부(兵符)를 잃어버렸다. 병부는 병력을 움직일 수 있는 증표이다. 지름 10센티미터 크기의 원형 목판의 한쪽에 '發兵'이, 다른 한쪽에 지역명이 적혀 있다. 원형을 두 조각 내어 한쪽은 명령을 내리는 자가, 다른 한쪽은 명령을 받는 자가 가져갔다. 한쪽을 가져간 사람은 그것을 가죽 주머니에 넣고 휴대했다. 그러므로 원적에게는 국왕과 본인 사이의 병부 1개, 그리고 본인과 57읍 사이의 병부 57개가 있었다. 그 가운데 10개를 왜란이 끝나고 12월에 구주의 당진 태수가 가지고 와서 바쳤다. 그는 서계에서 사주(四州, 현 四國)의 '적' 1천여 척이 오도에 왔다가, 70여 척이 조선으로 나가 7월 하순에 돌아왔는데 그 가운데 한 척이 당진에 표류했다고 했다. 이대로라면 을묘왜란 때 침략한 70척이 모두 사주 것이라는 말인데 그럴 리가 없다. 당진 태수가 자기 영향력 아래에 있는 평호도나 오도를 빼고 말한 것이다. 그 표류선에는 '왜적' 70여 명이 타고 있어 30명을 목 베고 30명을 물에 빠져 죽게 했고, 죽인 자의 목을 조선에 보내려고 했으나 부패하여 가지고 오지 못했고, 죽은 자 목에 병부가 걸려 있어 그것을 가지고 왔고 나머지 활과 화살 및 토산물은 일반적이기 때문에 그대로 두었다고 했다. 그리고 조선에서 전사한 자의 족당이 조선으로 건너가서 지난날의 치욕을 씻겠다고 하는데, 내년 봄에는 또 조선으로 갈 것이 틀림없다고 했다. 결국 당진태수는 이 왜란에 당진은 개입하지 않았고 오히려 못하게 막았고, '왜적'의 목 대신 병부를 바치고, 내년 침략이 있을 것 같다는 정보를 제공했다. 이 대가로 그는 반입품 대금과 왕복 식량 및 하사품(흑마포 5필, 명주 5필, 채화석 2장)을 챙겼고, '수직(受職)'의 등급을 올려받는 혜택도 받았다. 이에 대해 조선의 예조는 57개 병부가 한 주머니에 들어 있을 텐데 왜 10개만 가지고 왔냐고 물었다. 그에 대한 답은 확인되지 않지만, 병영에서 병부를 탈취한 왜적들이 그것을 목에 거는 부신(符信)으로 알고서 나누어 걸었다가 그 가운데 10명이 당진 사람들에게 발견되어 그것을 모아서 태수가 가지고 온 결과일 것이다.

장흥부사 한온도 자신을 따라온 사수와 함께 많은 적을 죽이다 자신도 죽었다. 한온에 대해 어떤 사람은 죽었다고 하고, 어떤 사람은 도적과 함께 갔다고 하고, 어떤 사람은 평량자를 쓰고 성을 넘어 달아났다고 했다. 그 시체는 끝내 찾지 못하여 의복만으로 장례를 치렀다. 조정에서는 참인지 거짓인지 의아한 상태로 있었는데, 6년이 지난 뒤에 그 처의 상언으로 인하여 2품에 증직되었다. 그러다가 그 이듬해에 명종은 절의를 지키다가 죽었다면서 치제하게 했다.

한온이 죽을 때 함께 온 장흥 사람 백세례도 화살이 다 떨어지고 칼도 부러져 마침내 적에게 살해당하고 말았다. 남원에 있던 그의 아들은 아버지 부음을 듣고 달량으로 달려갔으나, 부친 시신을 찾지 못하여 유의(遺衣)로 장례를 치르고 3년 시묘살이를 했다.

영암군수 이덕견은 항복한 후 애걸하여 살아서 돌아왔다. 하지만 많은 장수와 군인들이 달량 전투에서 죽었다. "병사(兵使)가 죽을 때 정병(精兵)이 모두 살해되었다"고 했다. 그리고 상당히 많은 민간인이 잡혀가고 도륙당했다. 다 기록할 수 없을 정도의 살량(殺掠)이 자행되어 나라 안이 크게 동요했다. 이때 놀란 바닷가 양반들이 언제 닥칠지 모르는 화를 피하고자 내륙 지역으로 거처를 옮겼다. 그리고 이 소식으로 서울 민심이 동요하자 서울에 계엄령이 선포되었다. 이 점에 대해 나중에 신흠은 다음과 같이 말했다.

「(왜구가) 명묘 을묘년에 전라도를 노략하면서 달량·장흥·영암·어란포·마도·강진·가리포를 함락하고 병사 원적 등을 죽이니 서울에 계엄이 걸렸다.」

그런데 이 참혹한 전란의 책임은 고스란히 전라병사 원적의 작전 실패로 돌아갔다. 이 점에 대해 명종이 말했다.

「달량의 함락은 원적 때문이다. 원적이 당초에 외로운 군사를 이끌고 작은 보(堡)에 들어간 것도 이미 실책이었거니와, 포위당한 뒤에 있어서도 갑자기 항복을 청하다 마침내 함락당하게 된 것이다.」

백광훈은 "장군은 계책이 졸렬하여 포위당하길 자초했으니"라고 읊었다. 원적에 대한 원성이 자자했다. 이리하여 왜적은 5월 중순부터 6월 하순까지 약 한 달 반 동안이나 전라도 남해지방의 섬들과 연해에 침입하여 살인과 방화 및 약탈을 감행하다 퇴각했다. 전라도 길에는 조선인의 흔적이 끊겨 오직 왜적의 발자국만 찍혀 있었다.

5. 진도 사람 피란

왜적들은 달량성을 무너트린 뒤, 거기에서 나와 해로 두 길과 육로 두 길 등 모두 네 갈래 길로 나누어 흩어졌다. 해로의 한 무리는 손가락으로 우도(右道)를 가리키며 그곳으로 향했다. 외양을 따라 서북쪽으로 올라가 해남의 어란진을 점령하고서, 그곳에 와 있는 우수사 김빈이 거느린 수군을 격파했다. 그들은 이어 어란진을 마주 보고 있는 서쪽의 진도 금갑진과 남도진을 공격했다. 남도만호 송중기가 해남현감 변협과 함께 해남성을 지키기 위해 해남으로 나가 있는 사이에, 왜적이 남도진과 금갑진에 상륙하여 두 진성을 모두 불태워버렸다. 그들은 상륙하여 곧바로 진도 안으로 쳐들어왔다. 진도군수 최린은 왜적이 달량성을 함락하자, 미리 겁을 먹고 적이 경내에 들어오기도 전에 관속을 거느리고 진도읍성을 빠져나와 도망치는 바람에 진도 전역은 무주공산이 되어버렸다. 최린은 자신만 보전할 생각에 첩을 데리고 도망쳤다는 혐의도 받았다.

왜적들은 진도 안으로 들어와서 곳곳을 헤집고 다니며 온갖 만행을 저질렀다. 진도를 쑥밭으로 만들어버렸다. 읍성을 정복하고서 관청에 보관되어 있던 소금과 세금으로 거둔 포목 등을 모두 불 지르고 약탈했다. 진도 군인들 가운데는 방어소에서 갑자기 탈출하여 집으로 돌아와서 처자의 손에서 죽는 것이 다행이라고 하면서 스스로 목을 베어 죽는 이가 있었는데 그 수가 매우 많았다고 한다. 이대로 있다가는 섬 안에 갇혀서 몰살될 위기였다. 하는 수 없이 진도 사람들은 섬 밖으로 도망쳐 피하기 시작했다. 서로 다투어 나오려다 물에 빠져 죽은 이도 있었다. 모두 나와서 온 섬이 텅 비어 버렸다. 진도는 고려 말 왜구 때문에 출륙하여 80여 년간 나주·영암·해남 등지를 떠돌다 세종 때 되돌아간 적이 있다. 그런데 120년 만에 또다시 고향을 뜨는 비운을 맞게 되었다.

왜적에 의해 달량성이 무너진 소식이 5월 13일 당일 진도에 전해졌다. 진도 사람들이 놀라서 바다 밖으로 탈출하기 시작했다. 이때 지산면의 바닷가 안치(鞍峙) 마을에서 유배 생활하고 있는 노수신(盧守愼)도 진도 사람들과 함께 피란 길에 올랐다.

노수신은 1545년 을사사화 때 인종 편에 섰다는 이유로 문신의 인사행정을 담당하는 이조정랑 자리에서 파직되어 전라도 순천으로 유배되었다. 그런데 2년 뒤 1547년 양재역(현 서울 서초 양재동)의 벽에 붉은 글씨로 쓴 "여주(女主)가 위에서 정권을 잡고 간신 이기(李芑) 등이 아래서 권세를 농간하고 있으니, 나라가 장차 망할 것을 서서 기다릴 수 있게 되었다. 어찌 한심하지 않은가? 중추월 그믐 날"이라는 익명의 글이 걸렸다. '여주'는 수렴청정으로 국정을 농단하고 있는 명종의 어머니 문정왕후이다. 문정왕후 때문에 나라가 망할 것이라는 충격적인 글이 걸린 것이다. 이 '양재역 벽서' 사건을 계기로 명종은 이미 처벌받은 사람을 가중하거나 새로운 사람을 찾아내어 처벌했다. 사화가 확대되어 송인수 등이 사사, 이언적 등이 극변안치, 노수신·유희춘 등이 절도안치, 권응정 등이 원방부처, 권벌 등이 중도부처 되었다. 집권 훈척만 남겨 놓고 잔존 사림 세력을 궤멸시킬 심상이었다. 여기에 노수신도 연루되어 진도로 이배되어 19년간 귀양살이를 했다. 노수신은 경상도 상주 출신으로, 1534년에 생원시와 진사시에 연거푸 합격했고, 1543년에 문과에 장원 급제한 인물이다. 성리학을 깊게 연구한 학자이기도 하다.

노수신은 처음에는 사람들이 탈출해도 도망친 군수가 읍성으로 돌아올 것을 기대하고서 안치 마을에 그대로 머물러 있었다. 그런데 밤에 수성군이 무너져 모두 죽임을 당했고, 쳐들어온 왜구에 의해 성 안이 도륙되고 말았다. "적들이 또 쳐들어온다"는 보고가 전해지자, 섬 안 사람들이 크게 놀라 어지러이 흩어졌다. 피난 갈 마음을 먹지 않을 수 없었다.

노수신은 배를 안치 마을 앞의 소포(素浦) 포구에 대놓고, 날이 밝기 전에 어둠을 뚫고 마을 뒤로 조금 떨어진 해발 327미터 지력산(智力山)으로 들어갔다. 걸음이 느린 어린애는 '아버지'와 멀어진 것을 원망하여 왜 조금 천천히 가지 않는지 불평이었다. 종은 오랜 시간 지체될까 의심하고, 여종은 길이 조금이라도 어긋날까 두려워했다. 정배된 죄인의 몸이지만, '가족'이 있고 노비도 딸려 있었다. 그들 일행은 앞뒤에서 서로 쓰러지고 넘어지곤 하면서 그윽하고 깊숙한 골짜기의 무성한 숲속으로 들어갔다. 의관을 정제하고 소나무 밑동에 앉아서 불어오는 동풍을 마주하니 밀려오는 슬픔을 억제할 수가 없었다.

일단 산으로 들어가 몸을 숨겼지만, 왜적이 추격하지 않을까 전전긍긍할 수밖에 없었다. 교대로 산꼭대기에 올라가 적의 동태를 살폈고, 샛길로 소포 포구로 내려가서 뱃사공에게 상황을 물었다. 안개가 걷히자 멀리 보이는 어란진은 왜적의 방화로 타는 연기가 하늘에 가득 차 있었다. 머리를 숙이면 대삿갓이 꺾이고 발을 들면 짚신이 가시에 찔려 지척을 분간 못할 정도의 무성한 넝쿨을 헤치고 지력사(智力寺) 절에 당도하여 승방에 투숙했다. 18일 절 승려와 의논한 끝에 좌수(座首)와 향리(鄕吏)에게 편지를 적어 급히 보냈다.

「원컨대 서로 만나서 나누어 방수할 것을 모의하고, 의병(疑兵)을 많이 만들어 배치하여 다행히 소수의 왜구라도 막아내면 좋겠다. 또한 이 근방에는 방수하는 데에 따라가고자 하는 한두 촌부(村夫)도 있다. 이런 뜻이 어떠한가?」

끝내 답이 없었다. 참으로 개탄할 뿐이었다. 종이 빨리 바다로 나가자고 권했다. 적들의 공세가 매우 사나우니 지금은 머무르거나 가거나 두 쪽 모두 안위(安危)는 똑같았다. 그렇다고 가만히 앉아서 욕을 당할 수도 없었다. 한 치 앞을 기약할 수 없는 상황이었다. 마침내 노수신은 종에게 "네 말이 맞다"고 하고서 출도를 결심했다. 한 가지 걸리는 게 있었다. 왕명도 없이 배소를 떠나는 것이었다. 죄인은 왕명에 의해 얽매여 있는 몸이기 때문이었다.

 23일 사찰의 부엌 노파는 길 떠나는 이들을 위해 기장밥을 쪘다. 이웃 노인은 옷소매를 붙잡고 이별을 아쉬워했다. 노수신은 자신의 종과 여종, 절의 승려, 진도군의 좌수·아전 등과 함께 새벽에 절을 떠났다. 벽파진(碧波津)을 거쳐 해남으로 나왔다. 벽파진은 섬 진도와 육지 해남을 오가는 나루이다. 전대에 양식을 넣고, 항아리에 젓갈을 담아서 길을 나섰다. 가는 길에서 만난 해남 사람들이 적의 만행을 알려주자 기가 막혀 말을 못할 지경이었다. 곳곳마다 적의 분탕질을 당한 뒤라 눈을 들어볼 수가 없었다. 한낮에야 우수영에 당도하여 보니 지키고 있는 자는 비장(裨將)이었는데 몹시 허둥거리며 군영을 지킬 뜻은 없고 우선 달아나고자 말에 기대어 서 있었다.

 24일 목장이 있는 황원(黃原)으로 들어가서 두어 칸의 띠집 촌사의 처마에서 잠을 잤다. 일행의 늙은 승려가 밥그릇이 없다며 버려진 기와 조각으로 밥을 얻어 왔다.

 25일 날이 밝기 전에 출발하여 다음 날 아침에 등산(藤山) 나루에 당도했다. 등산 나루는 해남에서 목포로 건너가는 곳이다. 그런데 나루에 바다를 건네줄 배가 없어 사람들이 모두 위태롭게 여겼다. 석양 무렵에야 겨우 배를 구해 가까스로 몸을 실었다. 배에 올라타기 직전에 왜적의 머리를 베어 손에 든 역졸(驛卒)이 달려오므로, 그를 통해 평안하다는 소식만을 적어서 광주에 있는 아우에게 부쳤다. 바다를 건너는 도중에 배한 척과 서로 마주쳤는데 그 안에 두 노복이 타고 있었다. 잠깐 사이에 멀어져 버려 말을 걸지는 못했지만, 노수신은 자신을 찾아온 노복을 발견하고서 반가움을 형언할 수 없었다.

등산 나루를 건너 목포에 이르렀다. 목포는 만호가 다스리는 수군진이 설치되어 있는 곳이다. 지친 군졸 수십 명은 다 두려워 벌벌 떨고 있고, 부서진 배 두세 척은 절반쯤 바다에 가라앉아 있었다. 만호는 아는 사람이어서 술과 밥으로 다정하게 대접해 주었다. 말꼴까지 제공하는 성의를 베풀어 주었다. 밤중에 깊은 골짜기의 등불도 없는 캄캄한 노파 집에 들어가서, 일행 모두는 밥도 못 먹은 채 처마에 몸을 의지했다.

26일 새벽에 무안으로 가다 길에서 궁시(弓矢)를 갖추고 잠시 머물러 있던 기사(騎士) 두어 사람을 만났다. 그들은 한참 동안 함부로 다닌다며 노수신 일행의 출행 경위를 힐책하고야 떠났다. 정오에 무안현에 당도했다. 현감 최원(崔遠)이 읍성 남문 아래에 앉아서 간소한 술자리를 벌이고 있었다. 그는 노수신을 보고서 누각에 올라오라고 청하고서, 술과 밥을 베풀어 주고 노자를 주고 말까지 빌려주었다. 주식(酒食)이 현감에게 약소할 수 있지만, 힘겨운 피난길에 오른 노수신에겐 정말 값진 것이 아닐 수 없었다.

저물녘에 함평현에 당도했다. 10년 전에 만났던 현감 유응두(柳應斗)가 나와서 영접해주었다. 성균관 유생으로 서로 교유했던 옛날 일을 번갈아 가며 이야기를 나누었다. 향리들은 비렁뱅이 모습을 한 노수신을 보고 서로 비웃지만, 현감은 적을 피해 도망해 온 친구를 '불쌍히' 여겨 음식과 의복을 베풀어 주고 객관(客館)의 서쪽 별실에 숙소를 정해 주었다. 다음 날 영암에서 돌아오는 정탐군을 만나서 적군의 영암성 포위가 해제되었다는 소식을 들었다. 왜적 백여 명의 머리를 베었고, 영암성의 세 겹 포위망을 해제시켰는데, 모두 전주부윤 이윤경의 힘이었다고 전해주었다. 이윤경은 노수신의 장인 이연경과 사촌간이다. 두 노복이 뒤따라와서 아우 노극신(盧克愼)의 편지를 전해주었다. 노수신은 동생 생각에 한 수 읊었다.

유월을 당하여 한 지방 소식이 꽉 막히니
두 어버이께서는 눈물을 흘리시겠지.
병란이 끝나서 군졸과 백성이 쉬게 되거든
곧장 그날로 우리 형제가 만나게 되련만.

6월 6일 저물녘에 비가 오는데 함평현감에게 두 편의 시를 주고 작별 인사를 나누었다. 10여 일 머문 함평을 출발하여 나주성 아래에 이르렀다. 나주에 주둔하고 있는 도순찰사 이준경의 아들인 이예열(李禮悅)이 음식물을 보내 주고 나와서 만나 보았다. 가고 또 가도 밭둑들은 다 황폐해졌고, 곳곳마다 다친 사람들은 신음하고 있었다.

비가 와서 이틀을 머물고 8일 나주를 떠났다. 극락진(極樂津)을 건너서 광주성 아래에 당도했다. 광주는 노수신의 관향이니 감회가 남다를 수밖에 없었다. 아우 노극신을 만나서 서로 술을 마시고 한 이불을 덮고 자는 형제의 정을 나누었다. 만남의 기쁨은 잠시, 형은 아우에게 빨리 돌아가 부모님을 시봉하라고 재촉했다. 아우는 이미 4월에 진도에 와서 형을 만난 적이 있다. 그때 형은 녹진까지 나와서 나룻배로 바닷물을 건너 육지 해남으로 들어가는 아우를 전송했다. 아우는 그때부터 지금까지 광주에 머물러 있었다.

유배 중인 사람이 큰 고을에 머무르는 것은 온당하지 못한 일이라 여기고서 길을 출발하여 담양으로 갔다. 저녁에는 순창에 머물렀는데, 진사시 동기인 군수 임회(林薈)가 나와서 만나 보고 간소한 주연을 베풀어 주었다. 12일 강천사(剛泉寺)로 들어갔다. 칼날 같은 봉우리들, 깊고도 깊은 겹겹이 가파른 절벽, 차갑게 콸콸 흐르는 냇물의 처량한 소리, 계곡 아래 수많은 단풍나무 잎새의 정취에 취해 피란민임을 잠시 잊고 말았다. 노수신은 그 정취를 "달밤에 물빛이 누각에 환히 비칠 때면, 잠시 근심거리를 떨쳐 버릴 수도 있다오"로 읊었다. 같은 사림의 길을 걷다 을사사화로 관직을 사양하고 순창 관내의 점암촌에 우거하며 학문을 연구하고 제자를 양성하고 있는 김인후의 시를 순창 사람 설당(薛瑭)이 가지고 왔다. 전횡을 저지르고 있는 척신의 시대도 언제가는 사라질 것이고, 그때가 되면 서로 만나 뵐 수 있으리라면서 "아, 내가 왜적을 피해 나온 처음이, 을묘년 오월이었네"로 시작하는 화답시를 지어 보냈다. 준(峻)이란 법호를 가진 승려를 찾아갔으나 만나지 못하자, 돌아가려니 마음에 간절한 그리움이 생기어 시를 기왓장에 적어 두었다. 전부터 알던 사람 서봉(徐鳳)과 조정(趙珽)을 만나 서로 바라보며 회포를 토로했다. 생원시 동기인 설당이 초대하자 10여 리 떨어진 그의 집 환취당(環翠堂)으로 가서 술을 마시고 거문고를 타고 노래까지 불렀다. 성균관 유생을 거치고 진사시·생원시·문과 시험을 합격하니 곳곳에 동기가 포진되어 있어 이 어려운 난국에 큰 힘이 되었다.

　6월 21일은 전라도 육지를 이미 떠난 왜적이 남해를 떠돌다 제주도에 나타난 날이다. 이런 상황을 노수신도 어느 정도 알고 있었다. 그러기에 진도로 돌아갈 때가 되었다고 판단하여 저물녘에 옥과로 향했다. 그리고 광주로 들어와서 성 안에 오래 있는 것이 불편하다고 여기어 증심사(證心寺)를 찾아가 아우 노극신과 함께 잤다. "전쟁터 뿌연 먼지 속을 헤매다가, 푸른 산 맑은 물 앞에 와서 쉬었네"라고 읊었다. 28일 마침내 아우와 작별했다. 그리고 다시 남쪽으로 발길을 돌렸다.

　7월 8일 영암에 이르렀다. 월출산 가에서 옛날 서울에서 알던 사람을 만났다. 벌써 자미화(紫薇花)가 피었다. 이를 읊어 달라고 하기에 한 수를 지어 주었다. 주면서 조정의 간신배들이 혹시 시 속의 내용을 트집 잡지는 않을지 걱정했다. 그들은 쥐꼬리만 한 단서만 나와도 탈탈 털어 사정없이 역모로 엮었기 때문이다. 그리고 도갑사(道岬寺)에 올라갔는데, 절이 웅장하고 미려했다. 도갑사 인근 구림 출신의 최경창(崔慶昌)을 초대해서 그와 술을 마시고 함께 잤다. 17세의 최경창은 을묘왜란 때 배를 타고 피란을 가다 왜적에게 포위되었는데 구슬픈 통소 소리로 왜적들을 감동시켜 물러나게 했다는 일화가 전하고, 「을묘 난 후」란 시를 지어 영암성 전투 직후의 모습을 "장수는 외로이 신묘한 계책을 발휘했고, 변방 성은 전토로 뼈만 나뒹굴고"로 읊었다.

강진과 해남의 갈림길 석제원(石梯院)에 이르자, '양재역 벽서' 사건에 연루되어 강진에 유배되어 있는 윤강원(尹剛元)이 먼저 와 있었다. 서로 둘러앉아 놀다가 함께 잤다. 친구가 만류했지만, 하룻밤만 자고 아쉬움을 뒤로 한 채 진도로 발길을 돌렸다. 해남으로 들어가 현감 변협(邊協)을 만났다. 시를 요구하므로 두 수를 지어 주었다. 처음 만난 변협을 기개가 넘치고 풍류를 안다고 평하면서, 그의 치적을 "고을 다스림엔 누가 좋은 명성 독차지했나, 변방 방수하는 데는 나 홀로 어질었구려"로 추켜세웠다. 그의 치적으로 인하여 해남현이 끝내 안전하게 지켜졌고, 서남 지방 군졸의 신망도 독차지했다고 칭찬했다. 그러니 노수신 자신도 다시 한번 축하한다고 했다.

딱 한 번 한나절 만난 적 있는 강진 사람 이후백(李後白)이 시를 부쳐주자, 차운해 주었다. 이후백은 이 해에 문과에 급제하고서, 뒷날 사림 정권 탄생에 기여하고 선조 때 이조판서와 대제학 등 고위직을 역임한 인물이다. 노수신은 삼촌(三寸) 마을에 이르러 잤다. 삼촌은 옛날 진도 사람들이 출륙하여 한때 머물렀던 곳이다. 오다가 적량원(赤良院)에서 쉬고, 마침내 진도로 들어가는 나루인 삼지원(三支院)에 이르렀다. 다행히 양쪽 나루가 온전하여 바다를 무사히 건너서 벽파진에 이르렀다. 벽파정 정자에 올라가 밥을 먹고 홀로 술을 마셨다. 이날이 7월 19일이다. 소회를 읊지 않을 수 없었다.

나그네가 왜구의 난리를 피해 나갔다가
허둥지둥 진도의 배소로 돌아가면서.
아침에는 적량원에 들러 쉬고
낮에는 벽파정에 올라와 보니.
고을은 파괴됐지만 관량은 남아 있는데
악한 기운 그득하니 해와 달도 침침하네.
나룻가에서 두어 잔 술을 마시면서
깨어 있던 고인을 길이 조소하노라.

노수신은 5월 13일 배소 안치를 출발하여 지력산, 벽파진, 해남, 목포, 무안, 함평, 나주, 광주, 순창, 옥과, 광주, 영암, 강진, 해남을 거쳐 7월 19일 벽파정에 이르렀다. 무려 67일간의 힘든 피란 생활이었다. 그는

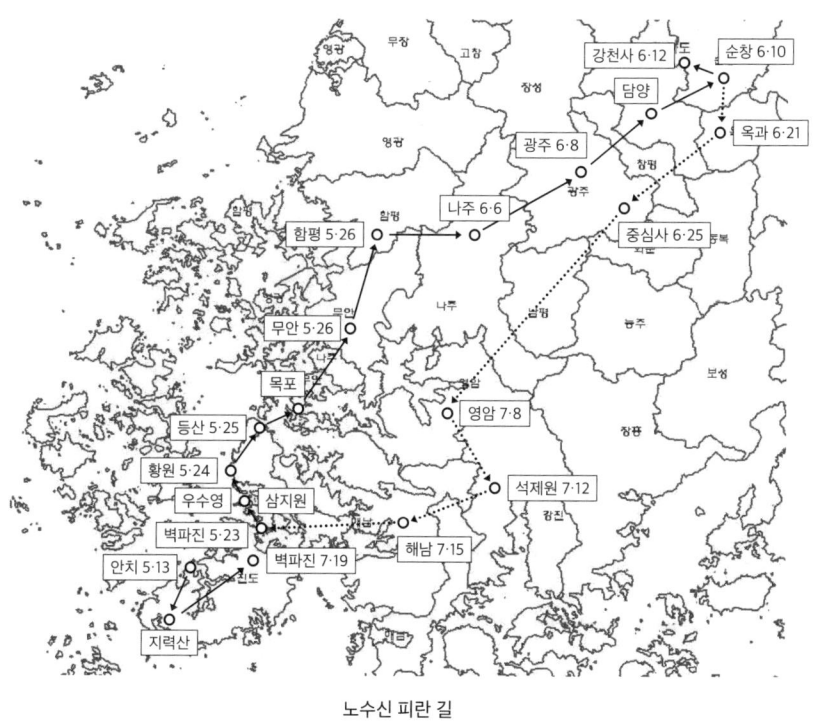

노수신 피란 길

이 고행길을 47수의 시로 읊었고, 그 시를 별도로 묶어서「피구록(避寇錄)」 이라 이름했다.

「피구록」은 피란의 행로와 감회를 기록한 것이지만, 을묘왜란의 원인과 대처에 대한 자신의 견해도 제시되어 있다. 왜인이 지난번에 만서(蠻書)를 보낸 건 속임수였는데, 조정의 계책은 아무리 생각해도 걱정스러웠다. 그동안 화의에 버릇되어 교활한 왜인에게 돈을 줬으니, 참으로 어린이의 장난 같은 행태였다. 그래서 그는 왜란을 이미 예상했는데, 이 점에 대해 "내 속으론 진작부터 을묘년을 걱정했더니, 국가의 액운도 마침 을묘년에 겪게 되었구려"라고 읊었다. 그러니 왜적이 이르렀을 땐 이미 때가 늦었다. 우리가 군대를 일으켰으나 왜적은 썩은 나뭇가지 꺾듯 전라병사 원적을 쳐 죽였고, 수비가 와해 되어 많은 장졸이 피를 흘리었다. 그 여파로 자신이 살고 있는 진도의 군수는 한밤중에 도망가 버렸고, 성 안의 마을들은 하룻밤에 텅 비어 버렸다. 가까운 마을에서 이미 병화가 일어난 걸 보고, 사람들은 여러 고을로 병화가 번져 가리라 짐작했다. 특히 나주는 급박하여 모두가 패할 줄 알았고 영암은 위급했으나 다행히 물리쳤다. 왜적이 승승장구하여 탐욕을 다 채우고는 기세가 약간 꺾이자 뱃머리를 돌리었다. 이제 참으로 국가를 튼튼하게 하려면 응당 본말을 충실하게 해야 하고, 먼저 윗사람의 일에 죽는 의리를 알아야만 바야흐로 군왕께 충성을 다하게 되거니와, 겸하여 토지의 생산을 풍요롭게 해야만 인심이 서로 융화하게 할 수 있으리라 하였다. 노수신 본인은 붓을 던지고 무예를 배우기는 어렵지만, 오직 바라는 것은 세도가 태평해지길 희망하는 것이고 가장 큰 소원은 해가 풍년 드는 거라고 했다.

4장
의병의 탄생

1. 치마 돌격대

해로의 또 다른 무리는 달량에서 남쪽 아래로 내려가서 완도 가리포진, 강진 마도진, 장흥 회령포진, 흥양 녹도진 등의 수군진을 차례로 공격했다.

가리포 진성은 성벽이 다른 진성보다 높고 견고하여 백만 군대라도 함락하기 어렵고 분탕할 수 없다고 알려진 곳이다. 그런데 왜선이 5월 27일 가리포에 들어와서 정박하자 첨사 이세린이 외롭고 약하여 지탱할 수 없다고 여기고 성문 밖으로 나가 10리 밖 산에 올라가 바위 굴에 숨어버렸다. 이튿날 적이 성 안으로 들어와 관아와 창고들을 모조리 불 지르고, 군기와 함께 군량 1백 석을 꺼내 배에 실었고, 병선을 불태웠으며 일부는 빼앗아 갔다. 이세린은 "장수가 될 만 한 사람"이나 "용맹스러운 장수"로 알려진 인물이지만, 진을 버린 죄로 처벌을 피할 수 없었다.

왜선은 동쪽으로 향하여 강진 마도진을 들어가니, 진장 홍수양은 강진읍성을 지키러 나가고 없는 상태였다. 그들은 아주 손쉽게 마도진을 털어갔다.

　장흥 회령진으로 가서 정박하니, 진장 노극정 또한 성문 밖으로 달아나 버렸다. 적들이 성을 세 겹으로 포위했다가 성 안으로 넘어 들어가 드디어 불태워 버렸다. 노극정은 성을 버리고 군사를 잃어버린 죄로 처벌을 받았다. 좌도 수군이 바람에 초목 쓰러지듯 무너지고 있었다.

　왜선은 계속 동쪽으로 나가서, 6월 9일 홍양현(현 고홍군) 녹도진성을 바다에서 포위했다. 그들 규모는 대략 50척 정도 되었다. 녹도진은 만호가 파견된 수군진이고 진성은 둘레가 1천 4백 척이다. 홍양현감 신지상과 녹도권관 김헌이 함께 왜적이 상륙하지 못하도록 성을 지켰다. 위협을 느끼어 오후 2시 무렵, 도주하는 왜적을 추격하여 홍양 읍내에 이르러 있는 좌도방어사 남치근과 전라병사 조안국에게 구원을 요청했다. 날이 저물지 않았는데도, 남치근·조안국은 30리 떨어진 홍양 읍내에 있으면서 즉각 달려가 구원하지 않았다. 그다음 날 해가 돋아 밝아올 무렵에야 좌도방어사 남치근이 대군(大軍)을 거느리고 당도하자, 적들은 드디어 포위를 풀고 도망가 버렸다. 도망갔다는 소식을 들은 도순찰사 이준경은 애석해하지 않을 수 없었다.

　「천자총통과 지자총통이 없어서 적선을 부수어버리지 못하고 그대로 도망가게 만들었으니 매우 통분스럽다.」

　천자총통은 당시 화포 가운데 가장 큰 것으로, 대장군전이란 화살을 1천 2백 보까지, 수철연환이란 총알을 10여 리까지 날릴 수 있는 강력한 위력을 자랑했다. 지자총통은 천자총통 다음의 위력을 지닌 것이다. 당시 조선군이 천자와 지자 총통을 사용했지만, 그 수가 많지 않아 필요할 때 투입하지 못한 한계가 있었음을 알 수 있다.

　녹도에서 도망쳐 나온 왜선 가운데 28척이 녹도 관할의 금당도로 가서 정박했다. 남치근이 전라병사·전라좌수사와 함께 전함 60여 척을 가지고 세 부대로 나누어 60리를 추격했다. 왜선을 향하여 화살을 퍼붓자, 전위에 섰던 왜선은 견디지 못하고 먼저 패주했고, 후위에 섰던 2척에 대하여 난사(亂射)하자 거기에 탔던 왜적들은 거의 모두 화살을 맞고서 한 배에 합쳐 타고 나머지 배를 버리고 도망갔다. 남치근은 날이 저물어 군사들을 거느리고 그대로 돌아왔다. 이때 남치근 일행이 거느린 배 가운데는 '몽충전함(蒙衝戰艦)'이 있었다. 이는 선체가 3층으로 되어 있었다. 1층은 식량이나 화물을 싣고, 2층은 노를 젓고, 3층은 활을 쏘고 적의 철환을 막을 수 있도록 4면을 높은 방패로 둘러치고 앞에는 대포를 설치하고 뒤에는 돛대를 세워 바람을 맞으면 새처럼 빨리 달리며 적선과 부딪히게 했다. 녹도~금당도 해전 승리를 도순찰사 이준경은 "적으로 하여금 우리 전함의 쓸만함과 우리와 해전의 두려움을 알게 하였으니, 육전의 승리보다 더 영광스럽습니다"고 국왕에게 보고했다. 『남씨가승』에 나온 내용이다. 몽충전함은 적의 철환을 막고 적선을 당파(撞破)할 수 있도록 판옥선을 개조한 신형 전투함이다. 이를 전라 좌수영 사람들이 만들었고, 그들은 이후 이를 더 개량하여 거북선을 만들었다.

　　왜적의 도망에도 불구하고 녹도진 방어는 영암 승첩 이후 또 거둔 승첩이었다. 이때 녹도진이 함락되지 않은 것은 천만 다행이었다. 이 경험은 큰 자산이 되어 나중에 녹도진 수군이 정해왜란과 임진왜란을 극복하는데 큰 힘이 되었다.

　　그런데 전년에 제주목사로 있으면서 왜선과 황당선 출몰 보고를 여러 번 받고 조치까지 취한 바 있어 누구보다 왜적 상황이나 대처 방법을 잘 알고 있을 텐데, 남치근은 도망가는 적을 끝까지 추격하지 않고 수군과 육군으로 협공하지도 않았다. 그 결과 왜적들은 배를 타고 떠나고 말았다. 이로 말미암아 남치근은 "배로 달아나는 왜구를 포획하지 못하여 보잘것없는 오랑캐로 하여금 우리나라에 몹쓸 짓을 자행하고도 안전히 돌아가게 하였다"는 비난을 받게 되었다. 이 비난은 적을 퇴각시킨 공은 있지만 쾌승(快勝)이라 할 수는 없다는 수준으로 해석되었다. 그리하여 중앙 관료들 모두 왜적을 승선한 상태로 그치게 하고 육지에 오르지 못하게 했으니 소승(小勝)이나 소첩(小捷)이라는 평가를 내렸다. 이러한 평가로 다른 장수들은 죄다 비난과 문책을 받았지만 남치근만 이윤경과 함께 공을 인정받았고, 남치근은 수개월 뒤에 전라병사에 임명되었고 수년 뒤에 '임꺽정의 난'을 진압하는 데에도 가장 큰 공을 세웠다.

한편, 전라병사 조안국은 흥양현감과 녹도권관이 성문을 열고 나가서 왜적을 치지 않았다 하여 도리어 그들에게 곤장 쳤다. 성을 지킨 사람들을 죄주었으니 이는 다른 사람에게 허물을 돌려 자신의 죄를 감추려고 한 것이 아닌가 하는 혐의를 받게 되었다. 조안국도 영암성 전투 때 빨리 가서 공격하지 않고 멀리서 쳐다만 보았다는 점과 녹도진 전투에서의 혐의가 추가되어 군율에 의해 사형감이었으나 국왕의 특명으로 감사(減死)되어 '장1백 유3천리'형을 받았다.

금당도에서 패주한 왜선은 보길도를 거쳤다. 그리고 본국으로 돌아가지 않고 제주도에 나타났다. 그때가 6월 21일이다. 제주도에 왜적이 나타난 것은 이번이 처음이 아니다. 3년 전에 왜선 1척이 제주도 정의현 천미포에 상륙한 적이 있었다. 일본과 중국을 오가다 제주도 남쪽에 이르렀다고 한다. 승선원은 절반은 일본인이고, 절반은 중국인이었다. 그들은 상륙하여 백성을 죽이고 재물을 약탈했다. 일부는 한라산으로 들어가서 험준한 곳에 방패를 둘러 세우고 철환을 마구 쏘면서 저항했고, 일부는 몰래 어선을 탈취하여 도망쳤다. 이 사건으로 제주목사와 정의현감이 방비에 힘쓰지 못했다는 이유로 파직당해 유배형을 받았다. 새 목사로 변장 경력이 있는 남치근이 임명되어 군관 5인과 군사 50인을 거느리고, 군량·화약·화전을 정수보다 더 많이 가지고 부임했다.

그리고 1년 전에는 왜선 1척이 천미포 근처에 나타나 정박하고서 물을 긷고 있는 것을 보고서 제주 군병이 출동하여 총통을 쏘고 횃불을 올리면서 저항하는 왜인의 한 명을 화살로 쏴 맞추고 목을 베어 올려보낸 일이 있었다. 그런데 그 배에는 중국인도 있었고, 뒤따라온 중국선은 난파되어 중국인·일본인이 판자에 기대어 떠밀려 왔다. 표류한 민간인을 공격했다고 하여 남치근은 파직당하고 서울에 머물러 있다가 을묘왜란 때 다시 발탁되어 좌도방어사로 기용되었다.

남치근의 뒤를 이어 새로 부임한 김수문 제주목사는 그 어느 때보다 방비를 강화했다. 그리고 정부도 제주도의 부담 완화를 위해 공물을 감면하고, 방비 강화를 위해 전라감사·전라병사·전라우수사에게 지원군을 선발하여 제주도 요새지에 배치하도록 조치했다.

그러던 6월 21일 전라도 쪽에서 제주도에 온 왜적은 섬 북쪽에 이르렀다. 그들의 규모는 선척은 40척이고, 인원은 4·5천 명 정도 되었는데 수만 명이라는 소문으로 여론이 뒤숭숭했다. 90척을 세 갈래로 나누어 조선으로 갔다는 대마도주의 말을 감안하면, 이 40척은 세 갈래 가운데 한 갈래일 가능성이 높고 진도 쪽으로 서진한 왜선과는 다른 집단으로 여겨진다. 그들은 제주목 앞바다까지 접근하여 불과 4백 미터가량의 거리에 닻을 내리고 정박했다. 당시 제주도에 머물러 있는 군사는 왜적의 수에 훨씬 미치지 못하여 심히 우려되고 빠른 지원이 요구되었다.

전라도 왜적이 육지에서 겨우 물러가자마자 제주로부터 경보(警報)가 날아왔다. 정부는 급히 전라 좌우도 수사들에게 명령하여 함대를 거느리고 제주도로 향하게 하고 다른 도의 수군 함대들도 곧 출발하여 후원하게 했다. 그리고 만일 육지로 상륙하면 격퇴할 구원병과 활 잘 쏘는 사람을 많이 뽑아서 보내야 한다고 전라도에 내려가 있는 도순찰사에게도 지시했다. 태풍으로 항로가 막혔다는 핑계로 머뭇거리고 진군하지 않는 자가 있으면 즉시 군법으로 다스리라는 점도 덧붙였다. 특히 제주도와 가장 가까운 수군진인 가리포진의 첨사로 하여금 수군을 거느리고 속히 먼저 가서 구원하게 했다.

40척 선박에서 왜적 1천 명이 제주도 회북포(禾北浦)를 통해 상륙했다. 화북포는 대규모 인원의 출입이 용이한 포구이고, 제주와 전라도를 오가는 관리가 드나드는 곳이다. 왜적들은 상륙하고서 제주읍성으로 몰려들었다. 당시 제주읍성은 동쪽의 산지천과 서쪽의 병문천 사이의 바닷가에 축조되어 적의 침입에 효과적으로 대응할 수 있었다. 왜적들은 읍성 동문과 산지천 사이의 높은 언덕에 진을 쳤다. 높은 곳에서 읍성을 내려다보면 군진의 허와 실, 군사의 강과 약을 훤히 알 수 있다. 왜적과 제주 관군이 냇가를 가운데 두고 대치했다. 긴장이 고조되었다. 마침내 그들은 동문을 내려다보며 화살을 쏘고 돌을 던졌다. 김수문은 성문을 굳게 닫고 천자총통을 쏘아댔다. 적은 두려워 붙잡아 놓은 포로들을 들여보내며 양식을 구걸했다. 김수문은 화살에 편지를 매어 쏘았다.

「나는 방어를 알 뿐이지, 다른 것은 알 바가 아니다.」

3일간에 걸친 대접전이 벌어졌다. 이때 제주읍성에 들어와 있는 군은 왜군보다 훨씬 적었다. 이를 극복하기 위한 방법 가운데 하나로 여자가 많은 제주도의 특성을 살려 민가 부녀들을 선발하고 남장을 시켜서 성의 타구(垜口)에서 보초를 서게 했다.

마침내 6월 27일, 제주목사 김수문은 판관 이선원과 함께 70명의 효용군(驍勇軍)을 선발하여 동문을 통해 나가서 선제공격을 감행하여 적진 40미터 거리까지 쳐들어갔다. 화살에 맞은 왜인이 매우 많았는데도 물러나지 않았다. 뒤이어 정로위 김직손, 갑사 김성조·이희준, 보인 문시봉 등 4인이 말을 달려 적진 한가운데로 돌격하자, 왜적의 대오가 드디어 무너져 적들은 흩어지기 시작했다. 이 4인을 '치마 돌격대(馳馬 突擊隊)'라고 한다. 붉은 털 투구를 쓰고 있는 왜장이 자신의 활 솜씨만 믿고 홀로 물러가지 않으므로, 정병 김몽근이 화살로 그의 등을 쏘아 쓰러뜨렸다. 군관 강여는 바다로 도망가는 적을 배를 타고 추격하여 총통으로 적선을 불사르니 모두 타죽고 빠져 죽었고, 그들에게 포로가 되어 있는 중국 사람을 구출했다. 전과를 정리한 결과 포획한 왜적이 적지 않고, 사로잡아 목을 벤 것이 54급에 이르렀다.

국왕은 선전관을 도순찰사 이준경에게 보내어 가리포첨사 이세린으로 하여금 수군을 거느리고 가서 제주를 구하게 했다. 그에 따라 7월 5일 정비를 끝낸 전라도 수군 함대 56척이 이세린을 포함한 4명의 장수에 의해 해남에서 제주도를 향해 출발했으나 적들은 이미 달아나고 없는 상태였다.

제주의 군민(軍民)과 사졸(士卒)이 한마음이 되어 제주성에서 왜적을 물리쳤다. 적은 수로 많은 수를 공격하여 큰 승리를 거두었다. 이 전투는 '제주 승첩'으로 알려졌다. 이 승첩으로 왜구가 물러남으로써 을묘왜란은 종결되었다. 김수문은 자신이 작성한 문서를 보내기도 했지만, 자신의 군관을 서울로 보내어 승첩을 국왕에게 직접 아뢰도록 했다. 이를 접하고서 국왕이 교서를 내렸다.

「왜적이 국경을 침범했다는 소식을 듣고부터 멀리 떨어진 외로운 섬의 병력이 미약한 것을 생각하고는 걱정스러운 마음에 잠자리가 편치 않았는데, 지금 경의 계사(啓辭)를 보게 되었다. 충의(忠義)로 분발하여 나라를 위해 목숨을 바친 경이 아니었다면 어떻게 적은 병력으로 많은 적을 쳐서 이렇게 큰 승리를 거둘 수 있었겠는가.」

국왕은 사졸들과 한마음이 되어 방비에 힘썼음은 물론 힘을 다하여 조치함으로써 적병을 물리쳤다고 목사 김수문의 공을 크게 치하했다. 그리고 '치마 돌격대' 김직손 등 4인의 공로도 역시 작은 것이 아니라고 높게 평가했다.

　　임금이 교서를 내려 표창하여 김수문 이하에게는 작위를 높여 주고, 김성조에게는 건공장군(建功將軍)을 상으로 내려주었다. 김성조의 경우 재주와 용기로써 군대에 응모하여 후군 장수를 맡아 몸이 가볍고 날랜 병사들을 이끌고 추격하여 남수구(南水口)에서 대파했는데, 죽이고 포획함이 매우 많았다. 그의 아들은 당시 아버지를 따라 왜적을 토벌한 공이 있어 방답첨사에 제수되었다. 김석익이 고려에서 조선까지 제주인 170여 명에 대한 생애와 업적을 기록한「탐라인물고」에 나온 내용이다.

　　달량성 함락으로 패색으로 시작된 을묘왜란이 '영암 승첩'을 거쳐 '제주 승첩'으로 최종 종결되었다. 조정에서도 "영암의 수성(守城)과 제주의 파적(破賊)"을 을묘왜란 극복의 최대 변곡점으로 파악했다. 당사자들에게 군공 포상을 시행하지 않을 수 없었다. 그리고 국왕은 특별히 홍문관 부교리 윤의중을 제주선로사(濟州宣勞使)로 삼아 제주에 내려보냈다. 윤의중은 해남 출신으로, 그의 아버지는 호남의 명사를 제자로 두었다. 윤의중이 하직 인사를 올리자, 다음을 부탁했다.

「가서 모든 사졸(士卒)들을 위로하라!」

「각별히 3읍의 정황과 방비에 관한 일을 두루 살피고 돌아와 아뢰라!」

　　그리고 연회를 베풀어 제주 사졸들을 위로해 주라고 국왕은 부탁했다. 윤의중은 해남에서 제주 조천관으로 들어갔다. 윤의중이 선로사로 제주도에 간다는 말을 들은 전라도 선후배 지인들은 시를 지어 위로해 주었다. 한참 선배인 임억령이 읊었다.

　　이 나라에 인재 없으니
　　혼 뺏기고 성은 낮에도 닫혀 있네.

전사자의 뼈 수북이 쌓였는데
마른 채로 묻지도 못하였네.
(중략)
용맹한 제주 목사 김공이
충심을 떨칠 것을 하늘에 맹세하였네.
썩은 가지 꺾듯 강적을 물리치니
사졸들도 용맹을 다투도다.
승기를 타고 끝까지 추격하니
외로운 성 함락되지 않았다네.

사졸이 용감하게 싸워 외로운 성이 함락되지 않았다고 읊었다. 후배 양응정은 김수문 목사는 진정한 남아이고 온 나라를 기쁘게 만들었다고 읊었다.

윤의중은 두 달 뒤 올라와서 보고 들은 것을 국왕에게 보고했다. 잦은 흉년에도 불구하고 성 안에 병기만은 온전하게 잘 보존되어 있으니 조치만 잘한다면 그것을 가지고 성을 지킬 수 있다는 점, 목사 김수문과 판관 이선원은 신실한 사람이어서 왜구가 다시 온다고 해도 성을 침범할 수 없을 것이라는 점, 조세가 모두 면제되는 줄 알고 흩어졌던 백성들이 다시 모이는데 호조가 분탕되었거나 전사자가 있는 인호(人戶)에만 적용하니 사람들이 모두 실망하고 있다는 점을 아뢰었다. 이를 듣고 국왕은 제주도에 호초 10두를 내려보내 상하 장졸에게 두루 지급해서 더위를 극복하도록 하고, 전상자가 복용할 약물도 보내 주는 등 제주도에 대해서는 특별한 관심을 표했다.

2. 해남 수성송

왜적들은 달량성을 무너트린 뒤 거기에서 나와 육로 두 길, 해로 두 길 등 모두 네 갈래 길로 나누어 흩어졌다. 육로의 한 무리는 달량의 동쪽으로 나아가 병영성, 장흥읍성, 강진읍성을 차례로 함락시켰다. 그들은 타고 온 선박을 달량포에 그대로 두고 떠났다. 위장을 위해 인형을 배에 잔뜩 벌여놓고 노약한 병사 한 사람만이 배를 지키고 있었다. 바닷가 사람들이 이를 알고 몰래 가서 도끼로 배를 부숴버렸다. 고려말 진포대첩 때처럼 화포로 불 지르면 대승을 거둘 수 있다고 했지만, 안타깝게 준비가 되어 있지 않아 할 수 없었다.

원적이 군병을 거느리고 성을 나가 전사하자, 마침 순행차 강진에 들어와 있던 전라감사 김주는 유사를 병영성 임시 장수로 삼았다. 유사는 광주 출신으로 낙안군수·종성부사를 역임한 바 있다. 왜적들은 5월 13일 달량성을 무너트리고, 18일 무렵에 병영에 이르렀다. 21일 왜적 50여 명이 단지 창과 칼만 가지고 병영성에 들어오자, 유사는 성을 버리고 도망쳐 버렸다. 왜적들은 병기와 잡물을 뒤져서 모두 가지고 가고 또한 쌀 7백여 석도 가져갔다. 병영 청사에 불을 질러 화염에 뒤덮게 했다. 이로 병영성의 상징 건물인 연희당과 진남루도 모두 불타버렸다. 병영성은 성곽과 해자가 완전하고 튼튼한 곳이므로, 도망가지 않고 대응했으면 충분히 왜적의 공격을 막을 수 있었을 것이라는 탄식이 터져 나왔다. 불탄 성곽과 건물을 남치근이 전라병사로 부임해 와서 다시 지었다. 자세한 내역은 그의 후손이 지은 그의 비문, 양응정과 소세량이 지은 「병영중창기」에 나와 있다.

「불타고 남은 잿더미를 쓸어내고 영부(營府)를 세우며, 성과 참호를 보수하고 병기를 수선하며, 병졸들을 훈련시키고 기강을 떨쳤다.」

「인심이 비로소 크게 안정되었다. 그리하여 비록 부녀자와 어린아

이들도 모두 적을 만나 도피하는 것을 부끄럽게 여겼다."

22일에는 왜적들이 병영에서 동쪽으로 30리 떨어진 장흥읍성에 이르렀다. 한 생활권일 정도로 병영과 장흥읍내는 거리가 가깝다. 도중에 반격하는 조선군도 없어 그들은 아주 쉽게 이르렀다. 달량성에서 전사한 한온을 대신하여 벽사찰방 이수남이 임시 수령으로 임명되었다. 이수남은 왜적이 다가오자 성을 버리고 도망가 버렸다. 성에 지키는 사람이 없어 그들은 즉각 성을 함락시켰다. 마을에 들어가 집들을 불태우고 재물을 약탈한 것이 이루 헤아릴 수 없었다. 하는 수 없이 선비들과 백성들이 산골로 도망가 숨었다. 마을마다 들어온 적이 겨우 3~4명이었는데도 감히 대항하는 사람이 없었다. 왜적들이 약탈한 재물을 소와 말에 나누어 실으면서 조금도 기탄하는 것이 없었다. 서울에서 나주로 내려온 도순찰사 이준경은 나주에 온 좌도방어사 남치근에게 장흥으로 가서 구원하라고 명했다. 그러나 남치근은 눈물을 머금으며 "이 적은 군사를 거느리고 어떻게 싸울 수 있겠는가" 반문하고서 가지 않고 장흥성 함락을 방치했다.

이어 왜적들은 장흥에서 강진으로 들어왔다. 장흥에서 강진에 이르는 길은 평지이다. 그들의 발자국이 일으키는 흙먼지와 말발굽이 몰아치는 뜨거운 공기가 여름 햇빛을 더욱 뜨겁게 했다. 병영성과 장흥읍성이 무너지자 전라감사 김주는 강진읍성을 꼭 지켜야겠다는 생각을 가졌다. 광주목사 이희손을 임시 장수로 삼고 강진현감 홍언성, 나주판관 김기, 전 부사 박민제, 마량첨사 홍수양과 함께 강진읍성을 지키도록 했다. 수성 책임을 맡은 이희손은 전라감사에게 구원을 요청했다. 전라감사의 명에 의해 영암진장으로 임명된 전주부윤 이윤경은 군사 3백 명을 선발하여 전 내금위 은세인을 장수로 삼아 이들을 데리고 강진으로 나가게 했으나 1식(息, 30리=12킬로미터)쯤 되는 곳에 이르러 길이 막혀 나가지 못했다. 마침 영암성에 들어온 우도방어사 김경석도 강진을 구원하기 위해 군사 2백 명을 추가하여 전 현령 장응규와 전 봉사 정윤 두 사람을 장수로 삼아 파견했으나 도중에서 군사만 죽였을 뿐 도착도 하지 못하고 그냥 돌아왔다. 이에 겁을 먹은 이희손은 적이 병영에서 훔친 군기와 병량을 수송하면서 성 밑으로 지나가는데도 한 번도 성에서 나와 공격하지 않았다. 군사들이 모두 나가서 싸우려고 해도 들어주지 않았다. 군사들은 화가 나서 "싸워보지도 않고 죽음만 기다리는 것이 어찌 나가서 싸워 살기를 도모하는 것만 하겠는가?"하며 난동을 부리려 했다. 적의 군사가 성 아래까지 닥치자, 이희손 등은 거느린 군사가 수천여 명을 넘고 군량과 병기도 오랫동안 버틸 수 있음에도 불구하고 성을 굳게 지키면서 죽기를 기약하고 싸워야 하는데 모두 두려워하여 26일 스스로 성문을 열고 성을 버리고 도망가 숨어 버렸다. 이희손은 자신이 먼저 도망하여 사졸들로 하여금 서로 먼저 문을 빠져나오려고 다투다가 많은 사람이 밟혀 죽게 한 혐의까지 받았다. 이희손 등이 도망하여 간 뒤에도 왜적들은 성안에 사람이 있는가 의심하여 감히 성에 들어가지 못하다가 사람이 없음을 알고 난 다음에야 들어갔다. 그들은 28일 성 안으로 들어가서 군량을 모두 챙겨서 강진읍성 남문 바로 앞 남당포를 통해 퇴각하면서 가지고 갔다. 남당포는 구강포, 구십포 등으로 불리는 남해안 대표적인 포구이다.

이처럼 달량에서 동쪽으로 진출한 왜적에 의해 병영성, 장흥읍성, 강진읍성이 연속 함락되어 연해 지역이 텅 비게 되었다. 그들은 이 기간을 약탈한 쌀과 논밭에 널려 있고 한 창 익어가는 보리를 식량으로 삼아 버텼다. 그들은 가는 곳마다 살인, 납치, 방화, 약탈을 자행했다. 우선 장흥과 강진에서 왜적들이 분탕질할 때 성 밖에 사는 선비와 백성들 집의 부녀자들이 사로잡혀갔다. 또한 이 두 고을은 향교의 선성위판(先聖位板)은 그대로 남았으나 제사복 등 기물이 모두 불에 탔다. 그리고 약탈물 가운데 나주에서 병영에 상납한 우산이 있었다. 이 우산은 종전 후 8월에 대마도주 별견선이 '적왜'로부터 빼앗은 것이라면서 '적왜'의 머리와 함께 가지고 나온 것이다. 이듬해 10월에는 일본 국왕사를 따라온 왜인이 왜란 때 왜적이 노략질한 서책·병서와 병기 등을 가지고 나왔다. 이들이 수급(首級)과 잡물을 가지고 와서 바치는 이유는 외교상의 정식 대접을 받거나 상으로 관직이나 도장을 받으려는 데 있었다. 그래서 그들이 훔쳐 간 물품이 하나둘이 아닌데 이런 행위를 그때마다 수용해야 하는가에 대한 본질적인 의문을 갖지 않을 수 없는 딜레마에 빠지게 되었다.

한편, 달량에서 북쪽으로 진출한 왜적은 번번이 격퇴되었다. 육지쪽 상황은 바닷가 쪽과는 완전히 다른 양상으로 전개되었다. 그들은 먼저 달량에서 가장 가까운 해남에 들어가서 읍성을 공격했다. 읍성(邑城)은 관아와 주민을 보호하고 외침을 막기 위해 읍치를 둘러싸고 있는 성곽이다. 전라도의 경우 전체 57읍 가운데 바닷가를 중심으로 강진, 고부, 고창, 광양, 광주, 구례, 금산, 나주, 낙안, 남원, 만경, 무안, 무장, 보성, 부안, 순천, 영광, 영암, 옥구, 용안, 임피, 장흥, 전주, 진도, 해남, 흥덕, 흥양, 제주도 3읍 등 30읍에 읍성이 축조되었다. 읍성에는 방어를 위한 시설과 무기 및 군병이 배치되었다.

해남현감 변협은 왜적이 달량을 침략한 당일 달량성을 구원하러 이남과 함께 나섰다가 패했지만, 바로 해남으로 돌아와 방비에 나섰다. 남도만호 송중기와 함께 해남을 지키는데 성 안의 군사가 적었다. 전라감사에게 구원을 요청했지만, 전라감사는 여력이 없어 도와줄 수 없었다. 외부의 구원이 오지 않아 패하게 되면, 단지 해남만 함락당하게 될 뿐 아니라 연해의 모든 고을이 파죽지세로 격파당할 판국이었다. 변협은 성 밖에 능철(菱鐵, 마름쇠)을 뿌려 적의 접근을 막았고, 쇠뇌를 쏘는 복병인 복노(伏弩)를 배치하여 적의 정탐병을 공격했다. 이 점에 대해 그의 비문

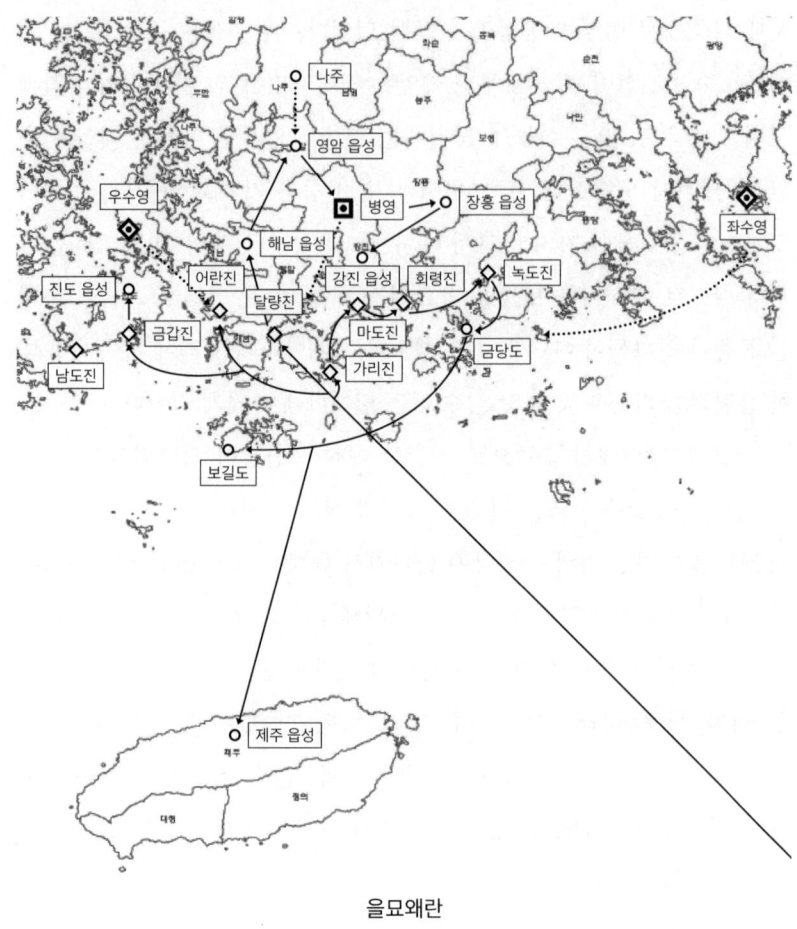

을묘왜란

에 다음과 같이 적혀 있다.

「복병으로 요격하여 한 번 전투로 대첩을 거두었다.」

그리고 동요하지 않고 힘을 다해 적을 막고 성을 지켰고, 흩어져 도적질하는 적들을 붙잡았다. 관노(官奴)도 왜적의 목 하나를 베었다. 현감의 뛰어난 지략과 주민들의 용맹으로 읍성을 지켜냈다.

이 기쁜 소식과 변방 소식을 국왕에게 알리고 싶지만 아뢸 길이 마땅치 않았다. 하는 수 없이 충순위 임현령을 직접 보내서 보고하게 했다. 변협은 해남을 지킨 공으로 곧바로 특진하여 장흥부사에 임명되었다. 파격적인 승진이었다. 해남 사람들은 성을 지킨 공훈을 기념하기 위해 동헌(현 군청) 앞뜰에 소나무 한 그루를 심고 이름을 '수성송(守城松)'이라고 칭하여 오늘에 이른다.

사실 당시 왜적의 전력은 그다지 높은 수준은 아니었다. 이 점에 대해 조헌의 「비왜지책」에 세 사례가 소개되어 있다. 첫째, 한 무사가 장흥의 어떤 고개에서 사수(射手) 칠팔 명을 매복시켜 적의 맨 앞 사람을 쏘아 죽이자, 적들은 더 이상 접근하지 못했다. 그리하여 그 고개 너머의 보성과 낙안이 병화를 입지 않았다. 둘째, 해남의 윤홍중(제주선로사 윤의중의 형)은 사수 수십 명을 읍성 남쪽 다리 두 곳에 매복시켜 놓으니, 적이 감히 성에 가까이 하지 못했다. 셋째, 강진읍성이 무너질 때 한 선비가 산속으로 피했다. 왜적 네 명이 뒤쫓아 와서 협박하여 죽이려 했다. 선비는 몽둥이 한 개로 재빠르게 칼을 가진 적병의 어깨를 내리치니, 적은 칼을 떨어뜨리고 땅바닥에 엎어지고 말았다. 뒤따르던 세 적병은 칼이 없으므로 그들을 차례로 쳐서 거꾸러뜨리고, 그 칼을 빼앗아서 그들의 목을 찔렀더니 살가죽이 조금도 베어지지 않았다. 자세히 살펴보니 그 칼은 진짜 칼이 아니라 목검에 도금한 가짜 칼이었다. 그리하여 선비는 적들을 차례로 발로 차서 죽였다.

아군은 적을 방어할 수 있는 충분한 전력을 보유하고 있고, 날쌘 병졸로 유격대를 편성하여 추격하면 제압할 수 있음에도 불구하고, 모두 "적의 검무(劍舞)를 겁내어 제멋대로 약탈하는 것을 보고만" 있었다. 그리하여 왜적은 가는 곳마다 분탕질을 해댔다. 특히 바다를 끼고 있는 해남을 왕래하던 왜적들에 의해 해남 전역이 초토화되었다. 이를 목격한 해남 사람들은 공포심에 사로잡혀 도처로 흩어졌다. 어떤 이는 전란이 끝난 후 하나둘 돌아왔다. 하지만 어떤 이는 아예 다른 곳으로 거처를 옮겼다. 유희춘의 경우는 다음과 같다.

「신의 부모 묘소는 해남에 있었는데, 을묘왜란 이후로 아버지·할아버지 신주를 담양으로 피해 놓았습니다.」

을묘왜란 당시 유희춘은 함경도 종성 유배지에 있었지만, 해남에 있었던 그의 가족들은 그때 겪은 공포를 이겨낼 수 없었다. 그래서 유희춘은 해배 후 바닷가의 고향 해남에서 내륙의 담양 처가로 부조(父祖)의 신주를 옮기고, 자신도 새집을 지어 이사했다. 이리하여 유희춘 후손의 고향은 담양이 되었다.

임억령은 강원감사를 역임하고서 고향 해남에 내려와서 자신의 서재 설송당(雪松堂)에 머물러 있었다. 양웅정·고경명이 내려와서 시를 짓는 법을 배웠다. 그들 사이에 주고받은 시가 수백 편에 이르렀으나, 을묘왜란을 겪으면서 대부분 유실되고 말았다. 그때 서재도 온전할 리 없었다. 왜란 발발 소식을 하루 뒤에 들었다. 적선 수천 척이 남해 바다에 떠 있다고 말이다. 하늘이 노하여 북풍이 불기를 기대할 따름이었다. 북풍이 불면 오던 배가 일본으로 되돌아가 가기 때문이었다. 잠시 피했다가 난리 후 서재에 돌아왔다. 고향 사람들은 자신이 무사하다고 기뻐하지만, 난리와 기근을 거치면서 남아 있는 인가가 몇 집 되지 않은 상황을 「해남 서당에 도착하여」란 시로 읊었다. 임억령도 종전 후 담양부사가 되고서부터는 창평을 오가다 생을 마감했다.

임억령의 조카딸 이야기 한번 들어보자. 임억령의 동생이 임구령이다. 임구령의 딸이 젊었을 때 남쪽 해남 집에 있으면서 을묘왜란을 만나 피란을 가려고 배를 타고 바다로 들어갔다. 배가 막 출발하자 적병이 당도하고 말았다. 이때 함께 탄 어느 두 부인이 뱃전을 부여잡고 부르짖어 울면서 매우 다급하게 살려주기를 요구했다. 임씨가 그들의 위태로움을 구해주고 궁핍함까지 도와주어 두 부인은 평온을 되찾을 수 있었다. 왜란이 평정되자 두 부인은 작별하면서 절을 하고 축복을 드리며 떠났다는 일화가 전한다. 임씨는 박응복의 부인이다. 박응복은 문과 급제 후 대사간 등을 역임했다.

  해남 사람만 고향을 뜬 게 아니다. 왜적들이 흑산도·초도 등의 여러 섬에 들어와서 살면서 곡물을 재배하고 무기를 만들어 내년에 난을 일으킬 모의를 꾸민다는 말이 퍼졌다. 대마도 쪽에서 흘리는 "명나라에서 노략질하던 왜인들이 내년 봄에 귀국으로 갈 것이다"는 말도 사람들을 불안하게 하기에 충분했다. 내년에는 왜구가 금년보다 더 심할 것이라는 유언비어도 나돌았다. 바닷가 사람들은 놀란 나머지 안거할 생각을 하지 않고 쌀을 챙겨서 떠날 대비를 하거나 짐을 꾸려 놓고 도망갈 계획을 세웠다. 이때 이동 시 먹을 비상식량으로 '찐 쌀'을 준비한 이도 있었다.

3. 이남, 장렬한 순절

변협(邊協)은 무과에 급제하고서 을묘왜란 전년에 해남현감에 임명되었다. 해남현감은 생전 처음 얻은 그의 지방관 자리이다. 그는 부임 초기에 제주에 표류해 온 왜인의 목을 베는 과잉 대응을 한 적이 있다. 조정은 특별한 문책 없이, 왜구에 대한 경각심을 일깨우기 위한 조치로 그 왜인의 목을 길가에 묻고 푯말을 세워 표시하라고 했다. 그리고 동헌에 앉아서 밤늦게까지 공무를 보고 있을 때 변협은 왜적이 침략했다는 소식을 접했다. 곧바로 변협은 해남에 와 있는 전 무장현감 이남(李楠)과 함께 군병 3백 명을 모집했다.

이남의 선대는 경기도 광주에서 살았지만, 그의 조부가 세조의 왕위 찬탈에 반대하여 관직을 버리고 해남으로 이거 했다. 이남은 해남에서 출생하여 해남에서 살면서 평산신씨와 결혼하여 2남을 두었다. 신씨 부인이 사망하자, 강진의 토호 세력인 도강조씨와 재혼하고 처향으로 이거하여 6남을 두었다. 이러한 관계로 그는 해남과 강진을 오가며 생활했고, 그의 여덟 아들[八楠] 가운데 일부는 해남에 정주했고, 그의 묘 또한 해남에 있는 등 평생 해남을 떠나지 않았다.

그는 기골이 장대하고 재주가 뛰어나서 무인의 길을 걷기에 충분한 인물로 알려졌다. 무과에 급제했고, 그의 아들 가운데 둘이나 무과 출신이다. 증손자까지 포함하면 무과 급제자가 모두 15명에 이른다고 한다. 당시 이남의 집안은 무인 가계였다. 하지만 그 다음 세대부터는 문과 급제자가 배출되고 백운동 별서를 건립하면서 전형적인 문인의 길을 걷게 된다.

이처럼 이남은 무과 급제 후 사헌부 감찰과 광양현감을 역임한 바 있다. 그리고 전년에 맡고 있던 무장현감을 그만두고 낙향하여 본향 해남과 처향 강진을 오가는 민간인 신분이다.

변협은 1529년 생이지만, 이남은 변협보다 24년 앞선 1505년 생이다. 무과 급제 시기는 변협은 1548년이지만, 이남은 변협보다 17년 앞선 1531년이다. 특히 변협은 현감이 초임에 불과하지만, 이남은 두 곳의 현감을 이미 역임한 바 있다. 변협보다 이남이 연령이나 경력 면에서 훨씬 앞선 선배이다. 이러한 차이에도 불구하고 두 사람은 금방 친해져 의기투합에 이르렀다. 우선 두 사람은 본관이 똑같이 원주(原州)여서 정서적 유대감을 형성할 수 있었다. 그리고 무엇보다 다 같이 무인이고 전현직 지방관이어서 왜적의 노략질에 대한 충정심이 남달라 곧바로 모병에 나섰다. 두 사람이 하루 이틀 사이에 모집한 3백 명의 군병 수는 많은 것임에 분명하다. 전라병사·장흥부사·영암군수 세 장수가 거느린 2백 명, 전라도 수부 전주부윤이 거느리고 내려온 3백 명에 비하면 더욱 그러하다.

3백 명 가운데 변협이 동원한 군사는 해남의 관군 1백 명이었다. 그는 나중에 국왕 앞에서 술회했다.

「감사가 정병(精兵)을 뽑아 달량을 구원하라 하기에 신이 백여 명을 거느리고 출발했습니다.」

나머지 2백 명은 이남이 동원한 군병으로 순수 민간인이다. 이리하여 지휘 체계나 무장력 등에 대해서는 알 수 없지만, 관군과 민군의 연합군이 3백 명 규모로 편성되었다.

이남은 무슨 이유로 민군을 조직하여 관군과 연합했을까? 50대 초로의 전직 관료 이남은 의분에 찬 무관의 충성심과 20대 중반의 초임 현감을 구원하기 위한 우애심을 발휘하여 민군을 조직했다. 무엇보다 광양·무장 등 바닷가 고을 수령을 역임하면서 달량성의 전략적 중요성을 알았던 그의 전술적 판단과 당시 일본의 정세와 왜구의 동태를 파악했던 그의 대외 정보력이 밑바탕에 깔려 있어서 민군 조직에 나서고 관군과의 연합에 흔쾌히 나선 것이다. 이제 이남은 민간인 신분으로 외적을 물리치기 위해 자발적으로 일어난 의병장(義兵將)이 되고, 그를 따르는 2백 군병은 의병 대원이 된다. 이남은 혈연·지연·학연으로 연결된 친족이나 노복 및 자원자를 동원하고 그들로부터 군량과 무기를 제공받아 의병을 조직했다. 의병의 조직에는 삶의 터전을 지키고 국가를 보위해야 하는 현실적인 목표가 작용했지만, 조선 사회가 추구해야 할 철학적인 당위성도 내재되어 있었다.

변협은 전라병사에게 가리포, 어란포, 달량이 위태로우니 급히 군사를 나눠 구원해야 한다고 조언했다. 그런데 상관인 전라병사 원적은 달량성에 들어가기 전에 변협으로 하여금 어란포를 구원하도록 명했다. 가리포와 어란포가 남해에서 서해로 돌아가는 길목에 있기 때문에 그곳 방어의 필요성을 원적 외 여러 사람이 강조한 바 있다. 하지만 원적이 입성한 이후 상황이 급변했기 때문에, 모든 병력을 총동원하여 전라도 주력군이 왜군 대군에 의해 포위되어 있는 달량성을 구원하는 것이 급선무였다. 이에 변협은 모집한 군병을 거느리고 이남과 함께 곧바로 달량성 구원에 나섰다. 해남 읍내에서 26킬로미터 남짓 거리를 달려서 달량성에 갔지만 밤이 되고 말았다. 하는 수 없이 달량성 외곽에 진을 치고 하룻밤을 보냈다. 날이 밝자마자 달량성 외곽에 포진해 있는 왜적을 향하여 공격을 가했다.

이때 변협은 전라우수사 김빈에게 자신의 출동 사실을 알렸다. 김빈은 자신의 수군을 거느리고 우수영에서 달량성 가까운 어란진까지 와 있었고, 진도군수도 함께 와 있었다. 어란진도 만호를 장수로 하는 수군진이어서 군병과 전함이 배치되어 있다. 그러므로 우수영·진도군·어란진 등 3영읍진 장수는 전함을 몰고 달량으로 가서 변협·이남이 거느린 구원군과 함께 수륙 양면에서 달량성을 포위하고 있는 왜적에 대한 협공을 가했어야 했다. 장수라면 누구나 쉽게 생각할 수 있는 대책이고 얼른 해야 할 조치였다. 그런데 김빈은 어란진에 있으면서 머뭇거리기만 한 채 같이 달량으로 나가지 않았다. 심지어 왜군이 자신을 치러 올까 봐 두려워 부하로 하여금 산에 올라가 망보게 할 따름이었다.

변협·이남이 거느린 구원군 3백 명은 수천 명에 이르는 왜구에 비하면 수적인 면에서 크게 열세였다. 그리고 전라병사는 장흥부사·영암군수와 함께 달량성 안에 갇혀 있고, 전라우수사는 진도군수·어란만호와 함께 멀리 떨어진 어란진성에서 달량성을 쳐다만 보고 있고, 광주목사·강진현감은 도망가기에 급급한 채 달량성 가까이에 오지도 않았다. 중과부적과 무원고립의 상태에서 외로운 전투가 달량성 외곽에서 펼쳐질 수밖에 없었다. 변협과 이남은 힘을 합쳐 적과 맞붙어 싸움을 펼쳤다. 전투 현장은 해남에서 달량성으로 내려가는 어느 길목이었을 것 같다.

달량성 외곽에서의 접전은 처음부터 기울어진 전투였다. 30여 년 전 왜인이 12척의 선박으로 달량을 공격했는데 그 안에 조선 말을 제법 잘하는 사람이 꽤 있었다. 조선 말을 잘하는 사람은 한반도 바닷가와 섬에서 납치해 간 조선인이다. 이번 왜란 때도 납치해 간 조선인을 정보원으로 삼기 위해 데리고 와서 조선의 지형지물을 이용하고 있었다. 그리고 왜적들은 철환을 쏘아댔으니 군사력 면에서도 만만치 않았다. 또한 그들은 외곽을 차단하여 구원군의 접근을 어렵게 하는 작전도 구사했다.

이러한 악조건 속에서 변협과 이남은 처음으로 관민 합동작전을 펼쳤다. 하지만 그들은 왜적에게 격파되고 말았다. 긴박했던 최후 순간에 대한 장면은 남아 있지 않아 상호 간에 어떤 공방전이 펼쳐졌는지 알 수 없다. 이남이 경험이 풍부하여 선봉에 서서 왜적을 먼저 공격했을 것 같다. 그렇지만 역부족이어서 그는 현장에서 장렬하게 죽고 말았다. 후방에서 대기하던 변협은 겨우 몸만 빠져나와 살아남았다. 그는 그 길로 곧장 해남읍성으로 돌아와서 수성에 나섰다.

이리하여 이남은 을묘왜란의 첫 번째 희생자로 기억되는 인물이다. 그는 만 50의 짧고도 긴 생을 마감했다. 왜란이 발발한 5월 11일 거의 하여 하루 지난 그다음 날 12일 전투 현장에서 장렬하게 순절했다. 그리고 그다음 13일 달량성은 함락되고 말았다. 이 긴박했던 마지막 순간을 조선왕조실록은 압축하여 남겼다.

「변협이 달량이 포위된 것을 듣고서 군사 3백 명을 거느리고 달려가 구원하는데, 전 무장현감 이남과 힘을 합쳐 접전하다가 적에게 격파되어 이남은 죽고 변협은 패배하여 겨우 몸만 빠져나왔습니다. 우수사 김빈과 진도군수 최인은 변협이 패한 것을 알지 못하고 어란포에서 와 구원하다가 역시 패하였는데, 이날 달량이 함락됐습니다.」

달량성의 외곽 지역에서 벌어진 이 전투는 네 가지 측면에서 역사적 의의를 담고 있다. 첫째는 이 전투가 주장이 포위되어 있는 달량성의 구원전으로 현재 유일하게 파악되고 있다는 점이다. 모든 장수들이 달량성 가까이 오지도 않거나 아예 도망갔던 사실을 감안하면, 그 의의는 더욱 돋보인다. 둘째는 생업에 종사하고 있는 민간인이 유사시 관의 징발령에 응하여 관군에 투신하는 경우는 병농 일치제 하에서 국민의 의무이다. 그런데 그런 의무가 없는 사람이 친족과 지인을 이끌고 스스로 무기와 군량을 마련하여 전투에 참전하는 경우는 이남이 최초로 확인된다는 점이다. 셋째는 이남의 행위는 '의'를 실천하기 위해 '병'을 일으킨 것이어서, 이남 자신은 '의병(義兵)'이 되고 지금까지 유례가 없기 때문에 최초의 의병이 된다는 점이다. 넷째는 의병으로서 순절한 최초의 인물이 이남이라는 점이다. 이렇게 보면 이남은 최초의 의병 거의자이자 최초의 의병 전사자가 되는 것이다.

이를 높이 사서 정부는 을묘왜란 종전 직후 단행한 공훈자 심사에서 이남을 전망자로 선정했다. 전망자는 모두 1백 67명으로 1등급 6명과 2등급 1백 61명으로 나누어졌다. 그 가운데 이남은 1등급에 선정되었고 1등급의 제1번으로 배열되었다. 결국 이남은 명종 대 당대에 을묘왜란의 최대 공훈자로 선정되었다. 선조 대에 들어와서도 을묘왜란 희생자에 대한 포상이 이어졌다. 유희춘의 『미암일기』를 보면, 유희춘이 이남의 달량에서의 순절 사실을 병조판서 홍담에게 통지한 바 있고, 이어 무과에 급제한 그의 아들 이억복을 채용하여 부친의 충절을 장려해야 한다고 건의했다. 이후 비변사로 하여금 문관과 무관을 막론하고 기발한 재주와 뛰어난 재략이 있는 사람을 뽑도록 하여 이억복이 선발되었다. 이러한 연장선에서 달량권관 조현에 대한 치제가 단행되었고, 이때 장흥부사 한온에 대해서도 함께 치제하게 했다. 이러한 민군과 관군을 불문한 전사자 선양은 이후 의병 활동에 속도를 내게 하기에 충분했다.

민간인이 자기 마을이나 어장을 침입한 왜구와 맞붙어 싸운 적은 있었지만, 전란 때 민간인이 거의하여 참전하고 순절까지 한 행동은 지금까지 처음 있는 일이다. 그런 점에서 '이남 거의'는 역사적 의의가 있다. '조선 의병'이 탄생하는 순간이라고 아니할 수 없다. 이후 의병은 임진왜란과 병자호란에서는 물론이고, 한말 일제의 국권 피탈 때에도 국난 극복의 원동력이 되었다. 한말 의병 대열에 뛰어든 사람들이 깃발을 들 때마다 외친 "5백 년 동안 이어온 절의"가 세상에 태어나는 순간이다.

이문건이 성주에서 들은 을묘왜란에 대한 첫 소식은 전라도에서 왜변이 일어났는데 "병사 원적, 장흥부사 한온, 해남원, 전광양원 등이 피해를 입었다"는 것이다. '해남원'은 해남현감 변협을, '전광양원'은 전 광양현감 이남을 말하는데 이남은 무장현감 이전에 광양현감을 거쳤다. 4명 가운데 세 사람은 국록을 먹고 있는 관직자이지만, 이남은 유일하게 관직을 떠난 민간인이다. 이미 관직에서 물러나 있는 민간인이 현임 장수와 연합하여 전투에 투입된 사실이 왕명을 수행하는 절도사가 작성한 공문서 속에 적혀 있다. 이러한 유형은 전국에서 현재까지 유일한 케이스이다.

이남의 고향인 강진의 후배들은 임진왜란 때 의병 활동을 했다. 그리고 그 의병의 후배들은 자기 지역 선배들의 의병 행적을 「금릉창의록」이라는 문건을 만들어 기록했다. 여기에는 39명의 창의 인물이 수록되어 있는데 그 가운데 이남이 수록되어 있다. 이는 강진 사람들이 이남을 을묘왜란 때 거의한 '의병장'으로 인식하고 있었고, 그런 전통을 토대로 임진왜란 때 대대적으로 의병을 일으켰던 것이다.

이러한 역사적 의의에도 불구하고 '달량성 구원전'에 대한 『조선왕조실록』 기사는 해남과 변협을 중심으로 채워져 있고, 이남과 의병 관련의 내용은 거의 보이지 않는다. 그 이유는 해남현감 변협이 '해남읍성 승전' 후 자기 고을의 충순위 임현령을 보내서 보고한 내용을 토대로 실록이 편찬되었기 때문이다. 그리고 전라도 도순찰사 이준경이 남정을 마치고 올라와 임금을 뵈면서, 전라우수사 김빈과 해남현감 변협이 모책을 함께 하고 광주목사 이희손도 일시에 진격했더라면 왜구가 포위를 풀 수 있었을 것이지만, 김빈은 들어가 지원할 의사가 전연 없고 변협이 홀로 진격하다가 패하여 돌아왔다고 말한 점도 배제할 수 없다. 모든 사실 관계를 이남에 대한 언급은 한마디도 안 하고, 오직 변협을 중심으로 이준경이 대화를 이끌었기 때문이다.

현직 관리도 아닌 전직 관리 민간인이 죽음을 무릅쓰고 진격한 숭고한 모습은 실록에 단 한 줄도 언급되어 있지 않다. 왜 그러할까? 이에 대한 해답은 간단하지 않고 상당히 복잡하다. 사림(士林)은 명종 대의 척신정치를 타파하고 선조 즉위와 함께 자신들 중심의 정권을 수립했다.

그들이 집권 초기 편찬한 『명종실록』은 척신과 결탁한 관료들의 부패나 무능이 두드러지게 보이도록 하는 것이 우선이었고, 민간인의 자발적 희생은 그 뒤였을 것이다.

그렇다고 조선의 선비들이 절의의 실천이나 자발적 충성에 본래 무관심했던 것은 아니다. 우리는 이 대목에서 을묘왜변에 대한 『명종실록』을 편찬한 사관의 논평을 귀담아들을 필요가 있다.

「생각해 보면 평소 일이 없는 날에 있어서는 많은 녹을 먹으며 좋은 벼슬을 하여 영화나 총애(寵愛)만 누리다가, 국가가 위급하고 어려운 때에는 하나도 몸을 바쳐 순국(殉國)하는 사람이 없어, 국가가 하찮은 오랑캐에게 모욕을 받게 하였으니 통분한 마음 견딜 수 있겠는가.」

국록을 먹고 있는 사람 가운데 왜란 때 순국한 사람이, 응당 있어야 하는데 없다는 말이다. 원적의 죽음은 전술 전략의 부재에서 나온 결과였고, 한온은 그런 원적을 따라 목숨을 잃었고, 나머지는 도망가다 죽었다. 이런 측면에서 징발되거나 호출되지 않은 이남이 종군하여 장렬하게 순절한 것은 빛이 나기에 충분한 희생이었다. 민간인으로서 자발적으로 거의를 하여 외적을 물리친 사례는 지금까지는 흔치 않았기 때문이다.

다만 당시까지만 해도 '창의(倡義)'는 왕명 없이 병사를 일으키기 때문에 자칫하면 역적으로 몰릴 수 있는 행위이다. 그러므로 창의란 단어는 쉽게 꺼낼 수 없는 위험한 개념이었다. 영암 수성장을 겸임하고 있는 전주부윤 이윤경이 동생인 전라도 도순찰사 이준경에게 편지를 보냈다. 그 속에는 전라감사 김주가 자신에게 보낸 편지도 함께 들어 있는데, 전라감사 편지는 현장에 있었던 이준경의 군관 김세명이란 사람으로부터 상세하게 전해 들은 '영암 승첩' 관련이 소개되어 있다. 두 편지의 핵심은 전라감사가 '영암 승첩'의 공을 모두 자신에게 돌리고 있으면서 방어사 김경석의 공은 볼만한 것이 없다고 했다는 것, 사람의 귀를 가장 놀라게 하는 것은 '창의'와 관련된 말인데 그 말은 매우 온당치 못하여 어찌할 줄을 모르겠다는 것이다. 정리하자면 전라감사의 편지 속에 이윤경과 창의자가 합세하여 승첩을 거두었다는 말이 들어 있고, 그런 내용을 토대로 이미 국왕에게 장계도 올렸다. 이를 본 이윤경은 노출하면 위험할 것 같아 동생에게 '창의' 문제는 뒤로 미루라고, 그리고 형제가 짜고 공을 독차지한다는 혐의가 있을 것 같으니 김경석의 공도 배려하라고 요청했다. 형의 요청을 수용하여 도순찰사 이준경은 정벌 보고서를 작성하여 중앙에 올렸고 이 보고서를 토대로 실록은 편찬되었으니, 실록에는 창의 관련이 한마디도 남아 있지 않게 되었지만 이윤경의 문집『숭덕재유고』에는 엄연하게 '창의지설(倡義之說)'이 남아 있는 것이다.

4. 남정군

서해와 남해 곳곳에 왜구가 출몰하고 있었다. 정부는 왜구 방비 문제로 걱정이 태산이었다. 특히 전라도는 빈도가 잦고 강도도 높아져 더더욱 걱정이었다.

그런데 을묘왜란 발발 전년도에 전국에 큰 기근이 들었다. 정부는 구휼 행정을 감독하기 위해 각도에 구황경차관이란 관리를 파견했다. 『구황촬요』의 한글 번역본을 널리 배포하여 구황에 도움이 되도록 했다. 특히 경상도와 전라도가 심했다. 전라도 무장의 경우 유생이 민간인 폐해를 말하면서, 굶주린 백성들의 떠도는 모양을 담은 「유민도(流民圖)」를 그려 국왕에게 올릴 정도로 기근이 심했다. 이 기근의 후유증으로 이남이 무장현감에서 교체되어 고향에 내려왔다가 순절한 것이다.

이듬해 을묘년 1555년 2월에 김주(金澍)가 전라감사에 임명되었다. 그는 본연의 임무를 수행하기 위해 곧바로 도내 고을의 순행(巡行)에 나섰다. 감영 전주를 떠나 해남을 거쳐 5월 11일 달량 인근의 강진에 들어와 있었다. 바로 그때 왜구가 달량을 침략했다. 그 소식을 전라감사 김주는 치계(馳啓)로 조정에 알렸다. 치계란 장계(狀啓)를 말 달려서 급히 올려보내는 것이다. 장계는 왕명을 받고 외방에 나가 있는 장관급 신하가 국왕에게 보고하는 문서이다. 김주의 장계는 닷새 뒤 16일 국왕에게 전달되었다.

「5월 11일에 왜선 70여 척이 달량 밖에 와서 정박했다가, 이진포와 달량포에서 동쪽과 서쪽으로 나뉘어 육지로 상륙하여 성저의 민가를 불태워 버리고 드디어 성을 포위했습니다.」

강진에서 서울까지의 거리는 9백 20리이고, 일정은 일반적으로 10일 걸린다. 그런데 달량 소식이 5일 만에 이르렀으니, 매우 짧은 시일 안에 서울에 이른 것이다. 그가 달량 인근에 있어서 즉각 상황 파악이 가능하여 장계를 빨리 보낸 것이었다. 만약 감영에 있었다면 현지 관장이 작성한 보장(報狀)이 달량에서 전주까지 가고, 그것을 보고 다시 감사가 작성한 장계가 전주에서 서울까지 가는데 이틀은 더 소요되었을 것이다. 천만다행의 타이밍이었다.

그는 달량성이 5월 13일 함락되자 그 소식도 서울로 급히 보냈다. 그 소식 역시 닷새 걸려 18일 도착했다. 그는 치계를 보내고 나서 강진에서 나주로 옮겼다. 그에게는 관찰사 외에 병마절도사와 수군절도사의 임무까지 주어져 있어서 현장에서 즉각 전란을 진두지휘할 권한을 지니고 있었다. 그에 따라 그는 인사권을 발휘하여 임시 장수인 가장(假將)과 임시 수령인 가관(假官)을 임명하고 지휘권을 행사하여 군대 이동과 전투 개시를 명령했다. 특히 전라병사 원적의 전사 이후 도 전체에 대한 군령은 전적으로 감사에게 달려 있었다.

조정은 왜란 발발 소식을 5월 16일에 전라감사의 장계를 통해 접하고서 분주하게 움직이기 시작했다. 호각을 불고 포를 쏘며 전라도의 육군과 수군을 총괄하는 병사(兵使)를 포위했는데 달량이 어떻게 되었는지를 알 수 없어 발만 동동 구르고 있었다. 국왕은 대신과 재상들을 불러 방어할 계책에 대해 물었다. 신료들은 지난 삼포왜란 때의 작전 일지「경오년왜변일기(庚午年倭變日記)」를 보면서 어떤 조치를 취할지를 논의했다. 이번 왜란을 왜구들의 구성원, 군사력, 행동 등에 있어서 삼포왜란과 같지 않다고 일단 파악하고서, 전체적인 성격을 건국 이래의 커다란 이변으로 인식했다. 그 결과 장계를 받은 16일 당일에 대군을 편성하여 내려보내어 방어하게 하기로 결정을 내렸다. 형조판서 이준경(李浚慶)을 전라도 도순찰사로, 남치근(南致勤)을 좌도방어사로, 김경석(金景錫)을 우도방어사로 삼았다. 조안국을 신임 전라병사로 삼아 뒤따라 가게 했다.

국초 이래의 전국적인 방위망은 각 진관별로 알아서 싸우고 지키는 '진관체제(鎭管體制)'이다. 이에 따라 왜적이 달량성을 공격하자, 앞에서 말

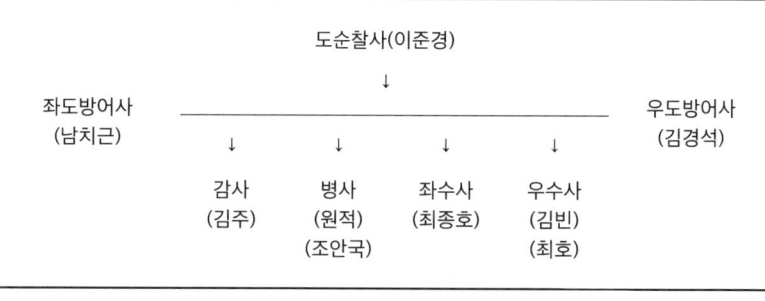

남정군 지휘체계

한 것처럼 인근 수령들은 전라도의 진관체제에 의해 각자 소속의 진관 단위로 움직였다. 5개의 작은 단위로 형성되어 있는 진관 차원의 방어가 어렵게 되자, 중앙에서 도순찰사가 파견되어 하나의 큰 단위를 형성하여 대응하게 했다. 이리하여 진관체제 대신 '제승방략(制勝方略)'이 임시적으로 실시되었다. 제승방략이란 각읍 수령이 유사시 중앙에서 파견된 장수의 명에 의해 소속 군사를 이끌고 본진을 떠나 배정된 방어 지역으로 가서 다른 수령의 군사와 함께 공동으로 대처하는 것이다. 전국 방어체제가 왜구에 의해 새롭게 모색되고 있다.

이준경은 총사령관이다. 그는 전형적인 문신이지만 3년 전에 함경도 순변사가 되어 야전 경험을 이미 쌓은 바 있고, 연산군 대와 명종 대에 두 번이나 유배되어 정치적 시련도 맛본 인물이다. 현직 전주부윤인 바로 위 형 이언경과 몇 년 전 오수찰방을 역임한 3종제 이원경은 전라도 지역 정보를 확보하는데 인적자산이 되었다. 이준경이 내려가면, 일사불란한 단일 지휘체계가 형성되어 전라도 각급 지휘관(감사, 병사, 수사, 만호, 수령)은 모두 진관에 상관없이 그의 명에 따라야 했다.

이준경을 보좌할 남치근은 전라도의 좌도(동쪽 산간지대, 24개 군현) 담당 지휘관이고, 김경석은 전라도의 우도(서쪽 평야지대, 33개 군현) 담당 지휘관이다. 세 장수가 한꺼번에 내려가면 혼잡이 생길 수밖에 없어, 영의정 심연원이 우선 순위를 아뢰었다.

「전라도 방어사는 오늘 안으로 떠나보내고, 도순찰사는 뒤따라 내려보내소서.」

남치근과 김경석 두 좌우도 방어사는 사정이 시급한지라 먼저 당일 떠나보냈고, 도순찰사는 뒤따라 가게 했다. 이 방어군을 남정군(南征軍)이라 한다. 남정군으로 왕실을 호위하고 수도를 방어하는 도성 정예군이 5백 명 또는 2백 명씩 7회나 파견되었다. 그러한 나머지 도성 안의 정예군이 거의 모두 싸움터에 나간 상태였다. 정예군으로는 수적 열세를 만회할 수 없어 전국에 총동원령이 내려졌다. 상 중에 있는 무사들도 전원 상복을 벗고 출동하고, 충군된 무신도 다시 쓰고, 양반 중에 무재가 있는 자를 모집하라고 했다. 승군을 뽑으라는 명을 내리고, 돌멩이를 잘 던지는 석전군(石戰軍) 1백 명을 김해 사람으로 뽑으라고 했다. 용감하고 날랜 공사천도 모집했는데 아무도 응모하지 않다가, 양인으로 신분을 해방시켜 준다는 말을 듣고 집·재산을 빼앗고 구타를 하며 가로막는 주인의 방해에도 불구하고 앞다투어 응모했다.

역마와 전마를 있는 대로 모두 내라고 했지만, 그래도 타고 갈 말이 부족하자 활쏘기에서 3등을 한 사수(射手)에게는 말을 내고 출동을 면제하게 하니 말을 낸 자가 대거 몰려들어, 전쟁터로 가는 자는 말을 얻어서 기쁘고 서울에 남는 자는 출동을 면제받아 좋았다는 일화가 전한다. 군기를 수송할 말이 70필 필요한데 여의치 않아 공사천으로 하여금 운반하게 하고 나중에 신역을 면제해주자고 했다. 군량도 부족하여 법성포 조창의 세곡 가운데 아직 출발하지 않은 것을 사용하도록 했다. 전라도에서 못 거둔 을묘년 세곡이 1만 5천 석이었다고 하니, 이는 법성창 것이었음을 알 수 있다. 당시 법성창은 영산창을 흡수하여 전국에서 가장 큰 조창으로 성장하여 연평균 2만 석 이상을 조운했다. 변방 일이 매우 급박한 때라 총동원령이 떨어진 것이다.

북쪽 야인에게 이 소식이 전해지지 않도록 입단속도 강화했다. 만약 이 소식을 듣고 야인이 준동한다면 걷잡을 수 없기 때문이었다. 그리고 지난번 삼포왜란 때와 달리 당시 서울에 왜인 사객이 올라와 있지 않은 것은 다행이었다. 그때는 소식을 듣지 못하도록 왜인을 감금하고 이감하느라고 분주했다. 또한 을사사화로 남방에 많은 유배인이 내려와 있었다. 노수신이 진도, 정황이 거제, 윤강원이 강진, 김난상이 남해에 각각 유배되어 있었다. 정부는 갑자기 일어난 일이어서 경황이 없어 이들을 내지로 옮기지 못했지만, 아무 일도 없이 지나갔다. 그들은 정치적 핍박으로 유배왔지만, 그런 감정을 전혀 표출하지 않고 오히려 임금에 대한 존경과 국가에 대한 충성을 맹세했다. 진정한 국민이었고, 책임 있는 정치인이었다.

전라병사 원적이 살해되었다는 소식은 달량성 함락 닷새 뒤 18일 서울에 이르렀다. "매우 참혹스럽다"거나 "서울이 위태롭다" 등 탄식만이 난무했다. 유언비어가 나돌아 진정시키지 않으면 민심이 동요될 것 같았다. 민심 진정을 위해 정부는 계엄령을 선포하여 수도 서울을 통제했다. 그렇지만 걱정하지 말고 차분히 대처하자는 이도 있었다.

「이준경은 방략과 지식이 있으므로 지휘하는 일을 잘할 것입니다.」

능력 있는 우리 장수를 내려보내니 믿자는 말이다. 이날 이준경은 자신의 군관 김세명과 정걸 두 사람을 숙배를 생략하고 먼저 내려보냈다. 그리고 홍문관 전한 심수경과 이조좌랑 김귀영을 종사관으로 삼았다. 나중에 이준경은 70세가 넘어 영의정이 되었고, 심수경은 82세에 우의정이 되었고, 김귀영은 74세에 좌의정이 되었다. 세 사람이 모두 의정부에 참여하고 70세가 넘었으니, "진실로 우연이 아니다"고 심수경은 야사 『견한잡록』에 적어 놓았다. 이어 이준경은 왕실 호위병과 도성 방위병에서 뽑아낸 용맹스럽고 힘 있는 군사 5백 명을 뽑았다. 그 중에는 금군(禁軍) 중에서 뽑은 80명이 포함되어 있었다. 그는 시급을 다투는 때여서 전송연도 받지 않고, 5월 18일 남정군을 거느리고 내려갔다. 전라감사 김주가 와있는 전라도 웅부 나주에 22일 도착하여 진을 쳤다.

국왕은 별도로 선전관(宣傳官)을 내려보내어 이준경에게 명을 내렸다. 현장 소식은 파견 지휘관이나 상주 지휘관이 올려보내는 공문서, 현지에서 올려보낸 전령군의 구두 진술, 그리고 내려보낸 선전관에 의해 국왕에게 실시간으로 전달되었다. 이준경은 왜구 격퇴 후 군대를 이끌고 돌아와서, 8월 15일 국왕에게 결과를 보고했다. 이준경도 나주에 머문 채 왜적을 추격하지 않았다는 혐의를 받았다. 그래서 도순찰사를 선위사(왜인 접대)에 비교하고, 방어사를 호송관(왜인 경호)에 비교하는 비아냥이 나돌았다. 그렇지만 이준경은 남정군이 두려워서 머뭇거렸다는 점에 대해 그것은 적세를 몰라서 그런 것이라면서 적극 방어했다. 다만 남치근·조안국·김경석·이세린 등이 당차게 추격하지 않은 점은 인정했다. 국왕은 이준경 및 여러 장사들을 인견하고 대궐 뜰에서 잔치를 열어주었다.

일본이 선보인 철환을 조선은 총통으로 반격했다. 이준경은 현지에 있으면서 적선을 깨뜨리는 기구로는 대장군전(大將軍箭)보다 나은 것이 없다고 판단했다. 그러나 총통을 주조할 놋쇠를 조달할 방법이 없어서, 그는 여러 사찰의 종을 거두어 총통을 주조하려 했다가 반발을 산 적이 있다. 남치근도 현지에서 전라도 사찰에 있는 종으로 총통을 만들자고 했고, 김주도 여타 이름 없는 사찰의 종으로 총통을 주조하게 하면 왜적 방어에 도움이 될 것이라고 했으나, 국왕은 끝내 따르지 않았다. 총통을 만들고 싶거든 종은 절대 안되고, 병화로 파괴된 사찰의 유기를 가져다 쓰라고 했다. 이들 현지 지휘관의 건의로 서울에서도 총통을 주조하여 내려보내 주어야 하는데 비축한 동철이 없으니, 동대문·남대문 성 위의 버려진 큰 종으로 총통을 주조하자고 했다. 그러나 국왕은 철을 구매하거나 내수사 동철을 사용하라고 하며 종을 부술 필요가 없다고 했다. 사헌부·사간원·비변사 등이 시장에서의 구매는 혼란을 야기하고, 구매하더라도 정철(正鐵)이 아니어서 만들더라도 견고하지 않다며 여러 달 논의했으나, 국왕은 끝내 허락하지 않았다. 언론과 감찰 및 국방 기관이 모두 건의해도 거부한 까닭은, 왕권과 신권의 조화를 강조한 정치체제 하에서 국왕의 사적인 감정의 개입으로 해석될 수밖에 없었다.

천자·지자 총통은 반드시 납철(鑞鐵)을 많이 넣어야 하는데 납철은 절 종에 많이 들어있기 때문에 절 종이 아니고서는 총통을 만들 수 없을 뿐만 아니라, 잡철(雜鐵)로 만들면 쏠 때 파열되기 때문에 시중 잡철로는 만들 수 없고 비록 만든다고 해도 바닷길로 보내는 데 시일이 걸리고 가는 도중 왜적에게 탈취당할 우려가 있다고 해도 거부 일변도였다. 유기나 일반 동철 등 잡철을 가져다 쓰라는 말은 철의 성질을 모르고 하는 말이다. 총통은 강력한 화약 폭발력에 견딜 수 있는 강도를 지녀야 하기 때문에, 여러 차례의 담금질과 단조를 통해 탄소 함유량이 적은 철로 가공된 정철 또는 납철(주석)을 섞어서 강도를 높인 철로 만들어야 한다. 이러한 철이 많이 들어있는 것이 사찰 범종이어서, 이 시급한 시절에 그것을 녹여서 빨리 총통을 주조하자는 것이다.

쓸모없는 종을 부수어 적을 막는 무기를 만드는 일은 전란 극복의 좋은 계책이어서 총통의 주조는 그만둘 수 없는 일이라며 대신·육조·시종·대간이 여러 번 청했어도, 국왕은 장수가 잘 대처하면 될 일이라면서 여전히 허락하지 않았다. 이러한 국왕의 태도에 대해 이 두 종은 본래 정릉 원각사 것인데 중종 말기 권세가 김안로가 두 성문 위로 옮겨 놓은 것이어서 그렇다고 수군거렸다. 불가에서 쓰는 것이어서 국왕이 기를 쓰고 반대한다는 것이다. 당시 국왕과 그의 어머니 문정왕후는 사찰과 승려를 배려하는 활동을 했고, 그런 행보는 유교 이념을 표방하는 사회에서 갖가지 논란을 불러일으켰다. 을묘왜란 시기에 범종을 총통 주조에 이용하려고 할 때, 승도를 승군으로 차출하여 잡역에 투입시키려 할 때에도 뜻하지 않게 관료와 국왕 사이에 '불교 옹호' 논란이 일어났다.

전라우수사를 역임한 바 있는 우도방어사 김경석은 남정 길에 오르기 전 임금을 찾아뵈어 우도의 수군 실태를 아뢰었다.

「아래쪽의 6포구는 남쪽 지방의 군졸을 들여보내 방어하겠습니다마는, 위쪽의 6포구는 조운 일 때문에 지킬 만한 군졸이 없어 방어하기 어렵겠으니, 각별히 조치해 주소서.」

제주목사를 역임한 바 있는 좌도방어사 남치근도 함께 들어가서 아뢰었다.

「근래 해마다 흉년이 들어 군졸들이 피폐해졌고 각 포구의 병선이 부족하므로 왜구들이 쳐들어오면 수군으로는 싸울 수가 없습니다. 성을 지키면서 백성을 보호하다가 추격해야 할 것인데 군사가 적고 먹을 것이 모자라서 조치해 갈 일을 갖가지로 헤아려 보아도 계책이 없습니다.」

두 사람 다 힘든 싸움이 될 것 같다는 말이다. 우도 수군은 일부가 조운 중이어서 전투에 투입할 수 없고, 좌도 군사는 기근으로 피폐해 있고 병선도 부족하기 때문이다. 특히 12곳 수군진 가운데 군산포진, 검모포진, 법성포진, 다경포진, 임치진, 목포진 등 6곳이 조운에 동원되어 전투에 투입될 수 없는 상황이었다. 이는 수군과 조군이 분리되어 있지 않아서 일어난 일이었다. 이런 방법은 해양 방어에 불합리하다고 판단하고서, 나중에 양자를 분리하여 수군은 병선을 맡고 조군은 조운선을 맡도록 했다.

5. 영암 승첩

달량성을 함락시킨 왜적이 해남까지 이르렀다. 해남은 영암과 맞붙어 있다. 영암군 사람들은 자기 지역으로의 침략을 예상하고서 모두 영암읍성 안으로 모여들었다. 영암성은 돌로 쌓았는데 둘레가 4천 3백 69척, 높이가 15척, 안에 네 개의 우물이 있다. 성문이 세 개이지만, 옹성은 없었다. 상당히 큰 규모의 읍성이다.

왜적들은 서울을 침범하겠다고 큰소리를 치며 승세를 몰아 해남을 거쳐 영암에 이르렀다. 달량에서 영암성까지는 120리 거리이다. 그들은 수목이 울창하고 길이 험한 불티, 밤티, 가라재 등의 고개를 넘고, 청풍원과 보현원으로 이어지는 역원로를 거쳐 들어 왔다. 현재의 국도 13호선을 타고 올라온 것이다. 그들과 함께 왜적들에게 무릎을 꿇고 구차하게 목숨을 건진 군수 이덕견이 왜적이 준 부채와 편지를 가지고 영암으로 돌아왔다.

「너희 나라가 우리들과 교분이 매우 두터웠는데 요사이 3~4년 동안 우리나라의 죄도 없는 사람들을 많이 죽였으니 이제는 원수가 되었다.」

「서울까지 가겠다!」

「군량 30석을 달라!」

편지에는 죄 없는 사람을 죽여 원수가 되었다거나 서울까지 올라가겠다는 거짓말과 협박이 들어있고, 쌀 30석 요구도 들어있다. 그동안 '가정(嘉靖)'이란 중국 연호를 사용하지 않았는데, 이번 편지에는 '가정 34년'(1555년)이 적혀 있었다. 지금까지 사례가 없는 연호 사용이 무엇을 의미한지 쉽게 와닿지 않아 사람들을 궁금하게 했다.

이덕견은 곧바로 관찰사에 의해 체포되어 감영으로 이송되었다. 관찰사는 죽음을 무릅쓰고 적에게 맞서야 할 장수가 비굴하게 애걸하여 목숨을 보존했으니, 군법대로 다스려 나태한 마음을 분발하게 하고 장사들에게 두려운 마음을 갖게 하기 위해 참형에 처했다. 그 때문에 영암성 수성장은 부재중이었다.

이때 전라감사 김주는 전주부윤 이윤경(李潤慶)을 영암진장에 임명하여 전주 군병을 거느리고 가서 영암을 구원하게 했다. 영암을 잃으면 나주 이상이 위험하기 때문에 김주는 이윤경으로 하여금 영암을 지키게 한 것이다. 이윤경은 전주부윤으로 오기 전에 대읍인 의주목사·성주목사를 역임했는데 그때마다 선정을 베풀어 백성들로부터 불망비의 대상이 된 인물이다.

이윤경은 도순찰사 이준경의 형이다. 형제가 왜적 정벌에 나선 것이다. 이윤경은 전주의 힘세고 날랜 군사 3백 명을 거느리고 내려와서 영암성에 진을 쳤다. 전라감사도 군병을 붙여 주었다. 부서도 정하기 전에 왜적이 영암성 아래까지 밀고 들어왔다. 그는 사수하려는 계책을 가지고서 군졸들을 무마하고 무기를 갖추기에 힘과 마음을 다했다. 막아낼 방법을 지극하게 하지 않는 것이 없으므로 성안의 사람들이 서로 의지하며 그를 믿고 따랐다. 뾰쪽한 네 갈래 쇠침이 달린 마름쇠를 성밖에 뿌려 왜적의 접근을 못하게 했다. 쇠뇌 병사도 성 외곽에 매복시켰다. 뒤이어 우도방어사 김경석이 2백 명을 거느리고 나주로 내려와서 영암성으로 들어왔다. 중앙 원정군과 전라도 육군이 영암성 안으로 총집결한 셈이다.

왜적 일부는 이미 영암성에서 북진하여 나주 남쪽 모산리(1906년 영암으로 이속, 현 영암 신북면)까지 진격했다. 모산리는 하동정씨, 경주이씨, 문화유씨 등의 양반 집성촌이었다. 그런데 백광훈이 "진남의 아침 구름 오랑캐 북소리에 놀라고, 모산의 저녁달 피비린내 먼지에 어둡구나"로 읊었고, 실록에는 영암에서 패한 왜적이 나뉘어 나가 나주 촌락을 약탈했다 적혀 있다. 모산리 양반들이 크게 분탕질을 당했음을 알 수 있다.

이로 나주 사람들의 원망이 골수에 사무쳤고, 더불어 갖가지 유언비어가 난무하여 두려움이 나주 안에 가득 찼다. 이에 도순찰사와 전라감사는 나주로 들어가서 나주 위쪽으로 왜적이 올라가지 못하게 봉쇄했다. 전라병사 조안국이 나주에 도착하여 영암으로 내려가면서 모산에 적이 있다는 소식을 듣고 달려가서 수색에 나섰다.

왜적의 선봉은 영암성 밑을 들락날락 거리고, 일부는 성 밖 마을에 들어가서 민가를 불태우고 재물을 약탈하여 소와 말에 싣고 갔고, 많은 사람을 살상하고 납치해 갔다. 그들의 만행에 살기 위해 산골로 도망가는 사람이 줄을 이었다. 배를 타고 바다로 도망가는 사람들도 있었다. 왜적들의 떠드는 소리를 들은 영암 사람 가운데 기가 꺾이지 않는 사람이 없을 정도였다. 이미 이들은 영암으로 진격할 때 사로잡은 노약자와 자녀를 배에 싣고 약탈한 붉은 칠을 한 목판을 뱃전에 나열하여 방패로 삼으니, 햇빛에 붉은빛이 번쩍이므로 조선 군사가 멀리서 바라보고 그 위세를 두려워했다고 한다. 적이 패하여 배를 띄우고 도망가려 할 적에 배 가운데에 사로잡힌 어린 자녀들이 일시에 통곡하여 천지를 진동했는데, 여러 장수들은 왜적이 저들의 패함을 슬퍼하여 통곡하는 것으로 오인했다고 한다. 참으로 가증스러운 일이라고 『해동야언』에 실려 있다.

영암 수성군이 군사를 출동시켜 성에 오르자, 왜적들도 성을 본격적으로 포위하기 시작했다. 그러면서 그들은 포로로 붙잡은 조선 사람을 성 밑에 끌고 와서 수성군에게 겁을 주기 위해 베어 죽이고는 목을 성 안으로 내던지는 만행을 저질렀다. 나발을 불고 북을 치면서 펄쩍펄쩍 뛰고, 입술을 오므려 휘파람을 불며 큰 소리로 부르짖었다. 성에 오르는 흉내도 냈다. 놀란 나머지 성 안 인심이 동요하지 않을 수 없었다. 성 위에 올라와 있던 사졸도 기가 죽어서 벌벌 떨며 곧 무너져 흩어질 모양새였다. 밤이 되자 성 안 사람들이 더욱 동요했다. 이윤경이 촛불을 켜고 대청에 나와 앉았다. "헛되게 놀라지 말라!"고 몇 번 경고하자 얼마 뒤 안정되었다.

동생 이준경이 형 이윤경에게 글을 보내서 방어사가 들어갔으니, 형은 영암성에서 나와서 전주성으로 돌아가라고 했다. 그 글이 이르자 이윤경이 성에서 나가리라 생각하고서 사람들이 짐을 꾸리며 우르르 무너지는 기색이었다. 이윤경은 동생에게 글을 보내어 전령군을 보내지 말라고 부탁했다. 그런데도 다시 오자 활을 쏴서 돌려보냈다. 이 말을 듣고 민심이 진정되었다.

그리고 영암성 외곽에서 후원하던 남치근이 군관을 시켜 적진에 돌입하게 했다가 타고 간 말이 넘어져 피살되자 모두 두려워했다. 우도방어사 김경석도 매우 번성한 적을 보고서 어찌할 바를 모른 나머지 별다른 계책을 내지 못했고, 두려워만 한 나머지 성 안에서 움츠리고만 있다가 문밖에는 한 걸음도 나서지 못했다. 이 때문에 김경석도 두고두고 비난을 받게 되었다. 상황이 악화되고 있을 때 영암 수성장 이윤경이 친히 성을 순시하며 충의로 병사들을 격려했다.

「나는 이 성과 더불어 죽음과 삶을 기약한다.」

「너희들도 나의 마음을 알아 각자 기운을 떨쳐서 적을 죽이고 공을 세워서 훈상을 받도록 하라!」

그제서야 김경석이 자신의 군관을 시켜 동요하지 않도록 군졸을 진정시켰고, 군중에 전령을 보내어 "나아가 싸우는 사람은 살고, 물러나는 사람은 죽을 것이다"며 필승 의지를 표명했다. 한참 만에 감격해서 사람들의 마음이 저절로 안정되었다.

5월 24일 왜적들이 동서로 나뉘어 진을 짜고 몰려와 성을 포위했다. 동문 밖에 모여든 왜적들이 칼을 빼 들고 날뛰며 위세를 보였다. 동문은 덕진교를 거쳐 나주로 통하는 성문이다. 김경석이 동문 누각 위에 앉아서, 날래고 용맹스럽고 활을 잘 쏘는 군사 15명을 뽑아내어 나가 싸우게 했다. 그들이 동문 밖으로 나가서 싸운 지 한참 만에 왜적들이 북쪽으로 도망가며 사방으로 흩어졌다. 왜적들은 도망치면서 되돌아서서 희롱하는 짓을 하며 두려워하지 않는 모양을 보였다. 활을 잘 쏘는 능사군이 장전(長箭)을 쏘자 칼로 받아쳐 맞추지 못하게 하다가, 편전(片箭)을 쏘자 모두 두려워했다. 흩어지던 왜적들은 쇠뇌에 상하기도 하고 마름쇠에 다치기도 했다. 바로 이때 많은 수성군이 일제히 성문을 열고 나가서 적을 무찔렀다. 군인들이 적의 목을 베어 오자, 이윤경이 모두 즉석에서 상을 주었다. 부상자들을 보고는 눈물을 흘리며 위로하니, 병사들이 더욱 분발하여 외로운 성을 끝까지 지켜냈다.

영암성 점령에 실패한 왜적들은 향교로 옮겨가서 그곳에 진을 쳤다. 당시 향교는 군의 남쪽 2리 월출산 자락에 있었다. 그들은 약탈한 재물을 소와 말에 나누어 싣고 영암향교로 들어갔다. 그래서 "전라도 월출산에 궁지에 몰린 왜인 수백명이 주둔하고 있다"는 말이 멀리까지 퍼졌다. 때때로 촌락에 나와 노략질했다. 이윤경은 김경석과 함께 군대를 몰고 가서 향교 외곽을 에워쌌다. 그들이 향교로 들어간 지 닷새째 되는 5월 29일, 적장은 대성전의 위판을 세워 모시는 걸개를 의자로 삼아 걸터앉아 명령을 내리고 있었다. 누런색의 깃발을 든 자가 그 깃발을 낮추었다 높였다 하여 마치 상대편을 부르는 것과 같은 모양을 하였고, 나머지 적병은 칼과 창을 휘두르며 박수를 치고 소리를 지르는데 그 소리가 천지를 진동한 듯했다. 때가 왔다고 판단한 이윤경은 군사들에게 명을 엄하게 내렸다.

「앞으로 전진하는 자는 살고 퇴각하는 자는 죽을 것이다.」

명이 떨어지자마자, 김경석의 군관이 편전을 쏘았다. 화살이 왜장이 앉아 있던 의자 옆의 기둥에 맞았다. 이를 신호로 군사들 모두가 일시에 화살을 쏘아 그의 왼쪽 다리를 맞추자, 왜장이 전투를 독려하기 위해 칼로 자기 휘하들을 치므로 칼에 맞은 사람들이 모두 다쳤다. 김경석이 향교 밖에 있는 왜적들을 향해 불화살을 쏘도록 명했다. 마침 서풍(西風)이 크게 일어나 화살이 빠르게 날라갔다. 모든 군사들이 승세를 타고 일제히 쫓아가니, 왜적들은 모두 향교로 들어갔다. 향교 안으로 뒤쫓아 간 군사들이 화살을 비 오듯이 쏘아대자, 적들은 드디어 기세를 잃고 무너졌다. 이윤경의 지시를 받은 장수와 병졸들이 분개하고 원망하며 결판을 내는 싸움을 펼쳐 적의 머리 1백 4급을 베었다. 군량과 재물을 버리고 정신없이 북쪽으로 도망가는 적을 쫓아가 6급을 더 베었다. 나머지는 모두 사방으로 흩어져 버렸다. 왜적 2백여 명을 죽였다고 한다.

　왜적들이 영암 향교에 진을 쳤고 그곳에서 전투가 벌어졌기 때문에, 향교가 큰 피해를 입었다. 우선 선성 위판이 거의 다 타고 세 위만이 남았다. 또한 제사를 지내는 제기도 망가뜨려졌다. 그리고 쌓여 있는 왜적의 시체와 땅에 가득한 유혈로 경내가 매우 더럽혀졌다. 그래서 영암 향교에서는 남아 있는 위판은 경내의 정결한 곳에 옮겨 묻고 불에 탄 위판은 새로 만들었다. 제기도 다시 비치할 수밖에 없었다. 정부에서는 예문관으로 하여금 석전제의 축문을 특별히 짓게 하고 아울러 제수도 내려보내어 본도 관찰사에게 품계 높은 수령을 택정하여 제례를 거행하게 했다. '더러운' 곳에 더 이상 있을 수 없어 영암향교는 을묘왜란 이후에 읍성 남문 밖에서 서문 밖으로 이건하여 오늘에 이른다. 당시 영암 외에 장흥, 강진 등지의 향교에도 왜군이 들이닥쳤다. 왜 향교에 들어갔는가에 대해서는 알려져 있지 않다. 왜군이 전라도를 점령한 정유재란 때에도 도내 향교들이 대부분 소실되었다. 을묘왜란 때 왜적들이 영암 등지에서 했던 것처럼 해서 그러했을 것 같다.

　이윤경과 김경석의 협공으로 영암에서 왜적을 물리쳤다. 적병이 사기가 꺾이어 퇴각한 것은 영암 전투로 말미암았다. 김경석은 현장에서 자신의 군관을 보내어 장계를 올렸다. 국왕이 앞으로 다가오도록 하고서 "서로 싸울 때의 일과 보고 들은 일을 자세하게 말하라"고 하니, 군관은 향교에서 벌어진 전투 상황을 자세하게 아뢰었다. 도순찰사 이준경과 함께 나주에 있던 전라감사 김주는 나주 객사의 무이루에서 승전 소식을 듣고, "왕이 보낸 군대가 와서 적을 격파하였다는 소식을 듣고, 병든 몸 바로 잡고 돌아가 쉼이 마땅하네"로 읊었다. 영암성 수성 공으로 이윤경은 1계급 특진 상을 받았다가, 곧이어 전라도 관찰사가 되었다. 을묘왜란 당시 전라도 통치를 맡았던 많은 관리·장수와 왜구 격퇴의 명을 받고 전라도로 내려온 많은 장수가 이런저런 이유로 비난을 받았는데, 유일하게 전주부윤 겸 영암가장 이윤경만이 '영암 승첩'으로 극찬 일변도의 평가를 받았다.

　이때 좌도방어사 남치근은 광주로 내려와서 나주로 들어왔다. 복통으로 접대하러 나오지 못한 나주목사 최환을 일을 제대로 하지 않았다며 떼려 죽여 비난을 받았다. 이어 왜적들이 나주나 광주로 못 들어오게 남치근은 남평현으로 가서 진을 쳤다. 그때 전라병사 조안국은 나주 영산진에 주둔하고 있었다. 남치근과 조안국은 5월 29일 영암향교 전투 때 반나절 거리에 불과한 그곳에 머문 채 효과를 배가할 수 있는 협공에 나서지 않았다. 특히 조안국은 영암성이 건너 보이는 덕진교까지 왔지만 성원은 하지 않고 의병(疑兵)을 설치할 뿐이었다. 이들은 전투가 끝난 이튿날 30일에야 영암성에 이르러서 패하고 도망치는 왜적을 강진 뒷산 고개(현 까치재로 추정)까지만 추격하고서 날이 저물었다고 핑계 대고 밤을 새운 뒤에 천천히 나가니 이미 때가 늦어 아무런 성과를 거두지 못했다. 그리고 왜적이 더 이상 올라오지 못하도록 병영·강진·영암이 서로 만나는 작천(鵲川)에 진을 쳤지만, 왜적들이 병영성·장흥성·강진성을 공격할 때

가서 구원하라는 도순찰사의 명령에도 불구하고 쳐다만 보고 3성이 함락되는 것을 방치하고 말았다. 그래서 국왕은 배로 돌아갈 수 없도록 전부 섬멸하라고 했지만, 모두 배를 타고 도망쳐버렸다고 평가했다. 이런 점으로 남치근과 조안국에게는 왜적이 포위하고 있는 영암성을 치지 않았다는 비난과 함께, "때에 맞추어 추격하지 않아 왜적들이 무사하게 배에 오르게 한" 혐의를 받게 되었다. 다만 남치근은 영원(嶺院)에서 왜적을 만나 10여 급을 베어서 가지고 돌아왔다. 이 왜적은 나주 모산까지 올라갔다가 영암으로 퇴각하는 무리였다. 영원에서의 전과는 나중에 전공 심사의 대상이 되었다. 영원은 나주 남쪽 60리 나주·영암 경계의 고개[嶺院峙]에 당시 있었던 원으로, 이후 폐지되었다.

우도방어사 김경석도 영암에서 이윤경을 도와 대첩을 거두어 나주 이남이 전화를 면하게 한 공이 있다. 하지만 김경석은 여러 혐의에서 자유롭지 못했다. 영암성이 적에게 포위당했는데도 성 안에 있으면서 일전을 시도하지 않은 점, 영암향교에서 패하고 퇴각하는 적을 추격하다 중간에서 돌아온 점, 병영·장흥·강진이 연이어 함락되는데 영암성 안에 틀어박혀 전혀 움직이지 않은 점 등이 김경석에게 가해진 주요한 혐의였다. 이 혐의는 군법에서 말하는 "머뭇거리면서 진격하지 않아 군기(軍機)를 잃어 그르친" 것으로 모두 참형에 해당하는 것이다. 도순찰사의 종사관이었던 심수경이 문제가 없는 것은 아니지만 공이 작지 않다고 변호했지만, 국왕은 김경석을 조안국과 같이 죄를 입은 사람으로 분류하고 말았다. 그리하여 김경석은 녹공(錄功)에 참여할 수 없었고, 죄 가운데 중형에 처해졌다.

「김경석은 주장으로서 왜적이 마음대로 사람을 죽이고 노략질할 때 겁을 먹고 위축되어 나가지 않다가, 휘하 사졸이 강청한 뒤에야 비로소 나가 싸우기를 허락하였다.」

「만일 제때에 추격하였으면 잡아 없앨 수 있었을 것인데, 그렇게 하지 못하였으니, 무슨 지휘한 공이 있는가?」

「김경석은 비록 중형을 처한다고 하더라도 애석할 것이 없다.」

그에 따라 김경석은 형신을 받게 되었다. 3차 형신을 받자, 3정승이 영암 전투에서 참획한 왜적이 1백급에 이르고 창궐하던 적이 패주했으니 적을 물리친 공이 없다고 할 수 없다고 했다. 그러나 소용없이 김경석은 7차 형신까지 받았지만, 생명을 겨우 부지했다. 국문을 받을 때 의금부 당상으로 있는 윤원형의 친조카 윤백원에게 돈과 비단을 뇌물로 바쳤고, 윤원형에게 백금 1백 냥과 보물을 뇌물로 바치고 참형을 면했다는 기사가 실록에 수록되어 있다.

남치근과 김경석 그리고 조안국이 이러저러한 이유로 비난에 휩싸이게 된 것은 본질적으로 당시 지휘체계의 한계에서 비롯되었다. 군졸은 적은데 장수는 많고, 방어사와 병사·수사의 명령이 일원적이지 않아 불편한 점이 적지 않았다. 군정에 체계가 없어 민심이 통일되지 못했다. 그리고 이들 3인이 서로 굴복하지 아니하고 맞버티었던 점도 그들의 혐의에 대한 의혹을 증폭시켰다. 이들이 서로를 인정하지 않자, 그들의 휘하 군사들도 서로 헐뜯어 시비가 분분했다. 진관체제의 약점을 보완하고자 채택한 제승방략 체제도 한계를 지니고 있어서 이러한 문제가 노출되었다.

남치근과 김경석에 대한 혐의는 남정군에 대한 논상 논란으로 이어졌다. 김경석이 우도방어사에 임명되자 양사준에게 편지를 보내어 "공은 문무에 재주가 있으니 종사관이 되어 달라"고 청했다. 양사준은 주장을 보좌하는 종사관을 수락하고서 사흘 밤낮 8백리를 달려 영암군에 들어왔다. 쉴 틈 없이 영암성을 지키고 적과 격렬하게 싸워 많은 공적을 세웠다. 그런데 그를 포함한 많은 남정장사(南征將士)가 제대로 포상을 받지 못했다. 그 이유는 김경석을 포함하여 남정 나갔던 장수와 병졸들이 모두 겁을 내고 머뭇거리다가 도망가는 왜적을 소탕할 기회를 놓친 죄를 범해서였다. 그래서 사간원은 남쪽 토벌에 나섰던 종사관과 군관에게 낮은 품계를 준 것은 충신을 권장하고 전공을 책려하는 뜻이 아니라고 반박했다. 홍문관은 남정군에 대한 상벌에 대해 사람들이 흡족하게 여기고 있지 않고, 김경석을 포함한 온 나라 사람들이 모두 공이 있는데도 벌을 받았다고 했다. 두 기관은 국가를 위해 헌신했음에도 불구하고 남정군에 대한 포상이 제대로 이루어지지 않았다고 말했다. 이 말은 국군 통수권자 국왕과 국무 총리자 정승에게 돌아가야 할 실정(失政) 책임을 남정군에게 돌리는 것이 아니냐는 표현이었다.

　　　　이러한 전후 사정을 양사준도 잘 알고 있었지만, 어떻게 할 수가 없어 가슴앓이만 앓았다. 대신 그는「정왜대첩」이란 시를 지어 자신의 심정을 나타냈다. '영암 승첩'과 남정군의 귀환을 "장군의 대첩은 만인이 보았고, 종군 장사들은 돌아가기에 이르렀네"로 읊었다. 장군은 자신의 상관 김경석을 말하고, 자신을 포함한 남정군은 승첩 후 영암에서 서울로 돌아가게 되었다는 것이다.

　　　　그리고 양사준은「남정가」란 가사를 지었다. 달량성 함락의 원인을 "생각 없는 저 병사야, 네 진영 어디 두고 달량성으로 들어가느냐, 옷 벗어 항복함이 처음 뜻과 다르구나"로 진단했다. 전라병사 원적의 패전 이후의 참상을 "칼 맞거니 살 맞거니 시신이 늘렸으니, 불쌍하다 남도 백성이여, 왜적 기세 등등하여 열 성을 함락하니, 봉봉이 봉화요 골골이 병화로다"로 말했다. 왜적의 극악무도함이 삼포왜란 때보다 더하다고 했다. 이에 용맹 노장 김경석과 한낱 서생 본인이 임금에게 하직하고 사흘 만에 영암에 이르렀다. 붉은 방패 높이 들고 칼날 휘두르며 주장 김경석은 세 번 명령하고 종사관 자신은 다섯 번 거듭 명하였다. 성 동쪽 눈앞에 닥친 왜적을 향하여 포화를 우박 흩어지듯 화살을 비 오듯이 퍼부었다. 징과 북 다투어 치고 온갖 창우회 펼치니 승기가 가득하여 장창을 부리고 대검을 쓰는 왜적은 도망가고, 적의 머리는 깃대에 매달리고, 도적의 시체는 동문 밖 덕진교 위에 산처럼 쌓였다. 영암의 대승을 읊은 다음 편안할 때 위험 잊지 말아야 하고 우국충정을 한결같이 잊어서는 안 된다고 마무리를 지었다. 이「남정가」는 가장 오래된 전쟁가사로, 우리 문학사에서 새 지평을 연 작품으로 평가되고 있다.

6. 양달사, 광대와 함께

그동안 번번이 무너지거나 변변한 승리 한번 없었는데, 영암에서의 전투는 제대로 성을 지켜낸 것이었다. 그래서 이를 '영암 승첩'이라고 입을 모았다. 이로 말미암아 현장에서는 왜구의 승세를 꺾고 반전의 기회를 얻게 되었다. 그리고 조정은 겁에 질린 나머지 목숨을 보전할 생각만 한 채 머뭇거리면서 힘써 싸우지 않은 남정군에 대한 신뢰도 어느 정도 갖게 되었다.

그러나 승첩의 공은 전주부윤으로 영암가장을 겸한 이윤경에게 쏠리는 양상이었다. 동생인 도순찰사 이준경이 돌아가신 형 이윤경의 영전에 바친 시의 일부다.

> 영암에 있었던 전역(戰役)
> 왜구가 한창 강성하였습니다.
> 형님께서 포위 속에 있어도
> 지시함이 평상시와 같았습니다.
> 사람들은 의지해 자중을 하고
> 군사는 힘입어서 놀람 없었습니다.
> 내 형님 원수(元帥)가 되어
> 말을 달려 나주에 갔습니다.

'영암 승첩'의 공이 이윤경에게 쏠린 이유는 많은 사람들이 이윤경을 믿고 영암성 수성에 뛰어들었기 때문이다. 여기에는 영암 출신 민간인이 합세하여 펼친 활약이 큰 몫을 차지했다. 이와 관련하여 이윤경이 동생 이준경에게 보낸 편지가 주목된다. 그 속에 영암성 전투는 처음에 성문을 나가고자 시험한 것인데, 조구·김희장이 활을 쏘고 칼·창을 쓰기를 많이 했고, 활로 적을 가장 많이 죽인 사람은 조구·김희장·양달사 3인이 최고라고 평가했다.

세 사람의 분투로 승리를 거두었다는 뜻으로 해석된다. 이 가운데 조구(趙述)와 김희장(金希章)의 약력에 대해서는 추적되지 않는다. 다만 조구는 진도군수를 역임하다 파직되었고, 김희장은 어란만호로 있다가 파직되어 본진에 충군되었다. 이마 이들은 무인으로 관직에 있다가 파직되어 영암 지역의 군인으로 편입되어 있는 인물로 추정된다. 충군(充軍)된 무인도 종군하라는 정부의 명령이 있어서, 이들이 영암 관군의 일원으로 참전했던 것 같다.

그러나 양달사(梁達泗)는 영암 출신의 전직 관료로 민간인 신분이다. 그는 의병을 모집하여 관군과 함께 왜적을 격퇴하는 데 앞장섰다. 양달사는 3종숙 양팽손 문하에서 수학했다. 양팽손은 조광조와 함께 개혁정치를 추진하다 기묘사화를 당하고서 낙향했고, 낙향 후 고향 능성으로 유배와서 사사당한 조광조 시신을 수습한 인물이다. 당시 정계나 뒷날 학자들에게 양팽손은 '의리'나 '절의'를 실천한 인물로 알려졌다. 양달사는 지략과 용맹이 뛰어나고 지조가 높았다. 무과 급제 후 여러 관직을 거치고서 집에 있을 때 왜란이 일어났다. 가리포첨사를 역임한 바 있어 왜적 방어에 대한 경험을 지니고 있었다.

양달사는 왜란이 발발하자 크게 격분했다. 눈물을 흘리며 가족에게 말했다.

「나는 나라의 신하로서 평소에도 오히려 충성을 다해야 하는데, 하물며 이런 국가의 위난에 어찌해야 하겠는가?」

「만일 목숨을 부지하는 일을 다행으로 여긴다면 이를 어찌 의리라 하겠는가?」

그리고 양달사는 종제 양응정에게 편지를 보냈다. 이런 대변란에 무엇을 어떻게 하면 좋겠느냐고 물었다. 양응정은 양팽손의 아들이다. 종형 양달사에게 답장을 보냈다.

해구(海寇)의 변이 여기에 이르렀습니다. 영암 바다는 적과 바로 부딪치는 요충지입니다. 그런데 승평의 날이 오래되어 백성들은 군대를 모르고 창졸간에 어찌할 바를 모르고 있습니다. 만약 백씨, 중씨, 계씨 같은 어진 이들이 한 번 죽기를 각오하고 앞장서신다면 모든 혈기 있는 사람들 역시 따라 나설 것입니다. 그 얼마나 흠탄할 일입니까. 조정에서 장수를 파견하여 토평한다고 하여도 오랑캐 놈들의 만행을 막아내기는 아마 어려울 것입니다. 이 급한 상황에서 어찌 최마 입은 몸임을 따질 것입니까? 평시부터 기복의 뜻에 대하여 익히 강마하셨으리라 생각된 바 충과 효가 일반인데 그 누가 옳지 않은 일이라고 하겠습니까. 어리석은 소견으로는 그러합니다. 바라건대 촌각도 지체 마시고 한 번 의려(義旅)를 일으키시어 바라는 사림의 마음에 위안을 주소서.

당시 양달사는 모친상을 당하여 집에 있었다. 상중에는 외부 활동을 하지 않는 것이 조선의 예법이다. 그럼에도 양달사는 예제에 얽매이지 않고 상복을 벗고 의병을 일으키고자 종제에게 편지를 보냈다. 양응정은 거의를 하여 왜구를 격퇴해 주라고 종형에게 권유했다. 양응정은 의롭게 한 번 죽기를 각오한다면 얼마나 아름답고 감탄할 일이라면서 종형에게 촌각도 지체하지 말라고 강조했다. 그것이 충과 효를 강조하는 유학 이론상 틀리지 않다는 말도 곁들였다. 이 부탁은 양응정의 개인적인 의견이자, 절의(節義)를 중요하게 여기는 가문 전통과 지역 학풍의 요청이었다. 그는 이듬해 문과중시에서 북쪽 여진과 남쪽 왜구에 대한 대책을 논한 「남북제승대책」이란 글로 장원 급제를 할 정도로, 병학에 남다른 식견을 지니고 있었다.

이에 양달사는 곧바로 창의했다. 고향 사람을 모았다. 형 달수, 동생 달해·달초와 함께 상복에 먹물을 들여 입고 의병들과 함께 영암읍성 안으로 들어갔다.

「임금과 부모는 한 몸인데 어찌 예제(禮制)에 얽히어 소홀하게 할 것인가?」

양달사는 검을 잡고 격분하여 장졸들의 선봉이 되었다. 광대를 모아 알록달록한 옷을 입고 채색 모자를 쓰고 성에 들어오게 했다. 광대로 하여금 온갖 놀이를 적 앞에서 하여 적을 희롱하게 했다. 성 밖 한곳에 모여 있는 적이 이를 보고 서로 웃고 떠들며 눈길을 돌리어 한눈을 팔았다. 그 틈을 타서 양달사는 공격을 감행했다. 몰래 용맹한 군사 수백을 이끌고 일제히 성 밖으로 뛰쳐나가 공격하니 광대 무리들이 함께 했고, 성 안의 노소 사람들이 또한 북을 치며 뒤따랐다. 이로 대승을 거두어 많은 적을 죽였지만, 자신도 10여 군데의 부상을 입었다.

전라도는 광대가 많고 그들의 재주가 출중함은 널리 알려져 있다. 양달사의 광대 모집 기록은 2백 년 뒤 『여지도서』 속의 영암읍지에 나온 것이다. 그런데 이윤경이 광대 4, 5백 명을 뽑아 모두 채색옷을 입히고 성에 들어와 막게 했다는 기록도 있는데, 이는 을묘왜란으로부터 그리 멀지 않은 시기에 나온 야사 『기재잡기』에 수록되어 있다. 그리고 양사준의 「남정가」에 "도적 떼 향해 돌진하여, 오작희(烏鵲戲) 창우희(倡優戲) 온갖 도구 모두 펼치니, 그 소리 온 성을 울리도다"고 했다. 까마귀와 까치로 분장한 놀이와 광대들이 연기하면서 재담을 늘어놓는 놀이의 주체가 마치 남정 관군처럼 묘사되어 있다. 어느 것이 사실인가는 더 알아보아야 할 일이지만, 현지인의 노력에 더 무게를 두어야 하지 않을까 한다. 물론 그것을 허락한 지휘관의 판단력도 높이 살 일이다.

왜적들이 병사를 모아 반격을 가해오자, 양달사는 퇴각하면서 적을 유인하여 진흙 고랑으로 몰아넣었다. 적이 질퍼덕한 흙 속에서 허우적댈 때 적을 기습적으로 공격했다. 그리고 급히 성 안으로 돌아왔다. 이때 성 안은 식수가 고갈되고 날씨는 한여름 무더위였다. 관민 합동 수성군은 식수 고갈에 지쳐서 어쩔 줄을 몰랐다. 이때 양달사가 군령을 내리는 큰 깃발을 높이 쳐들고 한번 호령한 뒤 땅을 세 개 내리치자 신기하게도 '쾅'

하는 소리와 함께 깃발이 찍혔던 자리에서 물줄기가 솟아올랐다. 너무나 뜻밖의 광경을 바라보던 군사들은 함성을 올리며 솟아오르는 샘물로 갈증을 달랬다. 이 샘을 영암 사람들은 지금까지 '장독꼴샘'이라 한다.

샘물로 갈증을 달래어 사기가 오른 수성군은 왜적을 향해 맹렬한 공격을 퍼부었다. 광대들과 백성들은 징과 북을 두드리며 수성군의 기세를 올려주었다. 양달사는 신출귀몰하고 변화무쌍한 꾀를 발휘하여 적은 수로 많은 적을 대적하여 적진을 크게 쳐부수고 많은 적을 죽였다. 그는 몸에 수십 군데에 창상(創傷)을 입었지만, 사력을 다해 왜적을 물리치고 성을 방어하는 데에 공을 세웠다. 이로 왜적은 더 이상의 북진을 하지 않고 강진·장흥 쪽으로 내려갔고, 일부는 후일을 도모하기 위해 영암 향교에 진을 쳤다. 당시 장흥부의 벽사역 벽에 시가 써서 붙여졌다. 그 시에 "공이 있는 달사는 어디로 가고"란 구절이 있다. '달사'는 양달사이다. 양달사는 영암성을 지킨 공이 있는데 발탁하여 기용하지 않은 세태를 비꼰 말이다. 양달사는 포상을 받지도 못한 채 전쟁 때 입은 창상이 종기로 변해 수년 동안 끙끙 앓다가, "어버이 상중에 전쟁터로 나간 이"는 끝내 죽고 말았다.

을묘왜란 때 행한 이남은 물론이고 양달사의 창의는 당시 이미 국난 극복의 모범이 되었다. 이는 이남의 창의 소식이 경상도 성주에까지 공문서를 통해 알려졌고, 양달사는 영암을 지킨 공이 있는데 발탁하여 기용하지 않았다는 대자보를 통해 알 수 있다. 당시 창의 사례는 매우 희소했다. 그리고 현직자 가운데 절의(節義)로 죽은 사람이 한 명도 없었다. 이 점에 대해 정언 박응남(朴應男)이 경연 자리에서 국왕에게 말했다.

「절의는 국가의 원기입니다.」

「이번 왜란에 몇몇의 성진(城鎭)이 함몰되었는데도 수령이나 변장 중에 절의에 죽은 사람이 한 사람도 없었으니, 어찌 국가의 수치가 아니겠습니까?」

"역대 제왕들은 절의를 숭상" 했다거나, "절의 있는 선비가 천하의 대세를 막고자" 했다는 등 그는 이후에도 여러 차례 '절의 숭상'을 강조했다. 박응남은 앞에서 말한 박응복(해남 임씨 부인 남편)의 형이다. 막강 군사력을 지닌 왜적의 침략으로 그 어느 때보다 절의가 숭앙되어야 한다고 판단하여 박응남은 이러한 주장을 펼쳤다. 하지만 당시 집권 척신 세력은 그런 정치 철학을 바라지 않았고, 오직 권신(權臣)의 명에 순종하는 것만 바랄 뿐이었다.

따라서 창의 사례가 매우 희소하고 집권층이 절의에 무관심했다는 점에서, 이남·양달사의 창의는 더더욱 돋보일 수밖에 없었다. 이들의 창의는 뒷날 강진·해남·영암 외에 나주·광주 등 도내 곳곳으로 확산되어, 전라도가 의병의 고장 '의향(義鄕)'이 되는데 밑거름이 되었다. 더 나아가 의병은 전국 곳곳으로 확산되어 조선을 '의병 국가'로 만드는데 기여했다. 그러기에 '최초 의병'이나 '최초 의병장'이 누구인가에 사람들은 관심을 갖지 않을 수 없었다. 그 과정에서 과장이나 폄하가 있을 수 있으니, 사실과 논리에 입각하여 침착하게 살펴보아야 한다.

전라도 사람들은 나중에 방대한 『호남절의록』을 편찬하여 그 속에 자기 지역 출신의 역대 의병들의 행적을 수록했다. 여기에 을묘왜란의 사실을 설명한 「을묘의적(乙卯義蹟)」 편을 두어 양달사와 백세례 2인을 수록했다. 양달사는 영암읍성 전투에서 관군과 함께 승리를 이끈 인물이다. 백세례는 장흥 출신으로 무과에 급제하고 부장(部將)을 역임했다가 달량성 전투에서 자기 고을 원님 한온과 함께 죽은 인물인데 "화살이 다 떨어지고 칼도 부러져 마침내 적에게 살해당하고 말았다"고 적혀 있다.

7. 경상도 지원병

1545년 병약한 인종이 죽고, 한 살 아래의 이복동생 명종이 즉위하면서 을사사화가 일어났다. 을사사화는 명종을 따르는 척신이 인종을 따랐던 사림(士林)을 숙청한 사건이다. 사화로 많은 사람들이 관직에서 쫓겨나거나 목숨을 잃고 유배를 갔다. 이때 이문건(李文楗)의 조카들이 명종의 즉위를 부정하고 어진 임금을 모셔야 한다고 주장했다. 이로 조카들은 능지처참 형을 당했지만, 이문건은 경상도 성주목에 유배되는 운명을 맞이했다. 그는 성주에서 22년 동안 유배 생활을 하다가 해배를 맞지 못하고 고향 충청도 괴산을 가지도 못한 채 그곳 객지에서 죽고 말았다.

이문건은 신진 사림 출신으로 조광조 문하에서 학업을 닦고 문과에 급제하여 사간원 정언과 이조 좌랑 및 승정원 동부승지 등 요직을 역임하다가 사화를 입고 성주에 유배되었다. 한마디로 촉망받는 엘리트 관료였다. 그는 성주에 오기 전부터 죽을 때까지 32년 동안『묵재일기(默齋日記)』란 일기를 썼다. 일기 속에는 개인의 일상생활은 물론이고, 유배에서 풀리면 어떤 역할을 맡을지 모르는 이문건과 성주목사·지역 세력가의 청탁 알선, 선물 수수, 행정 간여 등에 관한 기사가 가득 차 있다. 그리고 왜란 발발 후 전장과 멀리 떨어져 있어 생사를 넘나드는 긴박한 상황은 닥쳐오지 않았지만, 억류된 몸이어서 하루하루 들려오는 전란의 소식과 그로 인하여 언제 변할지 모르는 정국의 동향에 귀를 쫑긋 세우지 않을 수 없었다. 그리하여 일기에는 그가 보고들은 을묘왜란의 장면이 잘게 잘리어 토막으로 실려 있다. 이 자잘한 하루하루의 토막 일기에 왕조실록 기사를 불어넣으면 그런대로 '풀 스토리(full story)'가 나올 수 있다. 이 스토리는 전장 전라도에서 멀리 떨어진 후방 경상도 땅에서 벌어진 전쟁 이야기를 알게 해준다는 점에서 의미가 있다.

발발 소식과 불안함

왜적이 달량을 침략했다는 소식은 신속하게 전국으로 퍼져나갔다. 성주에 있는 이문건에게 을묘왜란 소식이 처음으로 전해진 날은 5월 17일이었다. 발발 엿새 지난 날이다. 이보다 하루 앞서 발발 소식이 서울의 임금에게 전해졌으니, 달량에서 성주까지 매우 빠른 속도로 소식이 전해졌다고 판단된다.

성주 관속이 감영에서 내려온 공문서를 가지고 와서 보여주었다. 발발 소식을 전라감사가 경상감영이 있는 상주(1601년 대구로 이전)로 보내고, 상주에 있는 경상감사가 도내 각읍에 보내고, 성주에 온 것을 관속이 가지고 이문건에게 왔음을 알 수 있다. 내용은 전라도에서 왜란이 일어나 병사 원적, 장흥부사 한온, 해남현감, 전 광양현감 등이 피해를 입었다는 정도이다. 함락이 아니라 발발 소식이고 현재 대치 중이라는 정도이지만, 객지에서 유배 생활하고 있는 이문건은 이 뒤끝이 어디까지 갈지 알 수 없어 몹시 놀랐다. 바로 처자식들에게 말하고 가족들과 함께 전란을 걱정했다. 여러 가지가 궁금하여 성주목사 이사필에게 편지를 써서 왜란에 관한 자세한 소식을 물었다. 다음 날 18일 이문건은 지인들에게 문안 편지를 썼고, 사람들이 찾아와서 왜란의 일에 분개했다.

마음이 불안하고 소식이 궁금했지만, 한편으로는 평화스러운 일상이었다. 그는 전란 기간에 평시처럼 바둑을 두고, 책을 보고, 시를 짓고, 글씨를 쓰기도 했다. 가지 모종을 옮겨 심고, 보리타작을 감독했다. 지인으로부터 선물을 받고 보내기도 했고, 편지를 보내기도 했다. 가족 제사를 지내고, 명을 어긴 노비에게 체벌을 가하고, 죽은 여종의 장례를 치르고, 약을 지어서 아픈 아들을 치료했다.

도순찰사·방어사 도착

명종은 전라감사 김주로부터 올라온 왜란 발발 소식을 접한 당일, 이준경을 전라도 도순찰사로, 김경석을 우도방어사로, 남치근을 좌도방어사로, 그리고 조광원을 경상도 도순찰사로, 조안국을 좌도 방어사로(곧바로 조안국을 전라병사로, 김세한을 좌도방어사로 삼았으나 청홍하도로 내려가게 함), 윤선지를 우도방어사로, 장세호를 청홍도 방어사로 삼았다. 전라도는 도순찰사-좌도·우도방어사 체제를 그대로 유지했으나, 경상도는 도순찰사-우도방어사 체제로 변경하여 운영했다.

이 소식은 나흘 지난 20일 현령(懸鈴, 방울을 달아서 변보를 전할 때 그 완급의 정도에 따라 다는 방울의 수를 달리한 방법)에 의해 급히 경상도에 전달되었다. 그다음 날 21일 성주 관속이 와서 "어제 병조 사람이 현령으로 내려왔는데 도순찰사 이준경이 18일 서울에서 출발했고, 윤선지도 특별히 가선대부에 가자되어 경상도에 내려와 무어(撫禦)한다고 합니다"고 말함으로써 이문건에게 전달되었다. 22일 서울에서 내려와 있던 구황경차관은 활동을 중단하고 서울로 올라갔다. 이제 모든 행정이 일상을 중단하고 전란 극복 체제로 전환되었다.

23일 우도방어사 윤선지가 김산으로부터 성주 관아에 들어와서 관찰사·도순찰사 등을 기다려 함께 일을 논의할 것이라고 했다. 성주는 낙동강 오른쪽에 있어 우도에 소속된 곳이어서 윤선지가 성주에 들어온 것이다. 그는 다음 날 성주에 들어온 관찰사 권철을 만나 일을 논의한 후, 그 다음 날 25일 바로 아래 고령으로 떠났다.

성주 관아에 내려와 있는 우부승지 이택(李澤)을 이문건은 가서 만났다. 이택이 달량성 함락 상황을 자세하게 전해주었다.

「원적이 지난 8일에 패하여 죽었는데, 함께 죽은 사족 재임자가 20여 명이고, 군졸은 수를 셀 수 없었다고 합니다. 처음에 왜선이 바다 섬 달도에 이르자, 권관이 보(堡)의 병사들에게 보성(堡城)안으로 달려 들어가게 했는데 성이 좁아서 다 들어갈 수 없었고 또 지원병도 없이 이틀을 머물렀습니다. 왜인이 우리의 병력이 열세인 것을 알고 성을 포위하여 공격했는데, 성 안에 화살이 다 떨어져서 기왓장으로 적을 내리쳤습니다. 적이 이를 알고 공격을 서둘러 성에 올라가 도륙했다고 합니다.」

이택의 전언은 사실에 부합되는 내용이다. 현지에서 올라온 장계를 직접 보았기 때문이다. 무엇보다 전라병사가 패하여 죽었고 달량성이 함락되었다는 소식에 이문건은 낙담하지 않을 수 없었다.

24일 관찰사 권철이 영산에서 성주로 들어와서 전날 들어온 방어사를 만나 일을 논의했다. 이문건 마을 사람들이 들녘에 나가 관찰사가 성주에 들어오는 행차를 보았다. 보통 관찰사의 행차 규모는 말이 40~50필에 달하는 대규모였다. 관찰사를 보좌하는 도사 양응태는 내일 성주 관아에 들어온다고 했다. 방어사, 관찰사, 도사가 연이어 성주에 들어온 목적은 전란에 투입할 군마와 군병의 징발에 있었다.

그런데 방어사 윤선지는 실록에 악평으로 묘사되어 있다. 무인인데 본시 용맹도 지혜도 없고, 국왕 외삼촌에게 뇌물을 주고 천거되어 동부승지를 거쳐 경상좌수사·충청수사까지 역임했고, 그의 아들은 첨사를 역임하고 갑자기 당상관에 올랐다. 부자의 고속 승진은 윤원형을 상전처럼 섬긴 결과였다. 그래서 윤선지에 대해 실록은 "욕심이 많고 야비하며 침탈만을 일삼고 권력있는 자를 잘 섬겼다"고 평했다. 그 한 사례로 배 4척을 만들어 뇌물을 가득 싣고 윤원형·심통원과 이준경·권철에게 바치니, 윤원형과 심통원은 받고, 이준경과 권철은 받지 않았다. 받지 않은 물건을 반은 자기 집으로 가져가고, 반은 왕실에 주었다고 한다. 밑바닥 민심은 매관매직을 일삼는 척신에 대한 반감으로 가득 차 있었음을 알 수 있다.

군마와 군병의 징발

왜란이 발발했다는 소식을 접한 성주목사는 19일 청사에서 군인들을 점검하고, 20일 강가에서 군대 진영을 펼쳤다. 목사가 직접 통솔하는 수하병이 조직되고 있었다. 수하병은 영관급인 군관과 일반 군졸로 구성되었다. 그러기에 일반 군졸보다는 군졸을 이끄는 군관이 되기 위한 경쟁이 치열했다. 이에 군관이 되려는 자들이 목사에게 영향력을 행사해달라고 이문건에게 청탁하기 시작했다. 어떤 이가 직접 찾아와서 군관이 되고 싶다고 하여, 이문건이 목사에게 편지로 부탁했고 목사도 그렇게 처리하겠다고 답했다.

23일 방어사가 내려오자 성주에서도 목사 수하병 외에 방어사가 통솔할 지원병에 대한 본격적인 모병 활동이 펼쳐졌다. 누가 저녁에 와서 함께 밥을 먹었다. 먹고 나서 "8결에 말 2필을 모두 내야 한다고 하는데, 말이 없으니 소로 대신하고자 하니, 부디 이 별감에게 말해주십시오"라고 말했다. '팔결작부(八結作夫)'란 전답 8결마다 인부나 공물을 내는 수취 원리로, 이에 의해 그에게 군마 2필이 부과되었고, 이 군마를 면제받을 수 있도록 이 업무를 맡고 있는 작청의 향리와 향청의 별감에게 말해주라는 것이다.

군마 징발과 함께 활 잘 쏘는 군인 징발도 진행되었다. 여러 사람이 능사군(能射軍) 일로 줄지어 찾아와서 면할 수 있도록 힘을 써주라고 부탁했다.

A가 와서 자기가 비밀리에 능사군에 뽑혔는데 목사의 군관으로 참여하고자 하니 편지로 말해주라고 했다. 이문건이 바로 목사에게 편지를 보냈더니 목사가 그렇게 처리하겠다고 답했다.

B가 와서 말하기를 자신은 몸이 약한데도 능사군에 뽑혔으니 봉족(奉足)을 했으면 하오니 부디 목사에게 말씀해 주십시오 하기에, 이문건이

곧바로 사람을 보내어 말했더니 그렇게 시행하겠다고 답했다. 봉족이란 군역 의무자로서 현역으로 입대하지 않고 고향에서 현역병을 뒷바라지 하는 자를 말한다.

C와 D가 함께 아침에 와서 "능사군에 뽑혔으니 어찌합니까?"라고 말하며 안타까움을 애절하게 호소했다.

E도 보러 왔기에 함께 의논하니, 징병을 면제받을 수 있도록 하등(下等)으로 장부에 올려놓는 편이 좋겠다고 했다. 이문건이 사람을 보내서 담당자에게 꼭 하등으로 기록해 달라고 아뢰었더니, 그리 처리하겠다고 했다.

F는 능사군에 뽑혔는데 목사의 수하병이 되고 싶다고 하여, 그의 부친 편지와 함께 목사에게 편지로 아뢰니 그렇게 처리하겠다고 답했다. 능사군으로 멀리 원정하는 것보다 자기 고을 수령의 수하병으로 있는 것이 낫다고 판단하여 이런 부탁을 한 것이다.

G도 능사군에 뽑혔다면서 와서 말하기를, "일찍이 다리를 절고 말을 더듬는 증상을 얻어 몸을 일으킬 수 없어서 병의 실상을 호소했는데, 역시 폐기하지 않고 일단 차출을 기다리라고 하니 몹시 걱정됩니다. 부디 말씀해 주십시오"라고 했다. 이문건은 그렇게 해줄 수 없어 거절했다.

H도 능사군으로 뽑혔다고 밖에 와 있자 불러서 보니, "부디 목사께 아뢰어 수행원이 되게 해주시기를 바랍니다"고 했다. 이문건은 자주 아뢰는 것이 번거롭다고 사양했지만, 관청에 하등으로 기록해 주라고 부탁했다. 뒤에 들으니 아예 면제받는 하하등으로 기록되었다고 한다.

I 형제는 학문에 뜻이 있어 활을 잘 못 쏜다는 뜻을 거듭 목사에게 아뢰니, 목사가 답장에서 "뽑지 않게 하겠습니다"고 했다.

이처럼 능사군으로의 차출 면제나 편한 곳 차출을 바라기 위해 무려 9건의 청탁이 이문건에게 들어왔다. 이 가운데 A와 F는 바로 뒤에 찾아와서 "힘써주신 덕택에 목사의 배병(陪兵)으로 참가하게 되었습니다"라고 말했다. 청탁이 성사된 케이스이다. 이들 두 사람은 모두 양반층이다.

당시 합법적으로 현역병 입대가 면제되는 길은 동몽·교생·업유와 같은 유생(儒生)이 되거나, 훈도·참봉·권관 같은 미관 말직자라도 되는 것이었다. 그런데 위 사례처럼 비합법적인 방법으로 피역이나 면역이 되는 양반층이 늘어나고 있었고, 설령 현역병으로 차출되더라도 장수를 보좌하는 행정병이나 일반 군졸을 통솔하는 군관 등의 편한 보직을 선호하고 있었다. 결국 현역병으로 차출된 사람들은 돈이 없거나 줄 댈 곳이 없어 피역이나 면역이 불가능한 하층민 사람들뿐이었고, 힘들고 험한 보직은 청탁을 할 수 없는 서민들에게 몰리고 있었다.

이 직전 경상도 암행어사가 상주 등의 군정을 보고한 바에 의하면, "한정(閑丁)을 추쇄할 때 군보(軍保)를 빼앗아 조예(皁隸)로 정하고서 그 값을 독촉 징수하여 온 종족과 이웃이 모두 도망가거나 흩어져 촌락이 텅 비게 되었다"고 했다. 군관은 지휘관이 자망(自望)하도록 되어 있는데 청탁의 쪽지로 스스로 추천하지 못하는 장수가 태반이었다. 돈을 받고 청탁에 못 이겨 군정이 엉망이었다. 이는 군 전력의 약화로 이어졌다. 이와 관련하여 근래 경상도 사람들이 무술을 전혀 익히지 않아 재주와 힘이 출중한 자도 모두 보솔(保率, 현역병 뒷바라지 군보)로 빠져 있다고 했다. 그러니 "요즘 군인 가운데 활 못 쏘는 사람만 가득 차 있다"는 말은 허언이 아니고 단지 정치 공세만이 아닌 사실에 부합되는 현실이었다.

능사군 외에 효용군, 잡색군, 승군

방어사는 어느 정도 목적을 달성했는지 고령으로 출발했다. 그리고 함창현감 김귀상이 읍병 여러 명을 이끌고 병마절도사에게 간다고 하면서 들러서 이야기를 나누었다.

26일 도순찰사 조광원이 종사관 이감·류중영을 이끌고 낮에 선산에서 성주 관아로 들어왔다. 관찰사와 함께 효용군·잡색군 등으로 하여금 잠시 농사일을 멈추게 하는 것과 승군을 뽑아서 잡역에 투입시키는 것을 의논한다고 했다. 27일 조광원이 먼저 나가고, 관찰사는 낮에 나갔다.

이들에 의해 각 사찰에 승군 동원령이 내려졌다. 승군 일로 어제 재촉을 받은 안봉사의 삼보승 성륜과 수승 희오가 부탁을 하고자 아침에 내려왔다. 죽을 먹여 돌려보냈다. 안봉사는 성주목 서북방 20리에 위치한 사찰로, 30두락 정도의 토지를 소유하고 20명 정도의 승려를 두고 있는 꽤 큰 사찰이었다.

28일 국왕은 선전관 장항을 경상도에 보내 감사 및 병사로 하여금 정병을 뽑게 하고, 경상우도방어사 윤선지로 하여금 5백명을 거느리고 전라도로 달려가게 했다. 전라도 형세가 위급했기 때문이다. 이 날 이문건은 목사에게 편지로 안봉사의 두 승려는 모두 허약하므로 매질하지 말 것을 청하니, 몸이 피로하여 누워 있어서 즉답을 할 수 없다고 목사는 답했다. 일부러 답을 미룬 것으로 보여진다. 이미 승군 징발을 거부하는 승려들에 대한 매질이 가해지고 있었다. 목사가 늦게 답을 했는데, 큰 절에서 8명만 뽑는 것은 적은 숫자라고 했다. 안봉사 삼보승이 다시 와서 말하기를, "승군을 뽑는 일은 향청 별감인 이창(李昶)이 감독합니다. 안봉사에 원래 있던 승 6명을 2명씩 세 무리로 나누어 장부에 올려서 천천히 갈 수 있도록 해주십시오"라고 했다. 이문건은 바로 이창에게 편지를 써서 힘써 달라고 말했다. 삼보승이 승군 일로 또다시 내려와서 절에서 이미 여러 명을 보냈는데 계속하여 재차 보낼 것을 독촉한다고 하소연했다. 이틀 뒤 삼보승이 와서 곶감을 주면서 자기 절의 세 승려가 나이가 많아서 전쟁터로 나가기에 마땅치 않다고 말하며, 별감에게 빼 주기를 힘쓰도록 편지를 써주라고 부탁했다. 이문건이 목사에게 편지를 썼더니, 보내지 않도록 힘쓰겠다는 답을 보냈다. 무려 네 번이나 내려와서 부탁한 보람이 있었다.

30일 함창현감이 군인을 병마절도사에게 넘겨주고 돌아오다가 들러서 이야기를 나누었다. 왜란 소식을 말해 주었다.

「병영·우수영·진도·강진·장흥 등지에 왜인이 난입하여 노략질하고, 영암성 밖에서도 노략질했습니다. 수군절도사·진도군수가 해남성으로 들어가 지키고, 도순찰사 이준경·전주목사 이윤경·광주목사 이희손·전임부사 유사 등이 각각 군병을 지휘하여 방어했지만 반격하지는 못했습니다.」

이어 함창현감은 서울에서 몹시 놀라서 경상도 방어사도 군사를 이끌고 호남으로 모이라고 했다고 말했다. 실제 국왕은 이틀 전에 경상도 방어사 윤선지와 충청도 방어사 김세한으로 하여금 각기 5백 명씩 거느리고 사세가 위급한 전라도로 달려가도록 했다. 함창현감과 이문건은 변고가 이리 심한 것을 함께 비통해하면서, 군사가 적고 군량이 부족하니 변고를 쉽게 지탱하지 못하여 여기에 이른 것이라고 진단했다.

경상도 군대를 '조전군(助戰軍)'이라 하여 전라도에 지원병으로 보낸다는 소식은 6월 4일 성주 관속이 와서 전해주었다. 관찰사가 성주의 군사 5백 명을 보내도록 독촉해서, 목사가 내일 직접 진주로 통솔해 간다고 했다. 능사군으로 차출된 사람들 가운데 이 소식을 들은 이가 이문건에게 와서 목사 행차 때 일반 병졸이 아니라 군관이 되려고 하니 편지로 아뢰어주라고 부탁했다. 출동 직전까지 청탁이 들어왔다.

11일 성주 관아에서 군병 5백 명을 뽑았다. 군병을 통솔하여 도순찰사에게 데리고 갈 책임자로 장교 전응건이 선임되었다. 그는 중간에 합천 등의 군사를 도순찰사 군영에 머물게 하지 않고 집으로 돌아가도록 허락했다는 소식을 듣고, 도순찰사에게 연락도 하지 않고 곧바로 지름길로 성주로 돌아와 해산하고 각각 집으로 돌려보냈다. 목사가 이를 잘못되었다고 여겨 다시 모이도록 명하는 해프닝이 벌어졌다. 사실 이때는 왜적들이 전라도 해안에서 퇴각한 뒤였다.

이문건이 목사에게 잘 다녀오라고 문안 편지를 쓰면서 세 사람을 군관으로 삼아달라고 하자, 답했다.

「내가 군대를 지휘하지 않고, 나를 대신해 창원부사가 지휘합니다. 이 사람들의 이름을 적어 창원부사에게 보내서 부탁하는 것이 좋겠습니다.」

목사는 한 발 빼고 말았다. 나흘 뒤 목사에게 안부를 물으니, 편지로 답하기를 "군병을 뽑는 데 군병이 모이지 않으니, 관찰사·도순찰사·방어사 등 3사로부터 크게 책망을 받을 것입니다"고 했다. 청탁과 피역으로 지원병 차출이 지연되고 있었다. 저녁에 다시 편지로 위로하면서 지인이 봉족으로 정해지기를 청하자, 목사는 수가 적어서 그렇게 할 수 없다고 단호하게 답했다. 유학을 공부하는 업유인데 공부를 하지 않는다고 뽑아서 군대에 보내려고 독촉한다고 하자, 목사가 적군이 닥칠 때 뽑아 보내려고 이름을 적은 것이라고 에둘러 진정시켰다. 목사가 정원도 못 채우고 있으니 더 이상 부탁하지 말라는 취지로 말하여, 이전과는 달리 청탁을 정중하게 거절하고 있는 모습을 볼 수 있다.

이러한 목사의 대응에 이문건도 따르지 않을 수 없었다. 6월 13일 군사에 뽑히지 않도록 청해달라고 하자 들어줄 수 없다고 하여 물리쳤다. 6월 15일 활을 쏘지 못하는데 뽑혔으니 목사에게 빼달라고 아뢰어 주십시오 하자, "들어줄 수 없었다"고 일기에 스스로 적었다.

지인과 승전의 소식

6월 1일 경차관 이(李)가 성주 관아에 들어왔다. 경차관이란 구황이나 징발 등의 특수 목적을 수행하기 위해 서울에서 일시 파견된 관리이다. 다음날 2일 이문건은 편지를 써서 경차관에게 노수신 형제가 왜란에 무사한지를 물었다. 경차관이 편지에 이르기를 "형은 배를 타서 화를 피했는데, 간 곳은 모릅니다. 동생은 일찍이 광주로 가서 화를 면했습니다"고 했다. 진도에 유배 중인 노수신이 섬을 빠져나가 화를 피한 사실을 경차관은 알고 있었던 것이다. 노수신 소식은 6월 26일에 다시 나온다. 화를 피해서 뭍에 올라 지금 광주·순창에 도달해 있다는 것이다.

전쟁 통에도 불구하고 먼 곳 소식이 편지에 의해 전달되고 있었다. 지인의 반가운 소식에 이어 승전 소식도 들어왔다. 6월 21일 전라도에서 장수가 왜선을 추격하여 수전을 벌여서 배 1척, 왜두 1급을 포획했다는 소식이 전해졌다. 6월 29일 왜선 20척이 전라우도 보길도에 정박했는데, 21일 수군절도사가 전투를 이끌었다고 한다. 이는 6월 3일 무렵에 있었던 좌도방어사 남치근이 전라좌수사와 함께 금당도·보길도 등지에서 왜적을 격퇴시킨 사건을 말한 것 같다.

방어사 윤선지는 7월 22일 성주에 들어왔다. 역할이 마무리 되어서 서울로 올라가기 위해서였다. 이리하여 성주 땅에서 을묘왜란의 어두운 그림자는 사라지게 되었다. 이문건의 삶도 다시 일상으로 돌아왔다. 아울러 군인 차출을 막아달라거나 편한 보직을 희망한다는 부탁도 더 이상 필요 없게 되었다.

5장

뒤처리

1. 위무와 상벌

6월 2일. 이날은 영암향교에서 패한 왜적이 고흥·장흥 방면으로 가기 위해 배를 타고 강진 남당포를 떠나는 시기이고, 도망가는 왜적을 좌도방어사·전라병사가 추격 중인 때이다. 전쟁이 종반을 향해서 가고 있다. 명종은 영의정 심연원에게 챙길 국정을 지시했다.

「공로의 높고 낮음, 사망자의 많고 적음, 왜적에게 화살을 맞은 사람 수를 도순찰사로 하여금 자세히 조사하여 아뢰게 하라.」

「전화(戰禍)를 겪은 곳은 사람들이 모두 도망했고 집들 또한 모두 불탔을 것이니, 백성들을 살릴 계책을 조정이 미리 강구하여 인심을 진정시키라.」

포상을 위한 기초조사, 피해 현황 파악, 위무를 위한 대책을 국정을 총괄하고 있는 영의정에게 명한 것이다. 이를 명종은 현지에 내려가 있는 도순찰사 이준경에게 더 자세하게 명했다. 선전관 홍인록을 별도로 보내서 직접 전달하게 했다. 각 진이 함락당한 실정, 불타버린 마을 호수,

살해된 우리 군사의 숫자, 왜적에게 화살 맞은 사상자의 다과, 장사들이 범한 군율의 경중, 군공의 등급을 상세히 조사하고, 그리고 성황(城隍)의 수리와 복구, 백성을 안정시키는 일, 군량의 조달, 분담하여 지키는 장수, 경군이 머무르며 방비하는 일을 빠짐없이 조사하여 보고하라고 명한 것이다.

이 여러 사안 가운데 군공을 우선 순위로 여기는 이들이 있었다. 나에게 무엇이 돌아올지만을 고대하는 국록을 먹고 있는 기득권층이 그들이었다. 하지만 백성이나 우국지사에게는 군졸의 고통을 어루만지고 그 가족의 슬픔을 함께 나누는 위무가 급선무였다. 전란이 끝났는데도 장사 지내지 못한 전망자와 자리에서 일어나지 못하고 있는 부상자에 대한 보상의 손길이, 그리고 그들 부모 형제에 대한 치유의 배려가 미처 미치지 못하고 있었다. 고통과 슬픔이 가중되는데 정치권은 묵묵부답이었다. 정치권이 장고하는 사이에 민심은 흔들리고 있었다.

국왕이 명을 내린 지 두 달이 지난 8월 말에 이르러서야, 정부는 뒤늦게 을묘왜란 때 희생당한 사람들에 대한 지원 방안을 내놓았다. 전쟁 터였던 전라도에 대한 휼전(恤典)을 거행한 것이다. 휼전이란 전란이나 재난으로 희생당한 사람들을 구제하기 위해 국가에서 내리는 것으로, 법으로 보장된 특전이다. 건국 이래 전망인에 대한 제사를 지내도록 하고, 아직 무덤을 쓰지 못한 전망인에 대한 장례를 치르도록 하고, 전망인이 있는 인호(人戶)에는 조세를 면제하도록 하는 조치가 취해졌다. 따라서 이번에도 전례를 토대로 진행될 수밖에 없었다.

전투가 벌어지고 분략이 자행된 전라도의 피해는 막심했다. 지역 대표 인물을 신으로 모시며 고을의 무사안녕과 대동단결을 도모하는 축제를 여는 성황사의 파괴와 수리 및 복구 현황을 조사하라고 했지만, 그 결과는 확인되지 않는다. 불탄 민가의 현황 역시 집계되고 보상이 이루어졌는지에 대해서도 확인되지 않는다. 그리고 인적 피해 가운데 상당히 광범위하게 이루어진 납치자에 대한 현황 역시 집계되지 않았다. 어쩌면 당시 사회 분위기가 납치 자체를 인도적 관점보다는 납치자 본인의 탓으로 돌렸는가도 모른다.

다만 사망자에 대해서는 전망인(戰亡人)과 피살인(被殺人)으로 구분되었고, 전망인 1백 67명과 피살인 3백 40명 등 모두 5백 7명으로 파악되었다. 실로 많은 숫자이다. 삼포왜란 때의 2백 70여 명에 비하면 약 2배 정도가 되어 그 피해가 심했음을 알 수 있다. 전망인은 전투 중 사망한 군사를, 피살인은 왜구에게 학살당한 민간인을 말한다. 전투 요원보다 전쟁과 무관한 비전투 요원이 배 이상 더 많이 죽었다는 점이 이 왜란의 성격과 왜인의 포악성을 말해준다.

이들 사망자 가족에게 지급해 줄 위로금과 베풀어 줄 혜택이 정해졌다. 위무 대상자는 세 등급으로 나누어졌다. 1등급은 전망인 6명, 2등급은 전망인 1백 61명, 3등급은 피살인 3백 40명이었다. 그러므로 위로금과 혜택은 등급별로 차등 있게 대상자에게 각기 주어졌다.

우선, 1등급으로 전 현감 이남(李楠), 전 만호 마웅태, 군관 김세의·신지량·최세호·문호 등이 선정되었다. 이들 6명에게는 도 예산이 없기 때문에 국가 예산으로 쌀 5석, 콩 5석, 종이 20권, 제사상 1건을 각각 주라고 했다. 전라도 전체 전망인 가운데 제1번으로 있는 사람이 이남이다. 그는 의병을 모집하여 해남현감 변협과 함께 달량성 구원에 나섰다가 장렬하게 순절한 사람이다. 나머지 전 만호 마웅태와 군관 김세의·신지량·최세호·문호는 실록에 이름만 나와 있을 뿐 행적을 찾을 수 없었다. 전라병사나 장흥부사를 따라와서 전사한 인물일 것으로 추측된다. 왜 이들의 행적이 공공 문서나 문중 자료에 전혀 보이지 않는지는 그 많은 임진왜란 기록과 비교하면 의아할 뿐이다.

이어, 2등급은 각 고을의 전망자 박천동 등 1백 61인으로, 이들에게 역시 국가 예산으로 쌀 1석과 콩 1석이 각각 주어졌다. 1등급과 2등급 위로금의 수령자는 전망자의 부모·처·자·손 등 직계 존비속 및 배우자로 한정하고, 만약 수령자가 없으면 주지 말라고 했다. 중복 수령이나 부정 수령이 없도록 전라감사는 당사자의 성명을 확인해야 했다.

구분	인원	등급	인원	혜택
전망인	167	1등급	6	米5석, 豆5석, 紙20권, 祭床1건
		2등급	161	米1석, 豆1석
피살인	340	3등급	340	3년 복호
합계	507		507	

전라도 전망자·피살인 현황과 보상

마지막으로, 3등급은 왜적이 불 지르고 약탈할 때 각 고을에서 피살된 남녀 김강손 등 3백 40인이다. 이들은 왜적이 휩쓸고 간 강진·영암·장흥·진도·해남 사람들일 것이다. 그 숫자가 매우 많아 도내의 부족한 곡물로는 지급할 수 없는 형편이어서, 전라감사로 하여금 피살자의 부모·처·자·손에게 3년 기한으로 복호(復戶)하게 했다.

이 외에 전라감사로 하여금 한 수령을 선정하여 도내 중앙에 제수를 정결하게 갖추어 전망인과 피살인에 대한 합동 위령제를 지내어 원혼을 위로하게 했다. 중앙정부는 근신을 통해 제문 및 향폐를 내려보냈다. 위령제를 지냈던 곳을 찾아내는 일에도 관심을 가질 필요가 있다.

이상의 위로금 지급에서 주목되는 것이 복호와 부의이다. 복호란 일정 면적의 토지에 대해 일정 기간 세금을 면제해 주는 것으로, 전사자에 대한 주 보상책으로 고려 후기부터 사용되었다. 복호의 경우 삼포왜란 때는 전망자에 대해 5년과 가옥 소실자에 대해 2년을 기한으로 했는데, 을묘왜란 때에는 피살자에 대해 3년을 기한으로 했다. 반면에 부의의 경우 삼포왜란 때에는 거의 없었는데, 을묘왜란 때에는 전망자 2등급은 미 1석과 두 1석이지만 1등급은 미 5석과 두 5석 및 잡물이었다. 삼포왜란에 비해 을묘왜란 때 위로금 지급이 늘어났음을 알 수 있다.

전투에 참여한 관군에 대한 상벌도 진행되었다. 상을 주기 위해 공적을 의논하는 '논상(論賞)'은 법과 전례에 의해 이루어지는 것이 원칙이다. 벌 또한 '의율논죄(依律論罪)'라 하여 법과 전례에 입각하여 내려졌다. 그런데 전란이 끝나기도 전부터 상벌과 그로 인한 전공 다툼이나 처벌 논란이 점입가경이었다. 그래서 이 부분은 휼전보다 두 달 늦은 10월에야 나오게 되었다.

상(賞)은 영암, 영원, 녹도, 제주에서 승첩을 거둔 자가 대상이었다. 여기에는 도순찰사 이준경, 영암가장 이윤경, 좌도방어사 남치근, 우도방어사 김경석, 전라병사 조안국, 홍양현감 신지상, 녹도권관 김헌, 제주목사 김수문, 그리고 이들의 명을 받고 전투에 투입된 장교·병사가 있다. 이 가운데 제주 승첩은 특별한 논란은 없었지만, 나머지 영암과 녹도 승첩의 경우는 그렇지 아니하여 논란이 일자 국왕이 지침을 내렸다.

「녹도·영암의 군공은 김경석·조안국과 같이 죄를 입은 사람은 녹공(錄功)에 참여할 수 없다.」

「그 나머지는 한결같이 삼포왜란의 예에 의하여 할 것이며 공을 의논하는 일은 병조와 비변사가 상의하여 시행하도록 하라.」

이러한 논의와 전례를 토대로 전라도에서 싸운 군졸들에 대한 군공을 두 등급으로 나누어 발표했다. 영암과 제주에서 승전한 군공 1등은 ① 유직자는 두 품계를 올리되 자궁자(資窮者, 당하관 정3품)는 대가(代加, 친족에

대상	보상
관직자	加2資, 資窮者代加 本品陞敍
직첩 몰수자	還給 敍用
及第·權知	東班 6品 敍用
閑良	內禁衛, 定虜衛, 別侍衛
甲士	本遞兒祿職 高品
鄕吏	免鄕
公私賤	免鄕
雜類	綿布10필
徒·流·付處·充軍	考免放 職牒還給

영암·제주 군공 1등자 보상

게 가자)하고 대신 본인은 본래 품계로 승진 임용하고, ② 직첩을 몰수한 자는 돌려주어 다시 서용하고, ③ 급제·권지는 동반 6품으로 삼고, ④ 한량은 내금위·정로위·별시위로 삼고, ⑤ 갑사는 본래 체아직이거든 품계를 높이고, ⑥ 향리는 향역을 면하고, ⑦ 공사천은 면천하고, ⑧ 잡류는 면포 10필을 주고, ⑨ 도류·부처·충군된 자는 석방하고 직첩을 돌려주도록 했다.

영암·제주에서 승전한 군공 2등과 녹도·영원 등지의 군공은 등급을 낮춰 논상하도록 했다. 이상을 통해 군역 의무가 없는 공노비와 사노비, 영암성 전투에 참여한 광대 등의 잡류, 감옥에 가 있거나 유배 중인 죄인들도 참전했고, 그들 모두에 대해서도 군공이 돌아가게 했음을 알 수 있다. 전쟁을 통해 '국민 화합'과 '계층 통합'이 이루어졌다.

벌(罰)은 전쟁이 한창 일 때부터 불거졌다. 논란은 지휘부까지 대상으로 삼았다. 도순찰사 이준경은 나주에서 나오지 않았다느니, 전라감사 김주는 방비를 제대로 못했으니 파직하라느니, 좌도방어사 남치근은 품계를 강등시키거나 구속해야 한다느니, 우도방어사 김경석은 협공하지 않거나 추격하지 않았다는 등이었다.

전란이 끝나자 본격적인 처벌에 들어갔다. 위기에 처한 아군을 호응하지 않은 자, 도망가는 적을 추격하지 않은 자, 성을 버리고 도망간 자가 그 대상이었다. 그 가운데 이미 영암군수 이덕견은 참형되었고, 전라 우수사 김빈은 강등되어 군졸로 충당되었다. 나머지 대해 결단(決斷)이 임박해 오자, 강진읍성에 들어갔다가 도망쳤던 나주판관 김기는 심리적 압박을 이겨내지 못하고 끝내 자살하고 말았다.

국왕은 8월에 강진에서 성을 버리고 도망친 전 김해부사 박민제를 장1백에 유3천리로 결단했다. 그리고 9월 전라병사 조안국, 진도군수 최린, 광주목사 이희손, 강진현감 홍언성, 병영가장 유사, 가리포첨사 이세린, 회령진만호 노극정 등을 역시 장1백에 유3천리로 결단했다. 이상의 8인에 대한 위와 같은 형량에도 불구하고 집행은 대간의 논계로 지연되고 있었다. 그래서 장형을 집행하는 의금부가 어떻게 해야 하냐고 묻자, 국왕은 이미 명한 대로 곤장을 치라고 했다. 이리하여 이들은 곤장을 맞고 유배를 가는 장류형(杖流刑)에 처해졌다.

이들의 처분에 대해 12월 2일 양사(兩司)가 국왕에게 강력하게 항의했다. 우선, 사헌부는 4인의 죄를 하나씩 열거하며 이들을 군율(軍律)대로 단죄하여 참형에 처해야 하는데 그렇지 않고 말감(末減, 가장 가벼운 죄)에 처했으니, 뒷날 성을 버리고 구차하게 살길을 도모한 장사(將土)를 어떻게 경계하겠냐면서 요구했다.

「이희손, 최린, 조안국, 김빈을 율에 의거하여 정죄하소서!」
「유배된 장사들은 모두 죄를 지은 본래 진으로 이배하소서!」

이어, 사간원은 김빈과 김경석을 포함하여 10인의 죄 두세 가지 가운데 중요한 것 한 가지를 쭉 나열했다. 그리고 나서 이는 군법에서 참형에 해당되는 것이라면서 군율대로 정죄하기를 요구했다.

「최린, 이희손, 홍언성, 이세린, 노극정, 유사, 박민제, 김빈, 조안국, 김경석은 군율에 의거하여 정죄하소서!」

이러한 양사의 요구는 이들의 죄가 중형에 해당되어 응당 참형을 받아야 하는데 가장 낮은 장배형을 받았으니, 지금이라도 군법대로 참형에 처하라는 것이다. 이에 대해 국왕은 "이미 참작하여 죄를 정했으니 변경할 수 없다" 또는 "이미 참작하여 죄를 정했으니 추가 논의할 수 없다"며 거절했다. 일사부재리의 원칙을 들며 양사의 요구를 윤허하지 않았다. 이 직후 장흥부 벽사역 벽에 이들 '죄인'을 규탄하는 대자보가 붙었다. 대자보는 국왕에 맡긴 수사권과 사법권을 민중의 손으로 가져와야 한다는 절규였다.

이후 이들의 죄는 유야무야되고 말았다. 조안국은 3차례의 형신(刑訊)을 김경석과 같이 받았지만 자복하지 않았다. 계속 가하려고 하자, 이러다가 두 장수가 장형(杖刑) 자리에서 목숨을 잃을 것 같다면서 3정승이 제동을 걸었다. 국왕은 조안국을 사형을 감하여 장류 처분을 내렸다. 조안국은 평안도로 귀양 갔다. 그곳에서 공을 세워 속죄하겠다는 명목으로 전라도 흥양현 녹도진으로 옮겨졌다. 이는 죄를 지은 곳으로 유배지를 정하는 형벌의 원칙에 따른 것이다. 이 형벌은 책임자였던 사람으로 하여금 실책을 만회할 기호를 주기 위해 실시되었다. 이듬해 녹도에서 왜선 1척을 나포할 때 조안국도 포함되어 있었다. 그 공으로 조안국은 드디어 집으로 돌아오게 되었다. 조안국은 왜선에서 얻은 질 좋은 비단에 하얀 꽃을 들고 있는 미인의 상반신을 그린 그림을 자신의 사위 윤근수에게 주었다는 이야기가 전한다. 윤근수의「월정만필」에 나온다.

조안국은 1561년 함경병사로 발령 났다. 그리고 이희손과 최린은 얼마 안 있어 죄가 용서되어 유배에서 풀리고 직첩이 내려지자, 양사가 그들의 직첩을 도로 회수해야 한다고 청했다. 최린은 사면 후 전라좌수사에 임명되자 체직해야 한다는 여론이 비등했다. 나머지 홍언성, 유사, 이세린, 노극정 모두도 곧 사면되고 말았다. 사실 '장1백 유3천'은 사형에 버금가는 중형 가운데 중형이다. 사람 키만 한 곤장 1백 대를 맞고 나면

실신하거나 탈진하여 온전함을 유지할 수 없다. 그래서 유배지로 떠나기 도 전에 목숨을 잃은 사람들이 적지 않았다. 따라서 조안국 등에게 장형(杖刑)이 선고대로 집행되었는지에 대해서는 의문이지만, 유형(流刑)은 집행되었던 것으로 확인되었다.

2. 문학으로 남은 전쟁

을묘왜란 때 왜적들은 현재의 전라남도 해남, 영암, 강진, 장흥, 고흥, 완도, 진도, 그리고 제주도 등지를 휩쓸었다. 그러면서 전라 병영성 1곳, 읍성 3곳(강진, 장흥, 진도), 진성 6곳(달량진, 어란진, 가리포진, 남도진, 금갑진, 회령포진) 등 10개의 영·읍·진성을 연이어 함락시켰다. 전라병사, 장흥부사, 달량권관 등 3명의 변방 장수, 그리고 5백 7명에 이르는 전라도 군인과 민간인이 목숨을 잃었다. 이런 피해로 당시 위정자들은 을묘왜란을 조선 건국 이래 대변란으로 인식했다.

전라도의 남해안과 서해안 일대가 왜적들에 의해 크게 유린당했다. 많은 사람들이 다치고 죽었다. 사상자만 난 것이 아니라, 전라도에서 돌아온 선전관 홍인록이 "당초에 영암, 장흥, 강진에서 왜적들이 분탕질할 때 성 밖에 사는 양반과 평민 집의 부녀자들이 사로잡혔다"고 보고했다. 붙잡은 사람을 조선 군사가 보는 앞에서 목을 베거나 일본으로 끌고 갔다. 화를 피하기 위해 배를 타고 허겁지겁 피란길에 오른 사람도 많았다.

많은 민가가 불타고 여러 곳의 관공서가 불에 탔다. 각종 공적 재물이나 사적 자산이 약탈당했다. 부험(符驗)이나 무기 및 병선도 약탈해 갔다. 농사 등의 생업도 영위될 수 없었다. 남정 나온 장수가 지나는 길에 논을 매는 사람은 여인 두세 사람에 지나지 않고 남자는 하나도 없기에 물어보니, "남자들은 모두 전쟁터에 나가고 남아 있던 노약자들도 식량 운반하는 일로 내려갔기 때문"이라고 답했다. 조선 건국 이래 가장 충격적인 화를 전라도 사람들은 이 을묘왜란으로 입었다. 놀란 나머지 바닷가 고향을 등지고 내륙으로 이사 간 사람도 있었다.

왜적은 왜 이렇게 잔인함을 보였을까? 두 가지가 찾아진다. 하나는 자신의 공을 세우기 위해서였다. 그 공을 계산하여 보상하는 배후 세력이 있기 때문이다. 또 하나는 강력한 위협을 가하여 교역 조건을 계해약조 수준으로 되돌리기 위해서였다. 교역 조건은 그들의 생명줄과 같은 것이었기 때문이다. 이리하여 그들은 실제 전력은 그다지 높지 않았지만, 일부러 잔인함을 과시했다. 이에 남정군은 "게다가 겁까지 먹었기 때문에 기회를 타 모두 포획하지 못하였습니다"고 한 것처럼 겁을 먹고 패퇴하는 적을 추격하지 못한 아쉬움을 남겼다.

을묘왜란으로 당시 사람들은 매우 충격적인 화를 입었다. 이때의 상황을 여러 사람이 문학작품으로 남겼다. 전쟁문학은 전쟁의 상황이나 경험 및 전쟁에 대한 의식이나 정서를 소재로 삼은 작품을 말한다. 을묘왜란을 소재로 한 문학작품에도 전쟁에 대한 고발이나 비판 및 소회가 고스란히 담겨 있다. 모르긴 몰라도, 한국 문학사에서 전쟁을 소재로 한 문학이 하나의 장르로 등장한 계기가 바로 이 을묘왜란일 것 같다.

우도방어사 김경석의 종사관 양사준이 지은 시 「정왜대첩」과 최초의 전쟁가사 「남정가」에는 왜란의 참상이 읊어져 있다. 진도에 정배 되어 있던 노수신은 피란을 가면서 그 일정을 시로 읊어 「피구록」이란 시집에 담았다. 전장에서 멀리 떨어진 경상도 성주에 유배와 있던 이문건은 『묵재일기』에 지원병 징집을 피하려던 사람들의 하루하루 청탁을 숨김없이 남겨 놓았다. 강원감사를 마치고 고향 해남에 내려와 있었던 임억령은 폐허가 된 마을 모습을 시로 남겼다. 그리고 70을 넘기고 죽음을 눈앞에 둔 신광한도 충성과 신의를 헌신짝처럼 버리는 야만성을 왜적이 보인다고 했다.

장흥 출신의 백광훈은 19세에 을묘왜란을 직접 겪었다. 달량성에서 겪었는지 아니면 장흥읍성에서 겪었는지에 대해서는 알 수 없다. 그리고 그는 달량성에서 장흥부사 한온과 함께 전사한 백세례의 친조카이다. 또한 그는 3년 뒤에 을묘왜란 때 피란살이를 한 노수신을 진도로 찾아가서 뵈었다. 이러한 경험을 토대로 백광훈은 난리의 참상을 「달량행

(達梁行)」이란 장편 서사시로 읊었다.

    이 시는 백광훈이 달량성 함락 후 어느 날, 달량을 찾아가는 것부터 시작한다. 때는 달량성 머리 위의 해는 뉘엿뉘엿 저물어 가고, 달량성 밖에 바다 물결이 흐느끼는 저녁 무렵이었다. 해 질 무렵의 파도 소리는 참담을 더해주기에 충분한 문학적 묘사이다. 그때까지 흩어진 사람 돌아오지 않아 바닷가는 적막하고, 발길에 채이는 것은 풀에 얽혀 있는 해골뿐이었다. 눈앞에서 벌어졌던 참혹한 모습을 차마 다 읊을 수 없었다. 전란이 끝난 직후였던 것 같다.

    달도의 높은 봉우리 달서봉 앞으로 적군이 구름처럼 건너와서 진을 쳤다. 흉악한 왜놈들 침략해 오니, 남쪽 멀리 외로운 달량성은 실로 위기일발의 형세였다. 하늘은 멀고 땅은 넓어 천지간에 막막할 따름이었다. "장군은 계책이 졸렬하여 포위당하길 자초했으니", 전라병사 원적은 넓은 곳에서 싸우지 않고 좁은 달량성 안으로 들어와서 포위를 자초했다. "병졸들 싸우기도 전에 혼이 벌써 달아났다네", 달량의 토병은 물론이고 병영의 직업군인들은 싸우기도 전에 겁을 먹고 성을 넘어 도망쳐 버렸다. 게다가 "장수로서 갑옷 벗고 옷을 던지다니 생사가 결판나게 되었구나", 원적은 끝까지 싸울 생각은 하지 않고 갑옷을 벗고 항복을 해버렸다. "홍해 마을 들판 입구 막혀 구원의 길은 끊기고", 왜적들은 전라병영으로 가는 길목에 있는 홍해(洪海) 마을 입구 들판을 막고 구원병의 내원을 차단하는 전술을 구사했다.

    달량성은 함락되고 말았다. 슬프다 병사들이여! 그들은 부모의 사랑하는 자식들이고, 우애로운 형제자매였다. 무고한 생명이 모두 왜적의 칼날 아래 피를 흘렸다. 까마귀·솔개에 늑대가 덤벼들어 버려진 시체를 물어뜯고 훔쳐 갔다. 가족이 와서 찾을 때는 머리가 떨어지고 다리는 달아난 상태였다. 산천은 삭막하기 그지없고 초목도 구슬피 울었다.

사람 사는 마을인들 무사했을까? 잿더미만 남아 황량하기 그지없었다. 피란과 납치와 피살로 처자식 잃은 사람들은 가족 찾아 헤매고 노약자들은 길에 쓰러지고 말았다. 피란 간 사람은 숲속에 숨죽여 엎드렸고, 산골에 들어가서 호랑이굴이라도 찾아 숨을 판이었다. "진남의 아침 구름 오랑캐 북소리에 놀라고, 모산의 저녁 달 피비린내 먼지에 어둡구나", 영암 서쪽 땅 진남(鎭南)부터 나주 남쪽 땅 모산(茅山)까지 이남이 전쟁터였다. 흉악한 왜구들 무인지경처럼 들어오게 한 이 누구인가? 누구 때문에 늘어선 방어진지 허무하게 무너졌단 말인가? 옛 역사책 읽을 때 이와 유사한 장면을 보면 안타까워 눈물을 흘린 적 있었는데, 몸소 이런 일 겪으리라고 언제 생각했으랴!

뿔뿔이 흩어진 우리 군사 언제 돌아오나 고대하기만 하는데, 시간은 그저 흐르기만 하여 언덕 위의 칡덩굴은 벌써 자라 저만치 뻗었다. 서울 소식 들어보니 처음 장수를 뽑아 보내실 제, 임금님 궐문 앞에 나와 전송하며 손수 수레를 밀어주셨다지? 임금님의 애통해하시는 말씀 귓가에 쟁쟁 울리는 듯, 신하 된 도리로 무슨 마음에 육신과 목숨을 아끼리요.

"나주에 주둔한 일천의 군사 끝내 하릴없이 되었고", 도순찰사와 전라감사는 영암성이 포위되었는데도 영암성 안에 들어와 있는 군대에게만 기댈 뿐 얼씬도 하지 않고 나주에 그대로 머물러 있었다. "영암의 일전의 승리도 실패를 보충하기 어려우리", '영암 승첩' 후 퇴각하는 왜적을 우도방어사와 전라병사는 추격하는 시늉만 하고서 그만두어 그들로 하여금 배를 타고 도망가게 했다. "월출산 높고 높은 데다 구호(九湖) 물 깊숙하지만", 깊은 산 영암 월출산 자락에 은거한 왜적과 물 깊은 강진 구강포(九江浦, 남당포) 바다를 통해 패주한 왜적들이여, 산이 깎이고 물이 마른들 이 치욕 씻겨질 건가!

지금도 바다가 음산하여 비바람 몰아칠 때면 귀신의 울음소리 들린다고 한다. 최경창은 그 소리가 굴주(제주)까지 들린다고 했다. 그날의 싸움을 상기하여 귀신도 원통히 여기는 듯한 것 같다. 이 사연 읊어서 원혼들에게 바치노니, 그때 남정(南征) 나온 장수들 얼굴이 응당 뜨거워지리! 백광훈은 전몰자에 대한 애도의 심정과 제대로 대응하지 못한 장수들에 대한 비판으로 작품을 마무리 지었다.

백광훈은 최경창·이달과 함께 '삼당시인(三唐詩人)'으로 유명하다. 이들은 도학(道學)과 송시(宋詩) 중심의 사림 문학에 반기를 들고, 당시(唐詩)의 악부체 형식을 빌어 자유분방하게 인간의 감정을 표현했다. 그 가운데 백광훈의「달량행」은 을묘왜란의 참혹상과 왜구에 대한 분노 및 관군에 대한 원망이 잘 묘사된 작품으로 평가받고 있다.

그리고 민중은 을묘왜란 때 민낯을 보인 무능한 장수와 도망간 관리를 질타하는 글을 지어 벽에 붙였다. 을묘왜란 이전에 있었던 '양재역 벽서' 사건은 '음흉하고 간사한' 사람이 사림을 제거하기 위해 꾸민 자작극으로 밝혀졌기 때문에, 벽서가 반대파를 숙청하기 위한 집권층의 정치 공작 수단으로 이용되었다. 이와는 달리 당시 민중은 역으로 간신을 제거하는 데 익명서를 이용했다. 어떤 이는 간신을 비난하는 익명의 투서를 조정에 보냈고, 어떤 이는 익명서를 화살에 묶어서 간신에게 직접 쏘기도 했다. 또 어떤 이는 사람이 자주 다니는 곳이나 많이 모이는 곳에 익명서를 써 붙였는데, 충청도 아산의 요로원(要路院)이라는 원(여행객에 숙식을 제공하는 곳)에 한 익명서가 붙여졌다.

> 탐학한 아산현감 사돈 힘이고
> 탐오한 대흥현감 아우에 부끄러워

아산현감 한홍서는 왕비의 아버지 심강과 혼인을 맺었기 때문에 사돈의 세력을 믿고 탐학한 짓을 하였다는 뜻이다. 대흥현감 조준수는 조사수의 형인데 사수는 당시 청렴으로 칭송받고 있었으므로 준수의 탐욕이 동생에게 부끄러운 일이라는 뜻이다. 이른바 벽서(壁書), 괘서(掛書), 흉서(凶書), 방서(傍書)는 조선시대 내내 민중들의 권력층에 대한 고발 행위이자 저항의 언론 수단으로 이용되어 그 파급력이 적지 않았다.

이런 일이 을묘왜란 때 전라도 장흥부에서도 일어났다. 장흥부사 한온이 부내 군병을 이끌고 달량성을 구하기 위해 성 안으로 들어갔다가 죽고 말았다. 그 사이에 왜적이 장흥에 들어와서 읍성을 점령하고서 온갖 만행을 저질렀다. 부의 동쪽 5리에 종6품 찰방이 파견되는 벽사역이 있다. 역은 교통시설이어서 사람이 많이 다니는 곳이다. 벽사역 벽에 군법을 어겨 처벌받았던 장수들이 하나둘씩 풀려나고 있는 12월에 지나가는 한 여행객이 을묘왜란에 관하여 들은 바를 시로 지어 붙였다. 이 시는 전반부와 후반으로 양분된다. 그 가운데 전반부는 무능하여 작전에 실패한 장수와 겁먹고 도망친 장수를 싸잡아 거친 어조와 육두문자에 가까운 단어로 질타하는 내용으로 가득 차 있다. 그것을 소개하면 다음과 같다.

> 장흥 사람들은 부모의 상사를 당한 듯하니(長興人若喪考妣)
> 한공의 정치하는 방책이 어짊을 알겠네(知是韓公政術仁).
> 구원하지 않았으니 광목 살점을 씹고 싶고(不救欲食光牧肉)
> 곧바로 도망간 수사의 몸뚱이는 찢어야 마땅하네(却走當裂水使身).
> 성을 버린 언성은 먼저 참형해야 하며(棄城彦誠宜先斬)
> 진을 비운 최린도 그 죄가 똑같네(空鎭崔潾罪惟均).
> 원수는 금성에서 부질없이 물러나 움츠렸고(元帥錦城空退縮)
> 절도사는 중도에서 일부러 머뭇거렸네(節度中路故逡巡).
> 감사는 어째서 계책을 도모하는 데 어두웠으며(監司奈何昧圖策)
> 방어사는 어찌하여 사람 죽이기를 즐겁게 여겼는가(防禦胡爲嗜殺人).
> 품계가 올라간 이윤은 진정한 장수이지만(陞品李尹眞將帥)

자급을 뛰어넘은 변협은 바로 간사한 신하이네(越階邊恊乃詐臣).
공이 있는 달사는 어디로 가고(有功達泗歸何處)
의리 없는 충정이 강진에 부임했네(無義忠貞任康津).

"한공의 정치하는 방책이 어짊을 알겠네"의 '한공'은 어진 정책을 폈던 장흥부사 한온이다. "구원하지 않았으니 광목 살점을 씹고 싶고"의 '광목'은 광주목사 이희손으로 강진읍성에서 도망쳤다. "곧바로 도망간 수사의 몸뚱이는 찢어야 마땅하네"의 '수사'는 전라우수사 김빈으로 주장으로서 달량성을 구원하지 않았다. "성을 버린 언성은 먼저 참형해야 하며"의 '언성'은 강진현감 홍언성으로 강진읍성에서 도망쳤다. "진을 비운 최린도 그 죄가 똑같네"의 '최린'은 진도군수 최린으로 진도에서 도망쳤다. "원수는 금성에서 부질없이 물러나 움츠렸고"의 '원수'는 도순찰사 이준경이고 '금성'은 나주의 별호이다. "절도사는 중도에서 일부러 머뭇거렸네"의 '절도사'는 신임 전라병사 조안국으로 영암에서 패주하는 왜적을 추격하지 않았다. "감사는 어째서 계책을 도모하는 데 어두웠으며"의 '감사'는 전라감사 김주이다. "방어사는 어찌하여 사람 죽이기를 즐겁게 여겼는가"의 '방어사'는 좌도방어서 남치근으로 나주에서 나주목사 최환을 자신에 대한 접대를 소홀히 했다고 때려죽였다. 그리고 "품계가 올라간 이유는 진정한 장수이지만"의 '이윤'은 전주부윤 이윤경으로 영암가장을 맡아 영암승첩을 이끌었고 그 공으로 품계가 올라 전라감사에 임명되었다. "자급을 뛰어넘은 변협은 바로 간사한 신하이네"의 '변협'은 해남현감으로 해남읍성을 지켜냈고 그 공으로 종5품에서 자급을 뛰어넘어 종3품이 맡는 장흥부사에 임명되었다. "공이 있는 달사는 어디로 가고"의 '달사'는 광대를 동원하여 영암성 수성을 이끈 의병장 양달사이다. "의리 없는 충정이 강진에 부임했네"의 '충정'은 유충정으로 전에 고향 고흥에서 상중에 있으면서 표류해 온 중국인을 함부로 참획했다. 공을 탐하여 그런 일을 했다고 사람들로부터 버림을 받았는데 홍언성 후임으로 9월에 강진현감에 임명되었다. 이처럼 벽사역 대자보는 방책이 부족하고 겁만 먹은 관료들을 그 이유와 함께 하나하나 나열했고, 반대로 공을 세운 관료들에 대해서는 찬양하는 대비법을 구사했다.

이어 후반부는 그들에 대해 현재까지 진행된 상벌을 질타했다. 벌을 받아야 할 관료들은 평소 국록을 먹을 때 모두 거짓을 꾸몄는데, 오늘날 위태함을 당하여 문득 실상이 드러났다고 했다. 그런 그들이 멋대로 날뛰는 왜적을 대적할 수 없어서 공사간에 모두 불태워 없어졌으니 백성들만 곤궁하게 되었다고 했다. 그런데 벌 받을 사람이 벌을 안 받고, 이윤경·변협처럼 승진자가 있기는 하지만 양달사처럼 상 받을 사람이 상을 못 받고 있었기에, 그 잘못된 점을 "상벌은 법이 없어 공도가 무너졌으니, 실망하여 탄식하는 임금의 수치는 씻을 길 없네"로 읊었다. 민중의 분노가 벽서에 잘 표출되어 있다.

이처럼 한 나그네가 1555년 말 장흥에 들어왔다. 장흥 사람들은 그에게 그 해 일어났던 을묘왜란 관련의 여러 가지 이야기를 해주었다. 그들의 이야기는 왜란의 참상보다는 왜란 때 보여줬던 많은 장수들의 무능과 그들에 대한 정부의 사법처리, 그리고 일부 장수들의 용맹에 관한 것이었다. 들어보니 죄받을 사람은 죄를 안 받고, 상받을 사람은 상을 안 받은 게 분명했다. 나그네는 들은 바를 글로 써서 벽사역 벽에 붙였다. 지나다니는 사람이 보고서 '기(起)'하게 하기 위해서였다. 그는 무엇이 '기'하기를 기대했을까? 벽서는 불온 문서로 분류되었는지 수거되어 중앙에 보고되었다. 이 벽서를 명종 사후 실록을 편찬하던 편수관들이 『명종실록』에 수록하여 역사에 남겼다.

3. 통분으로 가한 보복

이 대규모적이고 조직적인 을묘왜란을 도대체 누가 일으킨 것인가? 조선은 배후에서 조정한 이와 침략군으로 출동한 이가 따로따로라고 알고 있었다. 이 왜란의 기획자를 세견선 척수 감축에 불만을 품고 있는 대마도주로 지목했다. 왜인들이 3포에서 난동을 일으킨 책임을 물어 조선 정부는 모든 교역을 단절했다가, 임신약조를 통해 교역을 재개하면서 세견선의 척수를 50척에서 25척으로 절반을 줄여 버렸다. 이후 대마도의 온갖 노력에도 불구하고, 세견선은 기껏 5척을 추가하여 30척으로 늘어나는 데 그쳤고, 그마저도 사량진왜변이 일어나면서 다시 25척으로 되돌아오는 악순환만 반복되었다.

세견선이란 정기적으로 조선에 들어와서 쌀을 얻어 가는 대마도 배를 말한다. 이 쌀은 농토가 적고 척박한 대마도의 생명줄과 같은 것이다. 세견선 척수가 크게 줄었으니, 대마도의 경제난이나 생활고가 심해질 수밖에 없었고, 기근이 들면 그 상황은 최악으로 치달았다. 이에 불만을 품고 있던 도주는 옛 조항을 회복하려는 계책을 지속적으로 꾸몄다. 그러나 조선의 태도는 완강하여 50척으로의 원상 복구는 언감생신이었다. 삼포왜란 때 세견선을 감축당한 후부터 저들은 옛 조건대로 회복하고자 하는 계획을 하루도 제 마음에 잊은 적이 없고, 근래 기근까지 들어 굶주림이 점점 심해지니 간사한 계획이 더욱 치밀해지고 있다는 점을 조선 정부도 간파하고 있었다.

마침내 도주는 몰래 일본 내 여러 지역의 왜인을 끌어모았다. 바로 이 점이 미처 풀리지 않은 여러 가지의 퍼즐을 풀리게 해준다. 왜 4월이 아니고 5월이었을까? 왜 밤중이 아니고 아침이었을까? 왜 경상도가 아니고 전라도였을까?

도순찰사로 내려와서 전란을 진두지휘했던 이준경은 대마도가 "여러 섬의 오랑캐를 몰래 유인하여 전라도 지방에 불쑥 나타나서 위협하는 술책을 부렸다"고 했다. 적변을 알리거나 왜구 목을 베어 바치어 겉으로는 조선에 충성을 다하는 정성을 보이면서, 속으로는 그들을 조정하여 전혀 다른 계책을 대마도가 꾸몄다는 것이다. 조선시대 역사를 정리한 이긍익은 『연려실기술』에서 을묘왜란의 성격을 "대마도주가 조선 정부를 협박하기 위해 제도(諸島) 사람들을 꼬드겨 전라도를 침범하게 했다"고 기술했다. 유인한 목적은 자신들의 요구 사항을 달성하기 위한 협박용 침략을 맡기기 위해서였음은 두말할 나위가 없다. 이준경이 말한 '여러 섬의 오랑캐'나 이긍익이 말한 '제도 사람들'은 중국에 들어가서 도적질하던 왜인의 무리이다. 대마도는 이들을 앞세워 조선의 민간을 약탈하고 고을을 공격하게 한 것이다.

그러면 어떤 섬이 동원되었을까? 왜란 이듬해 대마도주가 하인 조구(調久)를 보내어 일본의 '적왜'가 조선에서 도둑질하려 한다고 알렸다. 조선 관원이 그와 문답을 나눴다.

「어느 지역 왜인이 노략질을 하려고 하는가?」

「오도(五島)와 사국(四國) 등지에 사는 사람들입니다.」

「너는 왕직(王直)을 보았는가?」

「평호도(平戸島)에서 보았습니다. 3백여 명을 거느리고 큰 배 한 척을 타고 있었는데 늘 비단 옷을 입고 다녔습니다. 그 무리가 대략 2천 명쯤 되었습니다.」

「대마도 사람이 있는 것 같은데 어째서 그렇게 되었는가?」

「제포 등지에서 매매하다가 죄를 짓자 오도로 도망가서 그들과 함께 노략질을 한 것입니다. 저는 두 번이나 와서 고하였으니 상직(賞職)을 받고 싶습니다.」

상으로 관직을 받고 싶어 조구는 묻는 말에 성실하게 답변했다. 오도, 평호도, 사국 등지의 사람들이 동원되었다. 여기에 살마 사람들도 합세했다. 이는 임진왜란이 끝나고 4도 체찰사로 임명된 이덕형이 국방 문제 전반에 대해 선조와 논의한 자리에서 나왔다. 오도·살마는 농사는 힘쓰지 않고 오직 해적질을 일삼는데 조총을 잘 만든다고 하면서, "을묘년 반란은 살마의 왜적이 한 짓"이라고 했다. 또한 여기에 중국인 왕직이 거느리는 2천 명도 참전했다. 그리고 또한 애써 숨기려고 했지만, 대마도 사람들도 있었다. 도주가 왜란을 기획했기 때문에 자연히 대마도 쪽 사람이 가장 많이 동원될 수밖에 없었다. 이리하여 역사상 최초로 '왜구 연합 부대'가 창설되었다. 그동안은 대마도면 대마도 또는 오도면 오도만 단독으로 침략했는데, 이번에는 대마도, 평호도, 오도, 사국, 살마 등지의 왜구가 연합하여 전라도를 침략했다.

일단 침략군의 구성은 대마도 군과 오도 군으로 크게 형성되었고, 지휘체계는 2원화로 분리되었다. 그래서 그들은 대마도와 오도 두 군데서 각기 출발하여 중간 어디쯤에서 합류했을 가능성이 높아 보인다. 이상의 해석은 그동안 대마도가 거의 시도하지 않은 전라도를 노리고, 오도가 시도하지 않은 상륙 후 육전을 펼치고 심지어 서울로의 진격을 선언한 점을 통해 내려진 바다. 전자는 오도의 경험이 가미된 결과이고, 후자는 대마도의 경험이 가미된 결과이다. 따라서 보길도를 거쳐 제주도에 나타난 왜선 40척(4·5천 명 승선)은 오도에서 온 것이 되고, 나머지 30척은 대마도에서 온 것으로 강진에서 장흥·흥양을 거쳐 대마도로 돌아갔다.

왜 전라도를 치게 했을까? 우선은 현실적인 측면에서 전라도는 조선 안에서 가장 농토가 많아서 국가 세금을 가장 많이 내는 곳이다. 이곳을 침략하면 조선 정부는 곤혹스러움을 겪을 수밖에 없어 자신의 요구 조건을 관철시키는 데에 더없이 좋은 카드가 될 수 있다. 그래서 대마도는 전라도에 쳐들어가서 위협을 하게 한 을묘왜란을 일으켰다. 그러나 조선군에 패하여 돌아가는 바람에 그 뜻을 이루지 못했지만, 침략자들은 나름의 식량을 약탈해 갔다.

그리고 대마도 입장에서는 전라도를 기습 공격하는 것이 훨씬 효과적이었다. 명종 즉위 이후 조선을 침략한 왜구는 전라도에 집중되는 경향을 보여 전라도에 대한 배경지식을 축적할 수 있었다. 더욱이 그동안 경상도는 자주 침략을 받아 대일 방비책이 잘 갖추어져 있지만, 전라도는 최근의 잦은 왜선 출몰에도 불구하고 그동안 대형 왜변을 한 번도 겪어보지 못하여 상대적으로 느슨한 편이었다. 대마도는 허를 찌른 기습 공격으로 효과의 극대화를 노린 전략적 선택을 한 것이다.

이러한 대마도 목적은 의도와는 달리 교역 재개에 악영향을 끼쳤다. 을묘왜란 때 성이 함락당한 뒤로부터 조선의 연해 지역 사람들이 통분한 마음을 지니어, 왜적을 보는 대로 사로잡아 살해하여 과거의 수치를 씻으려고 했기 때문이다. 정부 역시 조그마한 왜적이 날뛰는 것도 대단히 통분하게 여겨, 왜선을 만나면 추격하여 사로잡게 하고, 잡지 못한 자에 대해서는 '나가 싸우지 않은 법률'로 죄주었다. 반대로 끝까지 추격하여 모조리 섬멸한 자에 대해서는 후하게 포상했다. 특히 권력의 중심에 서 있는 윤원형은 강경 일변도여서, 표류해 온 자를 추궁할 필요가 없고 항복을 비는 자를 죽일 필요가 없다는 점에 대해 다른 의견을 늘 견지했다. 표류하다 여러 섬에 닿은 왜선은 으레 식량이 모자라 몰래 조그만 배를 타고 나와 군사나 민간인을 죽이고 재산을 약탈하거나, 혹 숲에 숨어서 우리나라의 배를 기다렸다가 사람을 죽이고 재산을 빼앗거나, 우리나라 사람의 옷을 입고서는 변장하여 해변을 횡행하며 악행을 저지르고 있으니, 어떻게 참을 수 있겠는가가 그의 주장이었다. 왜인을 발견하면 닥치는 대로 없애라는 것이 권력 상층부의 의중이었다.

이러한 분위기 속에서 화물을 가득 실은 왜선이 풍랑으로 표류하여 도달했는데, 도적질하러 온 것으로 판단하고 왜인을 사로잡거나 살해한 적이 있었다. 심지어 배가 파손되어 겨우 생명을 부지한 왜인을 육지로 올라오라고 해놓고 살해하거나, 파손된 배마저 태워버리거나 부숴버려 오도가도 못하게 한 적도 있었다. 아무 일 없이 대양을 통과하는 왜선을 뒤쫓아 가 나포한 적도 한두 번이 아니었다.

예를 들면, 왜란 종결 1년 뒤 제주도 사람들이 왜선 12척을 발견했다. 그 가운데 5척을 전력을 다해 추격하여 붙잡았다. 포획한 수가 자못 많았고, 목을 벤 수가 97명(제주 33, 정의 31, 대정 33)이었다. 또 왜선을 모두 불태웠다. 국왕은 예사로운 공적이 아니라면서 목사 김수문은 정2품 자헌대부를 내려주고, 판관 이선원은 3품 직급을 내려주고, 군관 강여는 동반에 서용하는 등 파격적인 포상을 했다. 그런데 그 왜선은 제주에서 도적질한 것이 아니라 중국에서 도적질하다가 바람을 만나 표류해 온 것이라는 문제 제기가 있었다.

왜란 종결 6년 뒤, 전라우수사 곽흘과 진도군수 이숙남이 흑산도에서 왜인을 잡았다. 그랬다고 국왕이 특명을 내려 그들에게 중한 상을 주었다. 그런데 그들이 잡은 왜인은 폭풍을 만나 표류한 사람이어서 논란이 일어났다. 논란에도 불구하고 곽흘은 계속 관직에 있었고, 윤원형의 첩 딸과 결혼한 이숙남은 승급했다. 권력의 뒷배를 채우는 데 죄없는 왜인이 먹잇감이 되었다.

이러한 사실을 알고 있는 일본이 가만히 당하고만 있을 리가 만무했다. 서계로 무고한 사람의 침해를 중단하라고 강력하게 요청했다.

「표류한 사람이 귀국에 도달하면 살해하지 말아 달라!」

조선은 두 가지로 답했다. 하나는 그동안의 약조와 선례를 토대로 원론적인 답변을 했다.

「항상 통행하는 길을 경유하지 않고 다른 길로 경유하는 자는 도적질하려는 것이 분명하니 살해하지 않을 수 없다.」

또 하나는 무기를 버리고 몸을 드러내어 표류한 사유를 분명하게 진술해야 하고, 그렇게 하면 당연히 죽이지 않고 오히려 식량까지 주어 안전하게 송환하겠다는 조건부 답변을 했다.

「귀국의 표류한 백성이 우리 국경에 도달하여 만약 무기를 버리고 몸을 드러내면 당연히 보호하여 송환하겠다.」

「귀국의 백성도 우리의 백성과 같으니 한결같이 사랑해야 마땅한 것이다. 만약 무기를 버리고 몸을 드러내어 표류한 사유를 분명하게 진술하면 살해하지 아니할 뿐만 아니라 식량 등을 주어 보호하여 송환하겠다.」

이렇게 말했지만, 조선으로서는 진퇴양난이었다. 변장으로 하여금 분별해서 토벌하라고 한다면, 그것을 빌미로 풍파에 나가기를 싫어하는 자는 먼 섬에 피해 사는 왜인이라고 핑계하고 나가지 않을 것이고, 겁이 많은 자는 그저 오가는 사람들이라고 핑계하고서 추격조차 하지 않을 것이기 때문이었다. 그리고 이 과정에서 아무런 관련 없는 중국인마저 목숨을 잃었다. 중국인을 잡아 죽이고서 왜인을 잡았다고 사칭하여 수급(首級)과 노획물을 바치고 상을 타려는 변장도 있었다.

조선의 통분이 일본에 전해졌는지, 이 이후부터는 왜구의 출몰이 주춤한 듯 했다. 일본도 1백여 년 동안 지속된 전국시대가 1568년 끝나면서, 전국의 대명(大名)들이 서로 항쟁하는 상황도 종점을 향해서 가고 있었다. 왜구들도 막바지 국내 항쟁에 투입되어 조선으로 눈을 돌릴 여유가 없었다. 잠시 평화가 온 듯했다.

4. 다시 원점으로

대마도는 을묘왜란의 징조를 국왕사나 자신의 사자 등 여러 통로를 통해 미리 알려주었다. 그 정보를 조선은 그동안 해온 무역을 확대하려는 대마도의 음모 정도로 해석하고서 그다지 신뢰하지 않았다. 전적으로 배척하지는 않았지만 설마 침략할까 정도로 안이하게 생각하는 이도 없었던 것은 아니다. 그 끝에 참혹한 왜란이 발발했다. 조선은 대마도가 왜란의 주범이라고 주장하지 않았고 왜란의 책임이 전적으로 대마도에 있다고 묻지도 않았다. 이전 왜변 때와는 상당히 다른 태도였지만, 왜구를 통제할 권한을 주었기 때문에 그 책임을 물어 또다시 대마도와의 통교를 단절했다.

을묘왜란이 끝나고 두 달 지난 1555년(명종 10) 8월, 대마도주는 특별히 별견선으로 평조광(平調光)을 보내어 '적왜' 머리 25급, 조선 우산 1자루를 가지고 와서 세사미·세견선을 경오년 약조대로 해주라고 청했다. 모든 교역 조건을 삼포왜란 이전으로 되돌려 달라는 것이다. 이를 국왕은 동반·서반 2품 이상과 예조 및 홍문관 부제학에게 비밀리에 의논하게 했다. 결과는 조선의 대마도 인식이 여전히 좋지 않은 것으로 나타났다. 11월 단성현감 조식은 상소를 통해 대마도에 대한 깊은 불신을 드러냈다. 조정도 대마도가 을묘왜란에 대해 미리 경고해 준 것과 상관없이 대마도 왜구와 왜란의 한 축이었던 오도 왜구를 명확하게 분리하여 인식하지 않았다.

그러나 조선 내부에서 통교를 끊으면 안 된다는 인식도 일부 관료들 사이에 형성되어 있었다. 조선과의 통교를 중시한 대마도는 을묘왜란 전부터 지속적으로 세견선의 규모를 확대해 달라고 요청했으나, 조선은 이를 완강히 받아들이지 않았다. 그런 조선의 태도에 변화 조짐이 포착되었다. 이듬해 1556년 2월 대마도주가 별견선으로 하인 조구(調久)를 보내어 지난해 조선에 갔다가 패한 사국·오도 '적'들이 금년에 대마도를 먼저 치고 조선으로 쳐들어가려 한다고 말했다. 이에 대해 좌의정 상진은 대마도와 통교하여 전쟁을 막아야 한다고 주장했다.

「옛날에는 두 나라가 서로 전쟁을 하면서도 외교를 통했습니다. 일본은 대대로 통신(通信)해 온 나라입니다. 이번의 노략질을 일본 국왕은 혹 모를 수도 있습니다. 그러니 우리가 사신을 보내지는 않더라도 만약 일본 사신이 온다면, 이해(利害)를 진술하여 서계(書契)를 만들어 실정을 통해야 합니다. 전쟁이 나면 비록 크게 승리한다 해도 사상자가 많이 생길 것이고 따라서 백성들이 생업을 잃게 됩니다. 그리고 그들의 노략질이 반드시 금년에 그치지는 않을 것인데 해마다 침구하여 온다면 우리가 먼저 위급하게 될 것입니다.」

전쟁이 나면 사람이 죽고 백성이 생업을 잃을 것이고, 그들의 노략질도 한두 번에 그치지 않을 것이라는 말이다. 그의 말은 국익을 위해 전쟁과 평화 가운데 어느 것을 선택할 것인가이다. 상진의 말에 한성부 판윤 심통원도 동의했다. 그러면서 심통원은 통교 재개를 미루면 국왕사가 연속 나올 것이고 그러면 우리의 무역·접대 비용만 늘어날 것이라고 했다. 15세기 후반 이후 조선과 일본 사이의 외교에서 조선이 주로 수동적인 모습을 보인 것을 고려하면 이러한 주장은 상당히 적극적인 외교 활동을 주장한 편에 속한다.

조구가 나온 이후, 대마도 세견선 제1선이 나왔다. 이 승선원이 왜적이 납치해 간 7~8세 동자(童子)를 데리고 왔다. 납치해 간 수가 매우 많을 텐데, 성인 남녀는 놔두고 어린이만 데리고 왔기 때문에, 어린이를 인질로 어떤 계략을 꾸밀지 몰라 조선 조정이 발칵 뒤집혔다. 사실 김제민 시의 "몇 고을 양가집의 수많은 어린 아이들, 동시에 왜적의 칼끝에 피로 물들었네" 구절이 말해주듯이, 왜란 때 왜적들은 많은 어린이를 납치해 갔다. 그러므로 정부는 역관을 부산포에 내려보내어, 어린이를 면담하여 우리나라 사람 맞으면 송환한 자에게 상을 내리게 했고, 전부 송환하면 상을 후하게 주겠다고 승선원에게 말하게 했다. 면담한 결과 어린이는 중국어를 조금 이해하고 일본어를 능숙하게 구사하여 우리나라 사람이 아닌 것 같았다. 관리의 침탈에 못 이겨 일본으로 도망친 사람이나 이전에 잡혀간 사람의 아이일 가능성도 점쳐졌다. 무엇보다 이 어린이를 거절하면 송환하는 길이 영영 끊어질지 몰라 수용하기로 했다. 이에 승선원도 "앞으로 나이 든 여자를 송환하겠다"고 약속했다. 왜란 때 여성과 어린이가 많이 납치당했기 때문에 이들의 송환은 긴박한 문제였다. 송환이 미뤄지는 사이 일본에 끌려갔던 나주 사람 5인이 배를 저어 탈출에 성공했다. 이 나주 사람들이 모산리 출신이 아닐까 한다. 이에 정부에서도 탈출하여 돌아오는 사람이 있으면 모두 받아들여 본고장에 살게 하고 복호(復戶)를 내려주도록 했다. 피랍지 일본에서 탈출한 이에게 복호를 내려준 사례는 첫 번째로 보인다.

    10월에 일본국왕사(정사 천부, 부사 현소)가 나왔다. 그들은 을묘왜란을 모른다며 시치미를 뗐다. 묻는다고 안다고 할 사람들도 아니었다. 그러면서 10개 조를 제시했다.

① 일본이 사신을 보내왔는데 조선 조정에서 통하지 않게 한 것
② 중림(中林)·망고라(望古羅)가 귀국에 표류했을 때 잡아다가 명나라로 보낸 것
③ 지난해 장삿배에 은 1천여 냥을 실었었는데 조정의 소유로 한 것
④ 십팔관(十八官) 등이 명나라 사람과 함께 합심해서 장사하다가 귀국 경내에서 패선되었는데 용서 없이 참살한 것
⑤ 국왕의 장사하는 물건을 부산포에 적치 했다가 뒤에 가져가려 하니 허락하지 않은 것
⑥ 대마도의 세견선을 삭감한 것
⑦ 부산포를 합해서 한 길로 만들어 통신(通信)과 행선(行船)을 불편하게 한 것

⑧ 관금(關禁)을 너무 엄하게 한 것
⑨ 군졸로 방을 지키게 하여 객인(客人)들로 하여금 음식과 사환을 불편하게 한 것
⑩ 안심동당(安心東堂)이 나왔을 때 선위사가 15인만 서울에 올라가게 한 것

국왕사가 공개한 조문은 조선이 잘못한 것, 못 하게 한 것, 안 한 것으로 가득 차 있다. 이를 본 영의정 이하 모든 관료는 일부 우리의 잘못도 있지만 경솔하게 받아들일 수도 없고, 그렇다고 패만스럽다고 무조건 거절할 수도 없어 곤혹스럽게 여겼다. 대꾸할 필요가 없다는 강경파와 통신사를 보내어 논의하게 하자는 유화파로 나뉘어 있었다. 강경파는 치욕스럽고 통분하다고 방어막을 쳤지만, 비용을 들더라도 대마도와 화친해야 한다는 유화론이 주류를 이루었다.

유화론의 물꼬를 튼 이가 우찬성 이준경이다. 그는 1557년(명종 12) 1월 잘못은 저들에게 있는데 우리에게 허물을 뒤집어씌우는 것은 세견선 문제를 해결하려는 데에 있는 것 같다고 하면서 제안했다.

「50척의 숫자를 다 줄 수는 없으나 신축년에 감축한 5척은 도로 주어도 되겠습니다.」

일본이 주장하는 50척은 절대 들어줄 수 없지만, 예전에 감축한 5척은 되돌려 줄 수 있다는 말이다. 세견선 규모를 확대하여 일본을 회유하자는 주장은 이전에 신광한이 한 바 있다. 그는 사량진왜변 이후 통교가 단절되었을 때 복원을 주장했다. 일본이 아무리 작은 공을 세웠다고 하더라도 조금이라도 세견선 수를 늘려주지 않는다면 그들이 실망하여 도적이 될 것이라고 경고했다. 신광한은 왜구를 억제하기 위해 아직 왜변이 일어나지 않은 평화로울 때 상을 주어 그들의 마음을 붙들어야 한다고 주장했다. 특히 식량난을 겪고 있는 대마도가 세견선을 회복시켜 달라고 서계로 요청하자, 세견선을 늘려주지 않으면 장차 왜란이 일어나리

라고 예언했다. 그 후 곧 왜적이 달량을 침략하는 을묘왜란이 일어나자 당시 사람들은 그의 미래를 꿰뚫어 보는 혜안에 경찬했다고 한다. 신광한은 조선 대일외교의 전범이 된 『해동제국기』를 저술한 신숙주의 손자로 신숙주가 주장한 대일 유화책을 계승한 인물로 평가된다.

신광한은 을묘왜란이 일어난 해 11월에 사망했으나, 그의 주장은 이준경에 의해 다시 제기되었다. 이준경은 을묘왜란 당시 왜적을 진압한 공으로 병조판서로 기용되었고, 왜란 이후에는 대일정책에서 상당한 발언권을 행사했다. 그는 제왕(帝王)이 오랑캐를 대우할 때 넓은 도량으로 용서하고 속아주었다며 대마도에 대한 유화책을 주장했다. 세견선 확대로 다소간의 비용이 들더라도 왜적을 방비하는 커다란 수고로움보다 낫다는 것이 이준경의 주장이었다. 적은 돈으로 큰 평화를 얻을 수 있다는 이준경의 생각은 을묘왜란 이후 조선이 선택한 유화론의 주요 논거가 되었다.

사실 일본 국왕사가 제시한 10개조 가운데 핵심은 제6조 세견선을 삭감한 것과 제7조 개항장을 부산포로 단일화한 것 두 가지다. 이를 잘 알고 있는 상진도 이준경과 같은 제안을 했다.

「저들이 이미 와서 적변을 고했고 또 적의 머리를 베어 바쳤으니, 이를 명분으로 삼아 5척을 환급하면 그들의 조급한 분을 풀게 할 수 있을 것입니다.」

5척 환급은 거의 의견일치에 들어갔다. 그러나 세조 이후 약 1백 년 동안 중단되었던 통신사를 파견하여 대마도를 감시하자는 문제는 합의점을 찾지 못하고 논의만 분분했다. 그리고 그들이 가지고 온 물건의 값을 얼마로 쳐줄 것인가로 공방전만 펼치는 사이에 시간만 흘러갔다. 6개월 다 되도록 회답 서계를 받지 못하고 마냥 기다리고만 있는 일본 사신이 버럭 화를 내며 "우리를 가볍게 보는 것이요"라고 말했다. 예조는 급하게 서계를 만들어 주었다. 마음에 들지 않았던지 일본 사신은 서계를 마루에 그대로 놓고서, 서계 없이 그냥 돌아가겠다는 폭탄 발언까지 했다. 부랴부랴 수습에 나선 국왕은 통신사는 그만두고, 해적의 침구가 있으면 도로 빼앗는다는 조건으로 세견선 5척을 환급하면 어떤지를 논의에 부쳤다. 국왕의 제안에 모두들 동의하여 통신사를 보내지 않는 것으로 결정 났다.

이듬해 1557년 대마도 세견선 제1선이 나왔다. 그들이 가지고 온 도주 서계를 받은 예조판서는 세견선 환급 건을 마무리 짓고자 의정부 회의에 부쳤다. 회의 결과 대마도에 답할 내용이 정해져 예조판서가 낭독했다.

「너희들이 지난해에 왜적을 사로잡아 참획한 것이 많지 않아서 공로가 크지 않았기 때문에 상전(賞典)이 작았던 것이다. 그런데 너희들이 지금까지 만족하게 여기지 않고 있으므로 전하께 아뢰어 우선 5척을 환급한다. 그러나 이후로 적왜가 국경을 침범하면 도로 빼앗을 것이니 너희들은 더욱 힘써 금지하라.」

서계 초안은 그들에게 트집잡히지 않도록 논리 하나하나 글자 한 자 한 자에 신중을 기울인 것이었다. 이를 토대로 마침내 4월 대마도주에게 줄 예조의 회답 서계에 들어갈 핵심 내용이 정해졌다.

① 제포의 옛길 여는 것은 허락하지 않는다.
② 특송선의 접대를 허락하지 않는다.
③ 대선 9척과 중선·소선 각 8척에 미두 1백 석만 지급한다.
④ 감하였던 세견선 5척(대선 2척, 중선 2척, 소선 1척)을 환급한다.

이 골자를 담아서 문서로 작성된 회답 서계가 대마도에 주어졌다. 이 교역 조건을 정사년(1557)에 체결된 약조라고 하여 '정사약조(丁巳約條)'

라고 한다. 4개조 가운데 제1~3조는 고칠 수 없다며 예전 약조를 다시 한 번 강조한 것이다. 제4조만이 개정된 것으로, 대마도가 보낼 수 있는 세견선을 5척 증가시켜 30척으로 규모를 확대했다. 증가된 5척마저도 모두 대선으로 하지 않고 대·중·소선으로 나누었다. 이때 조선은 대마도에 보내는 서계에서 대마도가 적왜의 수급을 올리어 공을 세워 특별히 세견선 규모를 확대해 주는 것이라고 하며, 앞으로 왜구 억제에 힘써야 한다고 강조했다. 정사약조는 이전의 약조들과 달리 세견선 척수를 개정했다. 이를 통해 세견선의 척수가 당시 조일관계의 중심 요소라는 점이 다시 한번 확인되었으며, 정사약조는 세견선의 척수를 늘려 왜인을 회유하고자 하였다는 점이 가장 큰 특징으로 보인다. 이 30척은 임진왜란으로 국교가 단절될 때까지 지속되었다.

그런데 이듬해 1558년(명종 13) 2월 수직왜인 원성만(源盛滿)이 대마도에서 부산포로 나왔다. 그는 3년 전에 전라병사 원적이 분실한 병부(兵符)를 가지고 온 공로로 부호군에서 상호군으로 품계를 올려받은 바 있다. 그런 그가 이번에 또 나와서 "적왜가 봄 2~3월에 먼저 대마도를 치고 이어서 귀국으로 향할 것입니다"고 했다. 상을 받기 위한 소행으로 여기어 믿기는 어려웠으나, 남동풍이 불 때여서 우려되지 않을 수 없어서 경상도와 전라도에 순찰사를 보내어 방비를 강화하도록 했다.

일본국의 사주(四州)에 있는 유황도(硫黃島), 천통도(天通島), 찬도(撰島)는 왜구가 명과 유구 및 조선으로 통하는 길목이다. 그 가운데 유황도의 태수 칙충(則忠)이 1556년 대마도의 수직왜인을 통해서 서계와 활·화살을 보내면서, "금년 4월 적선 1척을 만났는데 그 배에 실린 무기가 모두 귀국의 물건이었다. 귀국에서 우리에게 도서(圖書)를 준다면 우리가 적선들을 못 들어가게 막아 주겠다"고 했다. 칙충은 이후 1562년(명종 17)에도 수직왜인을 통해서 왜적이 약탈해 간 병서를 보내고 왜적이 우리 제주도를 점령하려고 한다면서 도서를 받고 싶다고 했다. 이에 정부는 8도의 감사·병사·수사에게 비밀 편지를 보내어 방비를 강화하도록 했다.

이처럼 '적왜'가 조선을 침략할 것이라는 정보는 을묘왜란 이후에 들어와서도 대마도의 도주·수직왜인 또는 유황도의 태수 등으로부터 여러 차례 들어왔다. 그때 그들은 정보 제공의 대가로 세견선 확대, 수직 하사, 도서 발급 등을 요청했다. 그리고 그때마다 조선은 믿지도 믿지 않을 수도 없었지만, 을묘왜란을 겪으며 실제 대규모 침략을 받았기 때문에, 정보의 신빙성에 무게를 두고서 방비를 강화했다. 하지만 점차 일본측의 정보 제공도 뜸해지고, 왜구들의 침략 행동도 포착되지 않았다. 그것은 앞에서 말한 것처럼, 일본이 세력가들이 서로 싸우는 전국시대의 막바지 소용돌이 속으로 빠져들어 갔기 때문이다. 그러므로 조만간 전국시대가 평정되면 다시 왜구의 침략이 재개될 가능성이 있었다.

불확실성과 사실성을 다 같이 지니고 있는 양다리 걸치기 식의 정보팔이 외교전도 점점 설 땅을 잃어가고 있었다. 그와 더불어 조선인의 일본에 대한 경계심도 약해져 가고 있었다. 약해진 경계심은 사치 풍조의 유행과 진기한 외제의 유입으로 대체되었다. 왜인들이 중국에서 명주, 보석, 금수(錦繡), 금은 등을 가지고 와서 부산포로 들여보냈다. 인근의 수령이나 변방 장수 및 상인들이 쌀이나 베를 수레에 싣거나 이고 지고 끊임없이 부산포로 몰려들었다. 타도의 수령들까지도 배로 운반해 오거나 육지로 수송해 와서 물화를 교역했다. 권력 핵심부와 일부 대상인의 결탁이라고, 나쁜 정경유착이라고 외쳐도 끄덕없었다. 이리하여 남쪽 백성의 명맥(命脈)이 모두 왜인들의 손아귀에 들어가게 되었다는 비관적인 평가까지 나왔다.

외제에 눈이 먼 것은 착각이었다. 왜구가 오지 않는다고 하는 것은 망각이었다. 일부 인사들은 이 현상을 바로 잡지 않으면 훗날 큰 걱정이

뒤처리

일어날 것이라고 경고했다. 그에 따라 정부는 비변사 기능을 강화하고, 군 지휘 체계를 바꾸고, 총통을 개발하고 전함을 개량하는 등의 일을 추진했다. 그리고 문정왕후와 그의 동생 윤원형이 차례로 죽고, 2년 뒤 1567년 명종이 죽었다. 선조가 즉위하고 '인재 과잉'의 사림 정권이 수립되었다. 일본의 혼란한 전국시대가 평정되면서 다시 왜란이 발발했다. 왜란은 '예비 전면전'으로 시작하여 '정식 전면전'으로 확대되면서 조선 전역을 휩쓸고 갔다.

저자 후기

친구는 정년을 눈앞에 둔 나를 여전히 '김교수'라 부른다. 머쓱하기도 하지만, 여러 대의 모니터 앞에 앉아서 책을 쌓아놓고 글을 쓰고 있기 때문일 것이다. 역사 연구와 교육으로 강단에서 살아온 책임감을 책상에 쪼그려 앉아 있는 것으로 이어가고자 한다.

역사란 사료로만 얻는 게 아님에도 불구하고, 자료 속 글귀로 과거를 구성하고 해석하는 경우를 종종 본다. 전통과 현실에서 직접 얻기도 하고 감각적으로 체득할 수 있다는 점을 놓친 결과이다. 선배들이 늘 했던 말, 주변에 흔하게 있는 조형물, 땅 위에 새겨진 이름, 그리고 청소년이 꿈꾸는 미래까지 이 모든 것이 역사의 일부라는 점에 주목하여 이 책을 구상했다.

이 책은 우리 역사의 큰 비중을 차지하고 있는 350년 '왜구 시대'를 고발한 6부작 왜란 이야기 가운데 제1권이다. 1223년부터 1555년까지를 다룬 것으로, 이를 통해 도발과 응징, 폐쇄와 재개, 단절과 복원이 반복되는 한일 관계의 특징을 발견했다. 그 가운데 을묘왜란은 조선 건국 이래 최대 충격이어서, 그 흔적이 실낱처럼 지금까지 남아 있다. 갈등은 풍선에 묶어 하늘 높이 날려버리고, 평화가 온 누리에 널리 퍼지는 날이 오기를 기대한다.

2025년 8월 김덕진

을묘왜란 일지

	1555년(명종 10)
5월 11일	왜선 70여 척, 달량 침략
5월 12일	전 무장현감 이남, 달량 외곽에서 순절
5월 13일	왜적, 달량성 함락
	전라감사 김주, 나주로 이진
	왜적, 어란진성·남도진성·금갑진성·진도읍성 함락
	노수신, 피란길에 오름
5월 16일	남정군 조직
	좌도방어사 남치근·우도방어사 김경석, 서울 출발
5월 18일	도순찰사 이준경, 서울 출발
?	해남현감 변협, 해남읍성 수성
5월 21일	왜적, 병영성 함락
5월 22일	왜적, 장흥읍성 함락
	도순찰사 이준경, 나주에 설진
5월 24일	영암가장 이윤경·우도방어사 김경석·의병장 양달사, 영암읍성 방어
5월 28일	왜적, 강진읍성 함락
5월 29일	영암가장 이윤경·우도방어사 김경석, 영암향교에서 왜적 격퇴(영암 승첩)
?	왜적, 나주 모산리 침략
	좌도방어사 남치근, 영원에서 왜적 격퇴
	왜적, 가리진성·회령진성 함락
6월 09일	왜선 50여 척, 녹도진성 공격(녹도 승첩)
6월 12일	좌도방어사 남치근·전라좌수사 최종호, 금당도에서 왜적 격퇴
6월 21일	왜선 40척, 제주도에 나타남
6월 27일	제주도 군민, 왜적 격퇴(제주 승첩)

참고문헌

國防軍史硏究所, 『倭寇討伐史』, 1993.
국사편찬위원회, 『한국사』 20·22·28, 1995.
김덕진, 『전라도의 탄생』 1, 선인, 2018.
_____, 『포구와 지역경제사』, 선인, 2022.
김보한, 『중세의 왜구와 한일관계』, 경인문화사, 2022.
무라이 쇼스케(이영 옮김), 『중세 왜인의 세계』, 소화, 1998.
무라이 쇼스케(손승철·김강일 편역), 『동아시아속의 중세 한국과 일본』, 경인문화사, 2008.
부경대학교 대마도연구센터, 『전란기의 대마도』, 국학자료원, 2013.
孫承喆, 『朝鮮時代 韓日關係史硏究』, 지성의 샘, 1994.
오붕근, 『조선수군사』, 사회과학출판사, 1991.
陸軍士官學校 韓國軍事硏究室, 『韓國軍制史』, 1968.
윤성익, 『왜구, 그림자로 살다』, 세창미디어, 2021.
이연식, 『조선을 떠나며』, 역사비평사, 2012.
이영, 『왜구와 고려·일본 관계사』, 혜안, 2011.
_____, 『황국사관과 고려 말 왜구』, 한국방송통신대학교 출판문화원, 2015.
李鉉淙, 『朝鮮前期 對日交涉史硏究』, 韓國硏究院, 1964.
이훈, 『대마도, 역사를 따라 걷다』, 역사공간, 2005.
제주연구원, 『을묘왜변과 제주대첩』, 2022.
한일관계사연구논집 편찬위원회 편, 『중·근세 동아시아 해역세계와 한일관계』, 경인문화사, 2010.
許善道, 『朝鮮時代 火藥兵器史硏究』, 一潮閣, 1994.
中村榮孝, 『日鮮關係史の硏究』, 吉川弘文館, 1965.
田中健夫, 『中世對外關係史』, 東京大學出版會, 1975.
田村洋幸, 『中世日朝貿易の硏究』, 三化書房, 1967.

김병하, 「을묘왜변고」, 『탐라문화』 8, 제주대 탐라문화연구소, 1989.
김종서, 「乙卯倭變과 장편서사시 『達梁行』」, 『문헌과 해석』 8, 문헌과 해석사, 1999.
문준호, 「조선 명종대 을묘왜변에 관한 군과 정부의 대응」, 『군사』 103, 국방부 군사편찬연구소,

2017.

송정현, 「을묘왜변에 대하여 - 강진주변을 중심으로」, 『호남문화연구』 12, 전남대학교 호남문화연구소, 1982.

윤성익, 「'후기왜구'로서의 을묘왜변」, 『한일관계사연구』 24, 한일관계사학회, 2006.

정영석, 「조선 전기 호남의 왜변에 대하여 - 을묘왜변을 중심으로」, 『전통문화연구』 3, 조선대학교 전통문화연구소, 1994.

홍순석, 「양사준(楊士俊)의 생애와 시문학」, 『동양한문학연구』 47, 동양한문학회, 2017.

※ 많은 논저를 참고하였지만, 번잡을 피하고자 대표적인 것만 제시했다.